U0446461

中国社会科学院文库
文学语言研究系列
The Selected Works of CASS
Literature and Linguistics

中国社会科学院创新工程学术出版资助项目

中国社会科学院文库·文学语言研究系列
The Selected Works of CASS · Literature and Linguistics

江苏高淳（古柏）方言

SURVEY OF GUBAI DIALECT IN
GAOCHUN COUNTY IN JIANGSU PROVINCE

谢留文 著

中国社会科学出版社

图书在版编目（CIP）数据

江苏高淳（古柏）方言/谢留文著.—北京：中国社会科学出版社，2018.4
ISBN 978-7-5203-2489-2

Ⅰ.①江… Ⅱ.①谢… Ⅲ.①吴语—方言研究—高淳县 Ⅳ.①H173

中国版本图书馆 CIP 数据核字（2018）第 097147 号

出 版 人	赵剑英
责任编辑	张　林
特约编辑	文一鸥
责任校对	张　虎
责任印制	戴　宽

出　　版	中国社会科学出版社
社　　址	北京鼓楼西大街甲 158 号
邮　　编	100720
网　　址	http://www.csspw.cn
发 行 部	010-84083685
门 市 部	010-84029450
经　　销	新华书店及其他书店
印刷装订	北京君升印刷有限公司
版　　次	2018 年 4 月第 1 版
印　　次	2018 年 4 月第 1 次印刷
开　　本	710×1000　1/16
印　　张	11
插　　页	2
字　　数	185 千字
定　　价	56.00 元

凡购买中国社会科学出版社图书，如有质量问题请与本社营销中心联系调换
电话：010-84083683
版权所有　侵权必究

《中国社会科学院文库》出版说明

《中国社会科学院文库》(全称为《中国社会科学院重点研究课题成果文库》)是中国社会科学院组织出版的系列学术丛书。组织出版《中国社会科学院文库》,是我院进一步加强课题成果管理和学术成果出版的规范化、制度化建设的重要举措。

建院以来,我院广大科研人员坚持以马克思主义为指导,在中国特色社会主义理论和实践的双重探索中做出了重要贡献,在推进马克思主义理论创新、为建设中国特色社会主义提供智力支持和各学科基础建设方面,推出了大量的研究成果,其中每年完成的专著类成果就有三四百种之多。从现在起,我们经过一定的鉴定、结项、评审程序,逐年从中选出一批通过各类别课题研究工作而完成的具有较高学术水平和一定代表性的著作,编入《中国社会科学院文库》集中出版。我们希望这能够从一个侧面展示我院整体科研状况和学术成就,同时为优秀学术成果的面世创造更好的条件。

《中国社会科学院文库》分设马克思主义研究、文学语言研究、历史考古研究、哲学宗教研究、经济研究、法学社会学研究、国际问题研究七个系列,选收范围包括专著、研究报告集、学术资料、古籍整理、译著、工具书等。

中国社会科学院科研局
2006 年 11 月

目　　录

前言 …………………………………………………………… (1)

第一章　高淳（古柏）方言语音系统 ………………………… (1)
一　高淳历史地理概况 …………………………………… (1)
二　高淳（古柏）方言声韵调 …………………………… (2)
三　高淳（古柏）方言连读变调 ………………………… (3)
四　高淳（古柏）方言单字音表 ………………………… (9)

第二章　高淳（古柏）方言语音与中古音比较 ……………… (17)
一　高淳（古柏）方言语音演变特点 …………………… (17)
二　高淳（古柏）方言声韵调与中古音比较表 ………… (20)

第三章　高淳（古柏）方言同音字汇 ………………………… (28)

第四章　高淳（古柏）方言分类词汇表 ……………………… (52)
一　天文 …………………………………………………… (53)
二　地理 …………………………………………………… (55)
三　时令　时间 …………………………………………… (56)
四　农业 …………………………………………………… (59)
五　植物 …………………………………………………… (62)
六　动物 …………………………………………………… (66)
七　房舍 …………………………………………………… (72)
八　器具　用品 …………………………………………… (73)
九　称谓 …………………………………………………… (77)
十　亲属 …………………………………………………… (81)

十一	身体	(83)
十二	疾病　医疗	(85)
十三	衣服　穿戴	(87)
十四	饮食	(89)
十五	红白大事	(92)
十六	日常生活	(97)
十七	讼事　交际	(99)
十八	商业　交通	(100)
十九	文化教育	(101)
二十	文体活动	(103)
二十一	动作	(106)
二十二	位置	(108)
二十三	代词等	(109)
二十四	形容词	(111)
二十五	副词　介词等	(112)
二十六	量词	(114)
二十七	方言地名	(115)

第五章　高淳（古柏）方言语法概说 (117)

　　一　高淳（古柏）方言主要语法特点 (117)
　　二　高淳（古柏）方言的"ABB"式 (118)
　　三　高淳（古柏）方言的"A 零 A 落"式 (128)
　　四　高淳（古柏）方言与数字有关的词语 (130)
　　五　高淳（古柏）方言语法例句 (131)

第六章　高淳（古柏）方言语料标音举例 (140)

　　一　儿歌 (140)
　　二　谚语 (149)
　　三　歇后语 (160)
　　四　故事 (165)

后记 (167)

前　言

安徽境内的吴语主要指宣州吴语。分布在长江以南、黄山九华山以北、青弋江秋浦河流域，其区域相当于唐代宣州总管府所辖地区。包括黄山市黄山区旧太平县、石台、泾县、铜陵、繁昌、芜湖县、南陵，以及郎溪、广德、宁国、宣城、当涂、青阳、池州等14个县市区，多见于农村，其中黄山区、石台、泾县、铜陵、繁昌、芜湖县、南陵以通行吴语为主，其他市县吴语通行面积较小。安徽说吴语的总人口约300万。在《中国语言地图集》里，安徽吴语分别属于吴语宣州片和太湖片。另外，江苏西南端与安徽接壤的高淳县（今南京高淳区）和溧水县（今南京溧水区）的方言也属于宣州吴语。

宣州吴语也有人叫做"西部吴语"。从地域上看，宣州吴语东与江浙吴语相邻，西和北与江淮官话相连，南与徽语毗邻，与这些方言之间关系密切，表现出比较复杂的面貌。比如说，宣州吴语古全浊声母的演变就非常复杂，与周边方言大不相同。目前关于宣州吴语全面深入的材料非常少，因此有必要对宣州吴语进行深入系统的单点调查，出版一批比较系统的单点方言调查报告。

本书是2010年中国社会科学院重点课题"安徽吴语调查研究"的最终成果之一。该课题共调查记录了四个地点的宣州吴语，由课题组四位成员分别完成。这四个方言点是：安徽宣城（雁翅）（沈明调查）、安徽芜湖（六郎）（陈丽、刘祥柏调查）、安徽泾县（查济）（刘祥柏、陈丽调查）和江苏高淳（古柏）（谢留文调查）。调查内容包括语音系统，4000条左右的词汇、100个语法例句以及长篇标音语料多项。所有材料均为多次实地调查所得。

中国社会科学院语言研究所对本课题从立项到最后出版都给予了大力支持，中国社会科学院为本课题的最终成果提供了出版资助，在此表示衷心的感谢！

"安徽吴语调查研究"课题组
2015年10月15日

第一章　高淳（古柏）方言语音系统

一　高淳历史地理概况

高淳位于江苏西南端，北邻溧水，东届溧阳，西南与安徽省宣城市宣州区、郎溪县、当涂县毗邻。由固城湖、石臼湖和长江支流水阳江所环抱，地势东高西低，分为圩区、半山半圩、山区三大类。东部为低山丘陵地区，西部为湖盆平原圩区，总面积802平方公里。

高淳历史悠久。春秋时期，周景王四年（公元前541年），吴王余祭在离今高淳区城东面15公里的地方筑"子罗城"。因城高坚固取名"固城"，即今固城镇。并以此为基础设立"濑渚邑"。秦始皇统一中国后，实行郡县制，改濑渚邑为溧阳县，这是高淳置县开始。县境范围含今高淳区、溧阳市全境及溧水区南境，县治今在固城镇。秦初到东汉四百多年间，固城是今高淳区、溧阳市、溧水区南境所在地区的政治、经济、文化中心。隋时，溧阳县并（古）丹阳县（县治在今江宁小丹阳镇）东部区域，改称溧水县。明朝弘治四年（公元1491年）析溧水县西南七乡置高淳县，属应天府。县因高淳古镇而得名，高淳镇即今城关淳溪镇。清改明应天府为江宁府，高淳属之。2013年2月21日，国务院批准撤销高淳县，设立南京市高淳区，其行政管辖范围不变，辖淳溪、固城、东坝、桠溪、漆桥、阳江、砖墙、古柏八个镇。2015年7月，淳溪镇、古柏镇撤镇设街：以原淳溪镇行政区域设立高淳区淳溪街道办事处，以原古柏镇行政区域设立高淳区古柏街道办事处。

高淳方言属于宣州片吴语，被认为是江苏最难懂的方言之一。境内方言分为山乡话、圩乡话、半山半圩话。

2015年7月，笔者对高淳古柏镇中保村方言进行了初步调查，2016年5月进行了补充调查并核对了同音字汇。古柏镇中保村方言属于半山半圩话。

本文发音人是魏云龙先生，1971年出生，中学教师，大学文化。魏云龙先生对高淳历史文化和家乡方言素有研究，积攒了丰富资料，对笔者的调查帮助极大，在此表示衷心感谢。

二　高淳（古柏）方言声韵调

（一）声母21个，包括零声母。

p	补边冰百	pʻ	破怕片泼	b	排肥饭服	m	妹骂面脉	f	扶反方法
t	打刀店得	tʻ	拖土汤铁	d	弟田糖毒	n	脑牛南热	l	雷锣浪辣
ts	左堵张粥	tsʻ	土吵穿出	s	坐沙送熟				
tɕ	姐猪颈脚	tɕʻ	欺秋枪吃	ç	西轿新绝				
k	哥高钢谷	kʻ	开口肯哭	ŋ	鹅牙咬安	x	火号红黑		
∅	衣饿痒屋								

说明：

① [b d f s ç x] 声母拼阳调带明显气流。

② [ts tsʻ s] 拼 [ɥ] 韵，有时双唇颤动。

（二）韵母45个，包括自成音节的 [m̩ n̩ ŋ̍ l̩]。

a	怕沙嫁花	ia	爹惹姐夜	ua	抓耍瓜话	ya	靴
ɛ	买带菜矮			uɛ	猜甩怪怀		
o	婆哥官碗						
		ie	板淡三减	ye	关翻贩弯		
ə	十力白读	iə	篾绝一肉	uə	术熟属斛	yə	穴轴局月
ɑ	拔辣昨盒	iɑ	笠嚼药岳	uɑ	鹤活滑猾	yɑ	镯学
ɔ	包刀灶敲	iɔ	票条轿妖				
ɿ	皮地次鸡	i	变田千烟	u	布肚苦乌	y	偷刘砖狗
						ɥ	粗蛆猪雨
ei	飞男酸沟			uei	吹水鬼回		
ɑŋ	帮荒张缸	iɑŋ	两讲香样	uɑŋ	壮双光黄		
əŋ	坟等针空	iŋ	平藤林印	uəŋ	春顺棍温	yŋ	军兄闰用
m̩	眉尾母缨	n̩	耳女米鱼	ŋ̍	蜈五恩樱	l̩	犁礼笠例

aʔ 八剥索瞎　　iaʔ 甲脚雀削　　uaʔ 桌刷阔乞　　yaʔ 触
əʔ 北脱割客　　iəʔ 笔踢七雪　　uəʔ 粥叔国哭　　yəʔ 决菊缺血

说明：

① [o] 实际音值介于 [u] [o] 之间，近于 [ʊ]。

② [ɛ uɛ] 中的 [ɛ] 舌位略低，在见系字中为单元音，在其他组声母后略带动程，实际读音接近 [ɛɜ]，本书一律处理成单韵母 [ɛ]。

③ [yŋ] 韵母中的 [ŋ] 实际音值介于 [n] [ŋ] 之间。

④ [ɿ] 除拼 [ts tsʻ s] 外，还可以拼其他声母，拼其他声母时实际音值为 [ⁱɿ]。

⑤ [iə iəʔ] 韵母中的介音 [i]，实际音值为 [ⁱɿ]。

（三）声调6个，不包括轻声。

阴平[˥]55　　高低三｜买老懒　　阳平[˩]11　　柴头来人甜房穷

上声[˧]33　　草比短

阴去[˧˥]35　　怕菜送｜路让用　　阳去[˨˦]24　　坐树病｜辣麦六｜十活薄白

阴入[˨]2　　八铁吃

说明：

①上声[˧]33 有时微降，接近[˧˨]32，听感上有点儿短促。

②阴去[˧˥]35 调的最低点比上声[˧]33 略高，最高点比阴平[˥]55 略低。

三　高淳（古柏）方言连读变调

1. 轻声前的变调。高淳（古柏）方言有一个轻声[˥]55 调，轻声前，部分词前字发生变调，部分词前字不变调。以两字组为例，前字不变调的，例如：

天河　tʻi˥ xo˩ 银河　　　　　柏树　pəʔ zʅ

冷水　nəŋ suei　　　　　　　桐油　dəŋ˩ y

菠菜　po˥ tsɛ　　　　　　　　泉水　ɕi˩ suei

乡下　ɕiaŋ˥ xɑ　　　　　　　芹菜　ɕiŋ˩ tsʻɜ

月头　yəʔ dei　　　　　　　前日　ɕi˩ nia

个头　kəʔ dei 这头　　　　　牸牛　sʅ ny 母水牛

夜来 ia˧˥ lɛ˩ 深夜到天亮的时间　　　竹□ tsuəʔ˨ niɑ˧˥ 竹叶

前字变调的，规律如下：

①前字阴平[˥˥] 55，后字阳平和阴去，前字变为[˧˧] 33，例如：

丹湖 tie˧˧ u˩　　　　　　　　东坝 təŋ˧˧ pa˧˥ 地名

②前字阴去[˧˥] 35，后字阳平[˩˩] 11，前字变为[˧˧] 33，例如：

雾苔 u˧˧ dɜ˩ 长在水里的青苔　　臭虫 tɕ'y˧˧ zəŋ˩

雁鹅 i˧˧ o˩ 大雁　　　　　　　妹头 mei˧˧ dei˩ 女孩儿

③前字来源于古全浊声母的阳去[˨˦] 24 字，后字为阳平[˩˩] 11 字，前字变为[˩˩] 11，例如：

旧年 ɕy˩ ni˩ 去年

④前字来源于古入声浊声母的阳去[˨˦] 24 字，后字为上声[˧˧] 33 字，前字变为[˨] 2，例如：

热水 niə˨ suei˧˧　　　　　　食指 sə˨ tsʅ˧˧

2. 非轻声的两字组连读变调。请看下表，表左为前字，表端为后字。

	阴平 [55]	阳平 [11]	上声 [33]	阴去 [35]	阳去 [24]	阴入 [2]
阴平 [55]	33+55 55+35				33+24	55+5
阳平 [11]	11+35		11+35			11+5
上声 [33]	33+33			33+35	33+33	
阴去 [35]	33+55 33+35 11+35	33+35 33+24	33+35 33+33	33+35	33+24	33+24
阳去 [24]	11+35 11+55 2+35 2+55	2+24 2+35 11+24 11+35 11+11	2+35 11+35	2+35 11+35	2+24 11+24	2+2 2+24 11+24
阴入 [2]					2+5	

3. 两字组连读变调举例：

①a 阴平 55+阴平 55　今朝 kəŋ˥ tsɔ˥ 今日

b 阴平 55+阴平 55

青山 tɕ'iŋ˧˧ ɕie˥ 地名　　　　沧溪 ts'ɑŋ˧˧ tɕ'i˥ 地名

第一章　高淳（古柏）方言语音系统

②阴平 55+阳去 24　狮树 sʅ˥ ɕy˩ 地名
③阴平 55+阴入 2

惊蛰 tɕiŋ˥ tsəʔ˩　　　　　铅笔 kʻie˥ piəʔ˩
关节 tɕye˥ tɕiəʔ˩　　　　 双塔 suaŋ˥ tʻɑʔ˩
钢笔 kaŋ˥ piəʔ˩

④阳平 11+55　黄瓜 uɑŋ˩ kua˥
⑤阳平 11+上声 33　洋镐 iaŋ˩ kɔ˧
⑥阳平 11+阴入 2

田缺 di˩ tɕʻyəʔ˩ 田塍上人工开的缺口，便于稻田灌水
毛竹 mɔ˩ tsuəʔ˩　　　　　毛笔 mɔ˩ piəʔ˩

⑦上声 33+阴平 55

小风 ɕiɔ˧ fəŋ˥　　　　　　许家 sy˧ ka˥ 地名
小瓦 ɕiɔ˧ ŋa˥ 本地的瓦，较小　小山 ɕiɔ˧ ɕie˥ 地名
蒋山 tɕiaŋ˧ ɕie˥ 地名

⑧上声 33+33　搞水 kɔ˧ suei˧ 鱼交配
⑨上声 33+阴去 35　保胜 pɔ˧ səŋ˧˥
⑩a 阴去 35+阴平 55

掼伤 tɕye˧˥ saŋ˥ 跌伤　　　看轻 kʻei˧˥ tɕiŋ˥ 看不起
念经 ni˧˥ tɕiŋ˥　　　　　　内家 nei˧˥ tɕia˥ 内行
送礼 səŋ˧˥ l˧　行贿　　　　晕车 yŋ˧˥ tsʻa˥

b 阴去 35+阴平 55

粪箕 fəŋ˧˥ tɕʅ˥ 簸箕　　　鹭鸶 lu˧˥ sʅ˥
玉米 ɥ˧˥ n̩˥　　　　　　　粪箕 fəŋ˧˥ tɕʅ˥ 簸箕形指纹
糯米 nəŋ˧˥ n̩˥　　　　　　斗眼 tei˧˥ ie˥ 斗鸡眼儿
荇丝 xei˧˥ sʅ˥ 荇菜　　　个些 ko˧˥ ɕʅ˥ 那些
犍猪 tɕi˧˥ tsʅ˥ 公猪　　　秀山 ɕy˧˥ ɕie˥ 地名
嘎嘎 ka˧˥ ka˥ 儿语称呼鸡蛋　卫村 uei˧˥ tsʻəŋ˥ 地名

c 阴去 35+阴平 55　念书 ni˧˥ sʅ˥ 读书

⑪a 阴去 35+阳平 11

太阳 tʻɛ˧˥ iɑŋ˩　　　　　　菜篮 tsɛ˧˥ lie˩ 洗菜用的篮子
闷雷 məŋ˧˥ lei˩　　　　　　粪篮 fəŋ˥ lie˩ 盛粪土垃圾的器具
炸雷 tsa˧˥ lei˩ 很响的雷　　锯镰 tsʅ˥ li˩ 割稻子的镰刀

继爷 tɕๅ˦˥ ia˨˦　　　　　　　　　酱油 tɕiaŋ˦˥ y˨˦
继娘 tɕๅ˦˥ niaŋ˨˦　　　　　　　　证人 tsəŋ˦˥ niŋ˨˦
　　b 阴去35+阳平11
会场 uei˦˥ zaŋ˨˦ 市集，庙会　　　桂皮 kuei˦˥ bๅ˨˦
粪瓢 fəŋ˦˥ biɔ˨˦ 浇菜水、浇粪的工具　算盘 sei˦˥ bo˨˦
正房 tsəŋ˦˥ uaŋ˨˦　　　　　　　　外头 uɛ˦˥ dei˨˦
块头 kʻuɛ˦˥ dei˨˦ 身材
　　⑫a 阴去35+上声33
雾水 u˦˥ suei˧˧ 露水　　　　　　处暑 tsʻๅ˦˥ sʅ˧˧
粪桶 fəŋ˦˥ tʻəŋ˧˧　　　　　　　　扫把 sɔ˦˥ pa˧˧ 竹丝制的扫帚
戒指 kɛ˦˥ tsๅ˧˧　　　　　　　　　料酒 liɔ˦˥ tɕy˧˧
　　b 阴去35+上声33
倒酒 tɔ˦˥ tɕy˧˧　　　　　　　　　要紧 iɔ˦˥ tɕiŋ˧˧
　　⑬阴去35+阴去35
世界 sๅ˦˥ kɛ˦˥ 指场地或空间　　　翅□ tsʻๅ˦˥ pie˦˥ 翅膀
铰链 kɔ˦˥ li˦˥ 合页　　　　　　　碰到 pʻəŋ˦˥ tɔ˦˥ 遇见
记挂 tɕๅ˦˥ kua˦˥ 挂念　　　　　　倒刺 tɔ˦˥ tsʻๅ˦˥ 网中防止鱼回游出来的器具
　　⑭阴去35+阳去24
楝树 li˦˥ zʅ˨˦　　　　　　　　　灶下 tsɔ˦˥ xa˨˦ 厨房
利市 li˦˥ zʅ˨˦ 醋　　　　　　　　做寿 tso˦˥ ɕy˨˦
哪□ la˦˥ dɒ˨˦ 哪里　　　　　　　敬屋 tɕiŋ˦˥ uə˨˦ 新房盖好后亲戚朋友前来祝贺
　　　　　　　　　　　　　　　　　　　　　　　乔迁之喜
　　⑮阴去35+阴入2
照壁 tsɔ˦˥ piəʔ˨ 影壁　　　　　　哪个 la˦˥ kəʔ˨ 谁
个个 ko˦˥ kəʔ˨ 那个
　　⑯a 阳去24+55
大风 do˨˦ fəŋ˥˥　　　　　　　　凤山 bəŋ˨˦ ɕie˥˥
旋风 ɕi˨˦ fəŋ˥˥　　　　　　　　顺风 suəŋ˨˦ fəŋ˥˥
铡刀 sɒ˨˦ tɔ˥˥　　　　　　　　　磨心 mo˨˦ ɕiŋ˥˥ 磨中间的铁轴
落苏 lɒ˨˦ sʅ˥˥ 茄子　　　　　　　稻叉 dɔ˨˦ tsʻa˥˥ 扎取柴火、稻子的工具
地耳 dๅ˨˦ ȵ˥˥　　　　　　　　　被单 bๅ˨˦ tie˥˥ 被子
调车 diɔ˨˦ tsʻa˥˥ 纺车　　　　　　坐车 so˨˦ tsʻa˥˥ 供不会行走的婴儿坐的器具

第一章　高淳（古柏）方言语音系统

舅母 $\text{ɕy}^{24}\text{ m}^{55}$　　　弟兄 $\text{dʮ}^{24}\text{ ɕyŋ}^{55}$

下尸 $\text{xa}^{24}\text{ sʅ}^{55}$ 入殓

　b 阳去 24+55

溧山 $\text{lə}^{24}\text{ ɕie}^{55}$ 地名　　　别针 $\text{biə}^{24}\text{ tsəŋ}^{55}$

　c 阳去 24+阴平 55

落雨 $\text{lɑ}^{24}\text{ y}^{11}$　　　石灰 $\text{sə}^{24}\text{ fei}^{55}$

立冬 $\text{liə}^{24}\text{ təŋ}^{55}$

　d 阳去 24+阴平 55　　下霜 $\text{xa}^{24}\text{ suaŋ}^{55}$

⑰a 阳去 24+11

日头 $\text{niə}^{24}\text{ dei}^{11}$　　　石头 $\text{sə}^{24}\text{ dei}^{11}$

　b 阳去 24+11

日来 $\text{niə}^{24}\text{ lɛ}^{11}$ 白天　　　麦芒 $\text{mə}^{24}\text{ uaŋ}^{11}$

石榔 $\text{sə}^{24}\text{ laŋ}^{11}$ 碌碡　　　绿鱼 $\text{lə}^{24}\text{ n̩}^{11}$ 母鲤鱼

白鱼 $\text{bə}^{24}\text{ n̩}^{11}$ 白条鱼　　　鼻毛 $\text{biə}^{24}\text{ mɔ}^{11}$

　c 阳去 24+阳平 11

大寒 $\text{da}^{24}\text{ xei}^{11}$　　　旱田 $\text{xei}^{24}\text{ di}^{11}$

骆驼 $\text{la}^{24}\text{ do}^{11}$　　　稻场 $\text{dɔ}^{24}\text{ zaŋ}^{11}$ 翻晒、碾压稻子的场地

柜台 $\text{kuei}^{24}\text{ dɛ}^{11}$　　　橡皮 $\text{ɕiaŋ}^{24}\text{ bʮ}^{11}$

砚台 $\text{ni}^{24}\text{ dɛ}^{11}$

　d 24+阳平 11

后年 $\text{xei}^{24}\text{ ni}^{11}$　　　后来 $\text{xei}^{24}\text{ lɛ}^{11}$

苎麻 $\text{sʅ}^{24}\text{ ma}^{11}$　　　大门 $\text{do}^{24}\text{ məŋ}^{11}$

丈人 $\text{saŋ}^{24}\text{ niŋ}^{11}$

⑰e 阳去 24+阳平 11（主要为动宾结构）

户楹 $\text{u}^{24}\text{ iŋ}^{11}$ 门槛　　　病人 $\text{biŋ}^{24}\text{ niŋ}^{11}$ 怀孕

下材 $\text{xa}^{24}\text{ zɛ}^{11}$ 入殓　　　上坟 $\text{saŋ}^{24}\text{ bəŋ}^{11}$

坐牢 $\text{so}^{24}\text{ lɔ}^{11}$　　　上梁 $\text{saŋ}^{24}\text{ liaŋ}^{11}$ 盖房子安装屋顶最大的房梁

拔船 $\text{ba}^{24}\text{ ɕy}^{11}$ 众人把船拉着从一条河越过堤岸进入另一条河

⑱a 阳去 24+33

麦秆 $\text{mə}^{24}\text{ kei}^{33}$　　　活鬼 $\text{ua}^{24}\text{ kuei}^{33}$ 指有小聪明的人

白果 $\text{bə}^{24}\text{ ko}^{33}$ 银杏　　　墨斗 $\text{mə}^{24}\text{ ty}^{33}$

麦秆 $\text{mə}^{24}\text{ kei}^{33}$　　　墨水 $\text{mə}^{24}\text{ suei}^{33}$

b 阳去 24+33

大暑 dɑ˧˩ sʮ˧˩　　　　　　稻把 dɔ˧˩ pa˧˩ 没有脱粒的捆扎起来的稻子
稻秆 dɔ˧˩ kei˧˩　　　　　　斛桶 uɑ˧˩ tʻəŋ˧˩ 手工脱粒用的盛稻谷的木桶
稗草 ba˧˩ tsʻɔ˧˩　　　　　　饭桶 bie˧˩ tʻəŋ˧˩ 盛饭的桶
稻草 dɔ˧˩ tsʻɔ˧˩　　　　　　大斧 dɛ˧˩ fu˧˩ 斧头
顺手 suəŋ˧˩ ɕy˧˩ 右手　　　 大腿 do˧˩ tʻei˧˩
柿饼 sʮ˧˩ piŋ˧˩　　　　　　下水 xa˧˩ suei˧˩ 一般指猪的内脏

　　⑲a 24+阴去 35

月亮 yə˧˩ liaŋ˧˥　　　　　　白露 bə˧˩ lu˧˥
月半 yə˧˩ po˧˥　　　　　　 笠帽 liɑ˧˩ mɔ˧˥ 芦苇、竹篾做的草帽
抹布 mɑ˧˩ pu˧˥　　　　　　择菜 sə˧˩ tsʻɛ˧˥

　　　b 阳去 24+阴去 35

下雾 xa˧˩ u˧˥　　　　　　　大路 dɑ˧˩ lu˧˥
上昼 saŋ˧˩ tɕy˧˥ 上午　　　 大蒜 dɛ˧˩ sei˧˥
上菜 saŋ˧˩ tsʻɛ˧˥　　　　　　下昼 xa˧˩ tɕy˧˥ 下午

　　⑳a 阳去 24+24

末伏 mɑ˧˩ fə˧˩　　　　　　 立夏 lie˧˩ xa˧˩
腊月 lɑ˧˩ yə˧˩　　　　　　　昨日 sɑ˧˩ niə˧˩
白臼 bə˧˩ ɕy˧˩ 白　　　　　 □□ lɑ˧˩ sa˧˩ 垃圾
绿鸭 lə˧˩ ŋɑ˧˩ 一种野鸭　　 木匠 mə˧˩ iaŋ˧˩
鼻涕 biə˧˩ dei˧˩　　　　　　栎树 liə˧˩ zʮ˧˩

　　　b 阳去 24+阳去 24

大麦 dɛ˧˩ mə˧˩　　　　　　下落 xa˧˩ lɑ˧˩ 地方（他是什么~人）
谢谢 ɕia˧˩ ɕia˧˩　　　　　　 害病 xɛ˧˩ biŋ˧˩ 指得了比较严重的病

　　㉑a 阳去 24+阴入 2（动宾结构）

落雪 lɑ˧˩ ɕiəʔ˨ 下雪　　　　着急 sɑ˧˩ tɕiəʔ˨
□屑 niɑ˧˩ ɕiəʔ˨ 揉面　　　 待客 dɛ˧˩ kʻəʔ˨

　　　b 阳去 24+阴入 2

烙铁 lɑ˧˩ tʻiəʔ˨　　　　　　 麦壳 mə˧˩ kʻuɑʔ˨ 麦子最外面的壳
蜡烛 lɑ˧˩ tsuəʔ˨　　　　　　脉息 mə˧˩ ɕiəʔ˨ 手腕
墨汁 mə˧˩ tsəʔ˨　　　　　　撮耙 tsʻəʔ˨ ba˧˩ 翻晒稻谷的工具

　　　c 阳去 24+阴入 2

大雪 da˦˥ ɕiəʔ˨˩˦ 　　稻壳 dɔ˦˥ kʻuaʔ˨˩˦
字帖 sɿ˦˥ tʻiəʔ˨˩˦
㉒阴入2+阴入2
个个 kəʔ˨ kəʔ˨˩ 这个　　个□ kəʔ˨ tɑʔ˨˩ 这里

四　高淳（古柏）方言单字音表

　　高淳（古柏）方言声母韵母声调的配合关系见下表（10—16页）。这个表也是高淳（古柏）方言的单字音表，表端是韵母和声调，表左是声母，表中是例字。写不出字形的音节用圆圈码表示，并在表下加注。

单字音表之一

	a					ia					ua					ya					ɛ				
	阴平	阳平	上声	阴去	阳去	阴平	阳平	上声	阴去	阳去	阴平	阳平	上声	阴去	阳去	阴平	阳平	上声	阴去	阳去	阴平	阳平	上声	阴去	阳去
p	疤		把	霸		○		○															摆	拜	
p'				怕																				派	
b		爬			稗																	排			败
m		麻	马		骂																	埋	买		卖
f	花			化				○													歪			○	
t			打			爹															呆			带	
t'	他																				胎		○	太	
d					大																	抬			袋
n		拿	○					惹															奶		耐
l		拉	哪																			○ 来			癞
ts	渣		者	炸							抓										栽			债	
ts'	车			岔																	差		彩	菜	
s	沙		舍	厦									耍								筛	财		晒	
tɕ						加		姐	借							○			○						
tɕ'									笡																
ɕ								写	洿	夏						靴			○						
k	家		假	嫁							瓜		刓	挂							街		改	盖	
k'	挧		卡	搭							夸		垮	跨							开		楷		
ŋ		瓦	牙	哑	○																	挨	呆	矮	爱
x	虾		○	○	下																○	鞋	蟹	○	害
ø						也	爷		夜		凹		划	话		○					哀				

○ ta˥ 一~: 大拇指与中指张开的长度
○ na˥ ~~: 粪便，儿语
○ ŋa˥ 一~西瓜: 一瓣西瓜
○ xa˧ ~人: 坏人
○ xa˥ ~~: 套问别人的话，引诱别人说出来
○ p'ia˩ 歪，方向不正
○ p'ia˩ 瞥，斜着眼睛随意看一下
○ mia˩ 撒娇
○ tɕ'ya˥ 骗

○ tɕ'ya˥ ①死，诙谐的说法 ②把人拎起来连着摔（不脱手）
○ ɕya˩ ~□[tɕ·iŋ˥]: 钹
○ ya˧ 凹陷
○ fɛ˥ 用棍子等轻轻向两边拨动
○ t'ɛ˥ （行为过分导致）脏乱、凌乱
○ lɛ˩ ~稻: 拔稻田里的草
○ xɛ˩ ①把手上的东西扔向一定的目标 ②大: 鸡~得很
○ xɛ˥ 估量，猜测。常重叠用

第一章 高淳（古柏）方言语音系统

单字音表之二

	uɜ	o	ie	ye	ə	ei
	阴阳上阴阳 平平声去去 ˧ ˩ ˥ ˦ ˨	阴阳上阴阳 平平声去去 ˧ ˩ ˥ ˦ ˨	阴阳上阴阳 平平声去去 ˧ ˩ ˥ ˦ ˨	阴阳上阴阳 平平声去去 ˧ ˩ ˥ ˦ ˨	阴阳 去去 ˦ ˨	阳 去 ˨
p pʻ b m f		波　半 潘　破 　婆　拌 满魔磨	班 板绊 　　襻 湾烦 饭 晚蛮 慢		白 木 服	鼻 篦
t tʻ d n l		多躲 拖妥 　砣舵 　奴 啰膊	单 胆担 摊 毯炭 谈掸 淡 ○难 难 懒蓝 烂		毒 六	笛 日 栎
ts tsʻ s	猜 衰 甩帅	左做 搓　错 蓑 锁坐			十	
tɕ tɕʻ ɕ			碱醮 餐铲○ 三咸喊散站	关 ○惯掼 ○ 　劝 翻 反贩		绝
k kʻ ŋ x	乖 拐怪○ 　　快	哥 管罐 棵 款课 　鹅 欢河火货祸	间 减间 铅	去 ○		
Ø	槐 外	我横碗饿	眼颜○晏	湾还 弯		一

- ○ kuɜ˦ 脚崴
- ○ nie˧ 语气词，表示惊叹、惊奇、意外
- ○ tɕʻie˦ ~田：锄田
- ○ ie˦ 颜色逐渐消退
- ○ tɕye˦ 眼睛关注某人或某种情况
- ○ tɕʻye˦ 耳刀 ~：耳环
- ○ ŋɜ˨ ~草席：编草席

- 湾 biɔ˧ 台~
- 间 kie˧ 一~房子
- 间 kie˧ ~花了拔□[tsɿ˧]：间苗
- 掼 tɕye˨ 扔，摔
- 湾 ye˧ 毛竹~：地名，在江苏溧水县
- 弯 ye˧ 腿心~：腘窝，膝盖里侧凹进去的部分

单字音表之三

	uə	yə	ɑ	iɑ	uɑ	yɑ	ɔ	iɔ	ɿ
	阳去 ˧˩						阴平 阳平 上声 阴去 阳去 ˥ ˧˥ ˨˩˦ ˥˩ ˧˩	阴平 阳平 上声 阴去 阳去 ˥ ˧˥ ˨˩˦ ˥˩ ˧˩	阴平 阳平 上声 阴去 阳去 ˥ ˧˥ ˨˩˦ ˥˩ ˧˩
p p' b m f			筏 末 罚				包　宝报 抛　跑炮 　袍抱 毛　　帽	标　表 飘　票 　瓢 秒苗庙	比　　闭 批　圮屁 　皮　　被
t t' d n l			夺 捺 辣		○ 笠		刀　倒到 掏　讨套 　桃道 脑　　闹 老牢○	雕　鸟钓 挑　调跳 条　　调 　　　尿 了○　料	低　底帝 梯　体替 　题　　地
ts ts' s	熟		凿				招　早灶 超　草糙 烧曹嫂扫赵		资　纸痣 痴　刺 师瓷死四事
tɕ tɕ' ɕ		局		嚼				浇○缴叫 锹　巧窍 消桥小笑轿	鸡　幾寄 欺　起气 西齐洗戏忌
k k' ŋ x				鸭 合		鹤	高　搞告 敲　考靠 咬熬袄坳 蒿毫好耗		
Ø	屋	月		药	活	镯		腰摇杳要	衣移椅意

○ niɑ˧˥ ~□[tɔ˥˩]: (树、菜) 叶子　　　鸟 tiɔ˨˩˦ 男阴
○ lɔ˧˥ (粥) 稀　　　　　　　　　　　调 tɕiɔ˧˥ ~亲: 换亲
○ liɔ˥˩ 缝 (衣服)　　　　　　　　　调 diɔ˧˥ ~头
○ tɕiɔ˥˩ (木板等) 因没放好或干燥而　　杳 iɔ˨˩˦ ~无音信
　　变形　　　　　　　　　　　　　　圮 p'ɿ˨˩˦ 倒塌

第一章 高淳（古柏）方言语音系统

单字音表之四

	i 阴平 ˥	i 阳平 ˩	i 上声 ˧	i 阴去 ˧˥	i 阳去 ˥˩	u 阴平 ˥	u 阳平 ˩	u 上声 ˧	u 阴去 ˧˥	u 阳去 ˥˩	y 阴平 ˥	y 阳平 ˩	y 上声 ˧	y 阴去 ˧˥	y 阳去 ˥˩	ɿ 阴平 ˥	ɿ 阳平 ˩	ɿ 上声 ˧	ɿ 阴去 ˧˥	ɿ 阳去 ˥˩	ei 阴平 ˥	ei 阳平 ˩	ei 上声 ˧	ei 阴去 ˧˥	ei 阳去 ˥˩
p	边		扁	变		补			布												碑			辈	
p'	偏			骗		铺		谱	铺							坯			配						
b		便			辫				部													赔	尾		味
m			免	棉	面			模	○													美	煤		妹
f						夫	扶	虎	斧	户												灰	匪		肺
t			掂	点	店											丢		抖	斗		堆		短	对	
t'			天	舔												偷		敨	透		推		腿	退	
d		田			簟				度								潭					头			豆
n		染	严		砚													软	牛				暖	男	
l		脸	连		练		鲁	炉	路								○	楼	漏			卵	雷		乱
ts																猪		赌	锯		簪		嘴	醉	
ts'																粗		鼠	兔		催			凑	
s																苏	锄	暑	素	柱	酸	随		岁	罪
tɕ	尖		减	战							砖		酒	昼											
tɕ'	千		浅	欠							秋		丑	劝	传										
ɕ	先	钱	险	线	善						收	猴	手	算	后										
k						姑		古	顾		狗		够								肝		梗	干	
k'								苦	裤				扣								抠		口	看	
ŋ																					藕		揞	硬	
x									**腐**												齁	寒		汉	厚
ø	烟	盐		燕		五	壶		雾	伏	冤	油	远	右		吕	圩	羽	芋						

○ mu˧˥ 用手捂住　　　　　铺 pu˥ 松儿~：地名
○ ly˥ 圈~~：圆圈　　　　　腐 xu˥ ~乳
便 bi˥ ~宜　　　　　　　　传 tɕ'y˥ 帮忙递给某人
铺 pu˥ ~床　　　　　　　　伏 u˥ ~小鸡：孵小鸡

单字音表之五

	uei	ɑŋ	iaŋ	uɑŋ	əŋ
	阴阳上阴阳 平平声去去 ˥ ˩ ˧ ˦ ˥	阴阳上阴阳 平平声去去 ˥ ˩ ˧ ˦ ˥	阴阳上阴阳 平平声去去 ˥ ˩ ˧ ˦ ˥	阴阳上阴阳 平平声去去 ˥ ˩ ˧ ˦ ˥	阴阳上阴阳 平平声去去 ˥ ˩ ˧ ˦ ˥
p p' b m f		帮 绑 ○ 髈 胖 旁 ○ 网 忙 望 方 妨 谎 放			崩 本 笨 喷 捧 盆 问 蠓 明 ○ 梦 风 粉 糞
t t' d n l		当 党 档 汤 淌 烫 糖 凼 攮 瓤 ○ ○ 郎 浪	两 娘 让 两 梁 亮		灯 懂 冻 通 桶 痛 同 洞 冷 农 嫩 笼 龙
ts ts' s	锥 吹 锤 水 税	张 掌 葬 仓 厂 唱 伤 长 赏 上		装 壮 窗 闯 闯 霜 床 狀	针 总 粽 村 皴 铳 深 陈 笋 送 阵
tɕ tɕ' ɕ			姜 讲 酱 枪 抢 呛 香 墙 想 向 项		
k k' ŋ x	归 鬼 贵 柜 亏 跪 ○	钢 讲 虹 戆 糠 园 夯 杭 巷		光 广 筐	根 耿 供 空 肯 控 很 哄 烘 红 哄 恨
∅	煨 围 纬 魏	○	痒 洋 样	往 黄 旺	

○ kʰuei˥ 肿瘤
○ pʰɑŋ˥ ~湿湿：形容身上让雨淋透了
○ bɑŋ˥ 奶~头：乳头周围的部分
○ nɑŋ˦ ~鼻子：齉鼻儿
○ lɑŋ˩ 把东西在水里摆动清洗
○ ɑŋ˩ 语气词，表肯定语气
○ məŋ˥ 用手捂嘴
纬 uei˦ ~纱：旧式织布机上的纬线
髈 pʰɑŋ˩ 蹄：肘子。《广韵》匹朗切：髈，吴人云髈
档 tɑŋ˩ 椅子~：椅子掌儿。《集韵》丁
浪切 "横木"
淌 tʰɑŋ˩ 流（水）
凼 dɑŋ˩ 水~钵：小水坑
园 kʰɑŋ˩ 藏
夯 xɑŋ˩ 墙~实来
两 niɑŋ˩ ~个
两 liɑŋ˩ 几~
闯 tsʰuɑŋ˩ 强行进入
闯 tsʰuɑŋ˩ ~人家：从一户人家逛到另一户人家
旺 uɑŋ˦ 称物时，秤尾高

单字音表之六

	iŋ 阴平	iŋ 阳平	iŋ 上声	iŋ 阴去	iŋ 阳去	uən 阴平	uən 阳平	uən 上声	uən 阴去	uən 阳去	yŋ 阴平	yŋ 阳平	yŋ 上声	yŋ 阴去	yŋ 阳去	m̩ 阴平	m̩ 阳平	m̩ 上声	m̩ 阴去	m̩ 阳去	ŋ̍ 阴平	ŋ̍ 阳平	ŋ̍ 上声	ŋ̍ 阴去	ŋ̍ 阳去
p	冰		饼	柄																					
p'			品	聘																					
b		抦 平			病																				
m		名			命																				
f																									
t	丁		顶	订																					
t'	听		挺																						
d		藤			定																				
n		银			认																				
l		林	领	另																					
ts								准																	
ts'						春		蠢																	
s							淳			顺															
tɕ	金		颈	镜							军														
tɕ'	清		请	亲																					
ɕ	心	晴	醒	姓	近						兄	穷		训											
k								滚	棍																
k'						坤		捆	困																
ŋ																									
x																									
Ø	阴		隐	印		温	魂	稳		混	雍	云	拥		用		眉	尾				鱼	米		二

亲 tɕiŋ˧ ~家。《广韵》七遴切 "亲家"

拥 yŋ˧ 一个~时：指人来得特别多的时刻

单字音表之七

	ŋ̍	l̩	aʔ	iaʔ	uaʔ	yaʔ	əʔ	ieʔ	ueʔ	yəʔ
	阴平 阳平 上声 阴去 阳去 ˥ ˩ ˦ ˧ ˥	阴平 阳平 上声 阴去 阳去 ˥ ˩ ˦ ˧ ˥	阴入 ˦	阴入 ˦	阴入 ˦	阴入 ˦	阴入 ˦	阴入 ˦	阴入 ˦	阴入 ˦
p p' b m f			八 泼 发				北 拍 福	笔 撇		
t t' d n l			搭 塔 ○				德 脱	跌 踢		
ts ts' s			作 杀	捉 戳 刷			隻 尺 湿		粥 出 叔	
tɕ tɕ' ɕ				甲 雀 削		触		接 七 锡		菊 缺 血
k k' ŋ x			夹 掐 ○ 瞎		鸽 阔		割 客 黑		国 哭	
∅	五 蜈	李 犁 利			○	吃				

○ naʔ ˦ 语气词，表提示、提醒
○ iaʔ ˦ 语气词，表出乎意料（多指不好的事）
戳 ts'uaʔ ~拐棍：拄拐棍

第二章 高淳（古柏）方言语音与中古音比较

一 高淳（古柏）方言语音演变特点

1. 有浊音声母［bd］，［d］来源于古定母，［b］的来源广泛，除了古並母字外，还有古奉母字以及少数古微母、影母、以母、群母字。请看表1（双竖线前为古並母字，双竖线后为古奉母字）：

表1 古並母字、奉母字今读音以及与今韵母之间的关系

並、奉母今读	今韵母	今读音
f	u	‖扶 fu˨
∅	u	蒲菩 u˨簿部老步埠 u˦‖符芙 u˨伏孵小鸡 u˦
b	u	部新 bu˦
	o	婆盘 bo˨伴拌 bo˦
	a	爬耙钯杷 ba˨罢稗 ba˦
	ɿ	皮脾 bɿ˨鼙币备笓避被~单：被子bɿ˦
	ɛ	排牌簰 bɛ˨败 bɛ˦
	ə	白 bə˦‖佛服伏 bə˦
	iə	鼻枇 biə˦
	ɑ	拔薄厚~ bɑ˦
	ɔ	袍 bɔ˨抱暴爆鲍 bɔ˦
	iɔ	嫖瓢 biɔ˨
	ei	陪赔 bei˨倍背~书焙 bei˦‖肥 bei˨
	i	便~宜bi˨辩辨辫便方~bi˦
	ie	办瓣 bie˦‖樊烦 bie˨犯饭 bie˦
	iŋ	贫平评瓶屏萍 biŋ˨病 biŋ˦
	əŋ	盆朋棚彭篷蓬缝 bəŋ˨‖坟冯缝~衣服bəŋ˨份风缝一条~ bəŋ˦
	ɑŋ	旁 bɑŋ˨‖防 bɑŋ˨

可见，古并母绝大多数字都读［b］声母，只是逢今韵母［u］时，发生了分化。大部分古奉母字也都读［b］声母，与古并母的分化相似。

高淳（古柏）方言古并母和奉母读［b］是同步演变的。不仅是高淳（古柏）方言，宣州片吴语其他方言古并母和奉母字的演变，虽然音值类型不一样，也都是同步演变的。这里以高淳（淳溪）、宣城（雁翅）、芜湖县（六郎）为例：

高淳（淳溪）：白并=佛服伏奉bə˨｜陪赔并=肥奉bəi˩｜薄厚~拔病=罚奉bɑ˨｜办瓣鼻别并=范犯饭奉bie˨｜盆朋棚并=坟冯缝奉bəŋ˩｜蒲菩脯并=扶符浮奉fu˩｜步埠并=负妇奉fu˨。

宣城（雁翅）：培陪赔裴并=肥奉ɸpffiəi｜傍~晚办并=范犯饭奉pffiæn'｜盆彭并=坟奉pffiən｜朋棚篷蓬并=缝~衣裳冯逢奉ɸpffioŋ｜拔并=伐筏罚奉pffiaʔ'｜婆蒲菖~菩~萨脯胸~葡并=符扶芙奉ɕvu。

芜湖县（六郎）：菩并=扶奉hvu｜旁螃并=烦繁房防妨奉hvan˨｜盆朋棚并=坟奉hvən˨｜篷并=冯缝hvəŋ˨。

高淳（古柏）方言少数古微母、影母、以母、群母字也读［b］声母，举例如下：

微母：尾 bei˥ 味bei˨ 万 bie˨ 文蚊闻 bəŋ˩ 问 bəŋ˨

以母：维唯 bei˩

影母：湾台~bie˥

群母字：葵 bei˩

宣州片其他吴语也有此现象，例如：

古微母字读同古并母。例如：

高淳（淳溪）：微 bəi˩｜未味 bəi˨｜万 bie˨｜文蚊闻 bəŋ˩｜问 bəŋ˨物 bə˨。

宣城（雁翅）：无巫诬 ɕvu｜万 pffiæn'｜袜 pffiaʔ'｜未味 pffiəi'。

当涂（湖阳）：万 bie˅｜闻~~~bəŋ˨。

古以母字读同古并母。例如：

高淳（淳溪）：维惟唯 bəi˩（均为人名用字）

宣城（雁翅）：维~护ɸpffiəi

古群母字读同古并母。例如：

高淳（淳溪）：葵 bəi˩

当涂（湖阳）：葵 bʁi˨

第二章　高淳（古柏）方言语音与中古音比较

泾县（茂林）：葵逵癸 ɸiŋ˦（古並母读［ɸ］）

另外，高淳（古柏）方言影母字"湾［bie˧］"也读同古並母。高淳（淳溪）敷母字"番［bie˨］"，影母字"湾［bie˧］"都读同古並母。

古奉母字读同古並母，有可能反映了早期奉母、並母都是读［b］，因而今天的演变方式一致。而古微母、以母、群母、敷母甚至影母字读同古並母，是相对后起现象。这些字都是古合口字，声母读音的演变应与古合口介音［u］的特征有关，也不排除有些字的读音可能是类推的结果。

2. 古从、邪、澄、崇、船、禅母逢洪音读［s］，但是在连读后字中有读浊音［z］现象，例如"食 sə˦∥把食 pa˦ zə˦喂食，唇 səŋ˨∥嘴唇 tsei˦ zəŋ˨，兆 so˦∥得兆 təʔ˧ zɔ˦做了有暗示性的梦，皂 so˦∥肥皂 bei˨ zɔ˦˧"；逢细音读［ɕ］，但在连读后字中有读零声母［ø］现象，例如"船 ɕy˨∥渡船 du˦˥ y˥˦"。古群母、匣母、並母、疑母字在连读后字中，也有读零声母［ø］现象，如"舅 ɕy˦∥娘舅 niɑŋ˨ y˦˦，和 xo˨∥暖和 nei˧ o˥˧，婆 bo˨∥抬老婆 dɜ˦ lɔ˧ o˥˦娶亲，雁白读ie˦∥雁鹅 i˦˥ o˥˦此处'雁'为文读"。

3. 古端透定母今分别读［t tʻ d］，但是［t tʻ］逢［u］韵母读［tsʮ］［tsʻʮ］，例如：都 tsʮ˧｜赌堵肚 tsʮ˦｜土吐 tsʻʮ˦｜兔 tsʻʮ˦。

4. 遇摄鱼韵见系有文白读，仅限于"去"字，文读［tsʻʮ˦］，白读［kʻə˦］。

5. 流摄一三等韵母相同，文读均为［ei］，白读均为［y］。例如：狗文kei˦，狗白ky˦。

6. 咸摄开口一等端系部分字保留覃、谈之别，例如：潭覃韵dy˨，南覃韵ny˨，蚕覃韵ɕy˨∥痰谈韵die˨，蓝篮谈韵lie˨，三谈韵ɕie˧。咸、山开口一等端系一般都读［ie］，与咸、山开口二等韵母相同，例如：耽咸开一tie˧，淡咸开一die˦，喊咸开一ɕie˦｜站咸开二ɕie˦，咸咸开二ɕie˨∥蛋山开一die˦，懒山开一lie˧，餐山开tɕʻie˧｜板山开二pie˦，山山开二ɕie˧，眼山开二ie˦，晏迟。山开二ie˦。咸、山开口一等见系读［ei］，与流摄文读韵母、梗摄开口二等白读韵母相同，例如：甘=肝=沟=耕 kei˧。

7. 臻、曾摄开口一等、梗摄开口二等（白读除外）、通摄一等均读［əŋ］，例如：吞 tʻəŋ˧｜根 kəŋ˧｜灯 təŋ˧｜肯 kʻəŋ˦｜东 təŋ˧｜总 tsəŋ˦｜公 kəŋ˧｜冷 nəŋ˧｜庚 kəŋ˧。臻、曾开口三等、梗摄开口三四等知章庄组读［əŋ］，其他读［iŋ］。例如：镇 tsəŋ˦｜真 tsəŋ˧｜蒸

tsəŋ˥ | 程 səŋ˩ | 声 səŋ˥ ‖ 民 miŋ˩ | 新 ɕiŋ˥ | 银 niŋ˩ | 斤 tɕiŋ˥ | 冰 piŋ˥ | 饼 piŋ˧ | 颈 tɕiŋ˧ | 瓶 biŋ˩ | 顶 tiŋ˧。

8. 有一批[m̩ n̩ ŋ̍ l̩]自成音节的字，如：尾母~□[lɔ˩]：母的 m̩˥ | 耳~刀：耳朵女男~；~儿米尔你亩 n̩˥ | 鱼眉迷~信儿宜~兴：地名倪姓泥尼~姑疑~神~鬼 n̩˩ | 二贰~心腻油~ n̩˧ | 五恩皇~大赦樱~桃 ŋ̍˩ | 蜈~蚣 ŋ̍˩ | 礼李里鲤理粒一~米 l̩˧ | 犁梨狸~桥：地名 l̩˩ | 例厉~害婆：厉害的女子离利痢癞~ l̩˧。

9. "两"字有两种读音。"两个"的"两"读[niɔŋ˥]，"幾两"的"两"读[liɔŋ˥]。

10. "枇杷"的"枇"今读入声[biaʔ]，《康熙字典》"枇"字：《唐韵》房脂切，《集韵》《韵会》频脂切。又白居易《山枇杷》诗："深山老去惜年华，况对东溪野枇杷"。作入声读，薄密切，音弼。

二 高淳（古柏）方言声韵调与中古音比较表

高淳（古柏）方言有六个声调：阴平、阳平、上声、阴去、阳去、入声。古今声调演变特点：

1. 古清声母平声字今读阴平，古全浊和次浊声母平声字今读阳平。

2. 古清声母上声字今读上声，古全浊声母上声字今读阳去，古次浊上声字今读阴平。

3. 古清声母去声字和次浊声母去声字今读阴去，古全浊声母去声字今读阳去。

4. 古清声母入声字今读入声，古全浊声母和次浊声母入声字今读阳去。

第二章　高淳（古柏）方言语音与中古音比较

表2　高淳（古柏）方言声调与古四声的关系

		阴平55	阳平11	上声33	阴去35	阳去24	阴入2
古平声	清	高粗天三					
	次浊		来毛年人银河扶糖平穷				
	全浊						
古上声	清	五老懒冷		火土想井			
	次浊						
	全浊					坐在旱动	
古去声	清				去笑对送路帽岸让		
	次浊						
	全浊					大害饭病	
古入声	清						笔黑百
	次浊					月药麦六十活薄白	
	全浊						

表3 高淳（古柏）方言与《广韵》声母比较

	清		全浊	
帮组	帮 包 pɔ˧	滂 潘 pʻo˧	並 瓶 biŋ˩	步 u˥
非组	非 粪 fəŋ˧ 反 çye˧	敷 纺 faŋ˧ 翻 çye˧	奉 房 baŋ˩	份 fəŋ˥
端泥组	端 东 tə ŋ˧	透 天 tʻi˧	定 痰 die˩	
精组	精 紫 tsɿ˧ 尖 tçi˧	清 粗 tsʻɿ˧ 赞 tçie˧	从 墙 çiaŋ˩	坐 so˥
知组	知 猪 tsʮ˧ 转 tçy˧	彻 撤 tsʻəʔ˧ 抽 tçʻy˧	澄 沉 səŋ˩	绸 çy˥
庄组	庄 斋 tsɛ˧ 蘸 tçie˧	初 插 sʻaʔ˧ 搀 tçʻie˧	崇 豺 sɛ˩	馋 çie˩
章组	章 整 tsəŋ˧ 周 tçy˧	昌 吹 tsʻuei˧ 丑 tçʻy˧	船 蛇 sa˩	船 çy˩
日母				
见晓组	见 哥 ko˧ 姜 tçiaŋ˧	溪 口 kʻəi˧ 欺 tçʻɿ˧	群 柜 kui˥ 葵 bei˩ 权 çy˩	
影组	影 温 uəŋ˧ 矮 ŋɛ˧			

第二章　高淳（古柏）方言语音与中古音比较

次浊		清	全浊	
明　门 məŋ⌐				帮组
微　袜 mɑ˧ 微　uei⌐ 问　bəŋ˧				非组
泥　南 ny⌐				端泥组
	来　鹿 lə˧			
		心　塞 səʔ˧ 心　çiŋ⌐	邪　徐 sɿ⌐　席 çiə˧	精组
				知组
		生　霜 suɑŋ⌐ 瘦 çy˧		庄组
		书　深 səŋ⌐	禅　竖 sɿ˧　善 çi˧	章组
日　让 niɑŋ˧ 闰 yŋ˧				日母
疑　眼 ie⌐ 银 niŋ⌐		晓　火 xo⌐ 灰 fei⌐ 香 çiɑŋ⌐	匣　湖 u⌐　户 fu˧ 咸 çi⌐　寒 xei⌐	见晓组
云　有 y⌐	以　盐 i⌐			影组

表 4　高淳（古柏）方言与《广韵》韵母比较之一

	一等			二等			
	帮系	端系	见系	帮系	泥组	知庄组	见系
果 开		多 toˉ	哥 koˉ				
果 合	破 pʻo˧	坐 so˧	火 xo˨				
假 开				马 ma˩		茶 sa˩	家 ka˥
假 合							花 fa˥
遇 摄	补 pu˨	粗 tsʻʅ˥	苦 kʻu˨				
蟹 开		胎 tʻɜ˥	开 kʻɜ˥	排 bɜ˩		债 tsɜ˥	街 kɜ˥
蟹 合	妹 mei˧	对 tei˧	灰 fei˥ 外 uɛ˧			怪 kuɛ˥	话 ua˧
止 开							
止 合							
效 摄	毛 mɔ˩	刀 tɔˉ	高 kɔˉ	饱 pɔ˨	闹 nɔ˧	罩 tsɔ˧	交 kɔˉ
流 摄	亩 n̩˨ 牡 mei˨	偷 tʻy˥	狗 ky˨				
咸 舒		淡 die˧	暗 ŋei˧			斩 tçie˨	减 tçi˨
深 舒							
山开舒		炭 tʻie˧	汗 xei˧	班 pie˥		山 çie˥	眼 ie˨
山合舒	半 po˧	短 tei˨	官 ko˥			闩 çy˥	关 tçye˥
臻开舒		吞 tʻəŋ˥	跟 kəŋ˥				
臻合舒	门 məŋ˩	村 tsʻəŋ˥	滚 kuəŋ˨				
宕开舒	旁 baŋ˩	汤 tʻaŋ˥	钢 kaŋ˥				
宕合舒			光 kuaŋ˥				
江 舒				绑 paŋ˨		双 suaŋ˥	江 kaŋ˥

第二章　高淳（古柏）方言语音与中古音比较

帮系	端组	泥组	精组	庄组	知章组	日母	见系		
				三四等					
								果	开
							靴 ɕya˥	果	合
			写 ɕia˦		遮 tsa˥		野 ia˥	假	开
								假	合
扶 u˩		女 ȵy˥	蛆 tsʻy˥	初 tsʻy˥	猪 tsy˥	如 ȵy˩	锯 tsy˥	遇	摄
米 m̩˥	低 ti˥	犁 l̩˩	西 ɕi˥		世 sɿ˥		鸡 tɕi˥	蟹	开
肺 fei˥			岁 sei˥		税 suei˥		桂 kuei˥	蟹	合
皮 bi˩	地 dʻi˥	尼 ȵ̩˩	子 tsɿ˥	事 sɿ˥	纸 tsɿ˥	二 ȵ̩˥	棋 ɕi˩	止	开
飞 fei˥			嘴 tsei˥	帅 suɛ˥	水 suei˥		贵 kuei˥	止	合
庙 miɔ˥	挑 tʻiɔ˥	料 liɔ˥	小 ɕiɔ˦		赵 sɔ˥	绕 niɔ˥	桥 ɕiɔ˩	效	摄
浮 fu˩ 富 fu˥		流 ly˩	酒 tɕy˥	瘦 sɕy˥	手 ɕy˥	揉 ny˩	九 tɕy˦	流	摄
帆 ɕye˥	点 ti˦	念 ni˥	尖 tɕi˥		占 tɕi˥	染 ni˥	剑 tɕi˥	咸	舒
		林 liŋ˩	心 ɕiŋ˥	森 səŋ˥	深 səŋ˥		金 tɕiŋ˥	深	舒
边 pi˥	天 tʻi˥	年 ni˩	浅 tɕʻi˦		善 ɕi˥		牵 tɕʻi˥	山开	舒
反 ɕye˦			全 ɕi˩		船 ɕy˩	软 ny˦	权 ɕy˩	山合	舒
贫 biŋ˩		邻 liŋ˩	新 ɕiŋ˥	真 tsəŋ˥	人 niŋ˩		银 niŋ˩	臻开	舒
分 fəŋ˥			遵 tsəŋ˥		顺 suəŋ˥	闰 suəŋ˥	云 yŋ˩	臻合	舒
		凉 niaŋ˩	墙 ɕiaŋ˩	床 suaŋ˩	张 tsaŋ˥	让 niaŋ˥	香 ɕiaŋ˥	宕开	舒
方 faŋ˥								宕合	舒
								江	舒

表5 高淳（古柏）方言与《广韵》韵母比较之二

	一等			二等			
	帮系	端系	见系	帮系	泥组	知庄组	见系
曾开舒	崩 pəŋ˧	灯 təŋ˧	肯 kʻəŋ˧				
曾合舒							
梗开舒				彭 pʻəŋ˨	冷 nəŋ˧	生 səŋ˧	耕 kei˧
梗合舒							横 o˨
通 舒	蒙 məŋ˨	东 təŋ˧	公 kəŋ˧				
咸 入		塔 tʻaʔ˥	盒 xɑ˨			插 tsʻaʔ˥	甲 tɕiaʔ˥
深 入							
山开入		辣 la˨	割 kuaʔ˥	八 paʔ˥		杀 sa˥	瞎 xɑ˥
山合入	钵 pa˥	脱 tʻəʔ˥	阔 kʻuaʔ˥				乞 uaʔ˥
臻开入							
臻合入	不 pəʔ˥		骨 kuəʔ				
宕开入	薄 ba˨	落 la˨	鹤 xɑ˨				
宕合入			郭 kuɑ˥				
江 入				剥 paʔ˥		戳 tsʻuaʔ˥	学 fa˨
曾开入	北 pəʔ˥	贼 sə˨	黑 xə˥				
曾合入			国 kuəʔ˥				
梗开入				百 pəʔ˥		拆 tsʻəʔ˥	客 kʻəʔ˥
梗合入							划 ua˨
通 入	木 mə˨	毒 də˨	哭 kʻuəʔ˥				

第二章 高淳（古柏）方言语音与中古音比较

三四等								
帮系	端组	泥组	精组	庄组	知章组	日母	见系	
冰 piŋ˥		菱 liŋ˧			蒸 tsəŋ˥		兴 ɕiŋ˥	曾开舒
								曾合舒
丙 piŋ˧˩	听 tʰiŋ˥	领 liŋ˧˩	青 tɕʰiŋ˥		程 səŋ˧		颈 tɕiŋ˧˩	梗开舒
							兄 ɕyŋ˥	梗合舒
风 fəŋ˥		龙 ləŋ˧	松 səŋ˥		钟 tsəŋ˥	绒 yŋ˧	穷 ɕyŋ˧	通 舒
法 fɑʔ˥	贴 tʰiɛʔ˥	猎 liɛʔ˧	接 tɕiɛʔ˥		摺 tsəʔ˥	业 niɛʔ˧	结 tɕiɛ˥	咸 入
		粒 lʔ˧	集 ɕiə˧		十 sə˧		急 tɕiəʔ˥	深 入
篾 miə˧	铁 tʰiɛʔ˥	烈 liɛʔ˧	节 tɕiɛʔ˥		舌 sə˧	热 niə˧	结 tɕiɛ˧	山开入
发 fɑʔ˥			雪 ɕiɛ˥				血 ɕyɛʔ˧	山合入
笔 piəʔ˥			七 tɕʰiəʔ˥		实 sə˧	日 niə˧	一 iə˧	臻开入
佛 bə˧					出 tsʰuəʔ˥			臻合入
			削 ɕiɑʔ˥		着 sɑ˧		脚 tɕiɑʔ˥	宕开入
								宕合入
							江 入	
逼 piəʔ˥		力 niə˧	鲫 tɕiəʔ˥	色 səʔ˥	直 sə˧		亿 i˧	曾开入
								曾合入
	踢 tʰiəʔ˥	历 liə˧	席 ɕiə˧		石 sə˧		吃 tɕʰiəʔ˥	梗开入
								梗合入
服 bə˧		六 lə˧	粟 səʔ˥	缩 suəʔ˥	叔 suəʔ˥	肉 niə˧	曲 tɕʰyəʔ˥	通 入

第三章　高淳（古柏）方言同音字汇

说　明

1. 本同音字汇所收的字，都是高淳（古柏）方言的常用字，包括以下几个来源：

①《方言调查字表》里高淳（古柏）方言口语用到的字。

②高淳（古柏）方言口语常用，但《方言调查字表》未收的字。不过这些字都见于《广韵》或《集韵》。

③本字汇也包括一些写不出字形的音节，一律用方框"□"表示并加以注释。谚语、俗语等前加△表示。

2. 有些字有异读，大多数属于文白异读。本字表不特别区分文白异读，只在字的右下角加数码1、2、3来表示不同的读音。

3. 本字表先按韵母分类，同韵的字按声母顺序排列，声韵母相同的按声调顺序排列。

韵母顺序如下：

a	ia	ua	ya
ɛ		uɛ	
o			
	ie		ye
ə	ei	eu	yə
ɑ	iɑ	uɑ	yɑ
ɔ	iɔ		
ɿ	i	u	y
			ɥ
ei		uei	

第三章　高淳（古柏）方言同音字汇

ɑŋ	iɑŋ	uɑŋ	
əŋ	iŋ	uəŋ	yŋ
m̩	n̩	ŋ̍	l̩
ɑʔ	iɑʔ	uɑʔ	yɑʔ
əʔ	iəʔ	uəʔ	yəʔ

a

p　　[˥]巴~结疤　[˦]把①~食：给牲口、家禽等喂食 ②表被动：饭~吃了 ③~信：报表　[˥]霸~王：形容横行霸道的人 壩堤坝东~，地名

pʻ　　[˥]怕帕①动词，用手帕包东西叫~起来 ②量词，用手帕包的一包东西叫一~

b　　[˦]爬杷枇~耙~子：扒草的工具 耙动词　[˦]耙名词罢~市，指蔬菜、水果等过了时令，市场上没有了 稗~草

m　　[˥]马码~头妈~~：奶奶　[˩]麻　[˥]骂

f　　[˥]花　[˥]化~灵：老人下葬后，过一段时间，把灵房、纸扎的金童玉女等在村口烧掉

t　　[˥]□①（人或动物两条腿）张开 ②一~：大拇指与中指张开的长度　[˦]打

tʻ　　[˥]他

d　　[˦]大₁皇恩~赦。另读 dɛ˦, do˦

n　　[˥]□~~：粪便，儿语　[˩]拿

l　　[˥]拉~院子：建造庭院　[˩]哪~个

ts　　[˥]渣豆~遮蔗甘~　[˦]者南~：地名　[˥]诈~床头：临出嫁前，女儿哭着不肯出嫁，男方要给红包（俗称"起床礼"）后才会起身出嫁 炸₁①~弹 ②~炮米：爆米花。另读 sa˦ ~□[pʻəŋ˦]：采菱角、捕鱼等供乘坐的器具，一般只能容下一个人

tsʻ　　[˥]叉戳~：往高处晾晒衣服的工具 杈树~桠：树枝 杈差~债：欠钱 车□疆~步：台阶　[˥]岔~路

s　　[˥]沙痧出~~：出麻疹 纱赊~账 □~牛：母黄牛 □指行为、语言张狂　[˩]茶查调~蛇　[˦]洒~水舍~得　[˥]厦临时搭建的不正规的房子、棚子等 舍~宿　赦皇恩大~　[˥]射~箭社~员

k　　[˥]家₁另读 tɕia˥ 枷~嘴袋：围嘴儿　[˦]假₁真~。另读 tɕia˦ 贾~郎头：地名　[˥]嫁~钱。另读tɕia˥ 架摆~子。另读tɕia˥ 尬尴~□~~：儿语称呼鸡蛋，半山半圩、水乡都是儿语，山乡成人也说

kʻ	[˥]扪捕捉，拿住　[˧]卡~牙齿：塞牙缝；一种捕鱼工具　[˨]搭捕捉，拿住
ŋ	[˥]鸦~雀子：喜鹊　丫~头　桠₁树~权：树枝权。另读 ia˥　瓦①名词　②动词，在墙的缝隙里塞进石灰水泥等使平整　□~队：插队，北京话叫加塞儿　□~饭：婚俗。新婚三天回门，吃饭时给新女婿盛过量的米饭让吃完，故意为难　[˧]牙　芽　伢~□[nɛ˥]：小男孩儿　[˧]哑　[˨]□~肥：施肥　□一~西瓜：一瓣西瓜
x	[˥]虾　[˧]□~人：坏人　[˨]□~~：套问别人的话，引诱别人说出来　[˨]下　夏₁立~。另读 ɕia˥

ia

pʻ	[˥]□歪，方向不正　[˧]□瞥，斜着眼睛随意看一下
m	[˥]□撒娇
t	[˥]爹~~：父亲
n	[˥]惹
tɕ	[˥]家₂~具。另读 ka˥　加佳才子~人　[˧]姐　□人或东西漂亮。不~相：看起来不漂亮　[˨]假₂放~。另读 ka˥　借架₂打~。另读 ka˥　价~格。另读 ka˥
tɕʻ	[˨]笡斜△天河~，家家借：形容青黄不接
ɕ	[˥]些~微：略微　邪~气斜①歪撒倒~：形容东西摆得歪斜　②形容人不正派　[˧]写　[˨]夏₂姓。另读 xa˥　厦~门　谢　[˥]卸~担子①把肩上的担子放下来　②比喻放下职责，减轻负担　泻~肚
∅	[˥]野　桠₂~溪河：河名。另读 ŋa˥　[˧]爷~~：祖父　[˨]夜

ua

ts	[˥]抓
s	[˧]耍~~：玩玩儿
k	[˥]瓜　[˧]寡~鸟汉：单身汉　剐千刀万~　[˨]挂卦丢~：问卦
kʻ	[˥]夸　[˧]垮侉~子：形容个子特别高的人　[˨]跨
∅	[˥]凹　[˧]华~山　桦水~树：一种植物，多见于水边　划~水　□~周：小孩一周岁时，外公外婆等来庆贺　□青天~~：形容干冷的晴天　[˨]话画

第三章 高淳（古柏）方言同音字汇

ya

tɕ·	[˧]□骗	[˧˩]□①死，诙谐的说法 ②把人拎起来连着摔（不脱手）
ɕ	[˧]靴	[˧˩]□~□[tɕ·iŋˌ]：铗
∅	[˦]□凹陷	

ε

p	[˦]摆把搓洗好的衣服放在清水里漂洗　[˧˩]拜
p·	[˧˩]派
b	[˩]排牌簰放~　[˧˩]败
m	[˧]买　[˩]埋　[˧˩]卖大~~：倚老卖老
f	[˧]歪　[˧˩]□用棍子等轻轻向两边拨动
t	[˧]呆₁傻。另读 ŋε　[˧˩]戴~家城：地名带
t·	[˧]胎态~度　[˦]□（行为过分导致）脏乱、凌乱　[˧˩]太泰
d	[˩]台抬苔~衣：青苔　[˧˩]大₂~麦。另读 daˌ, doˌ贷~款待~客代袋
n	[˧]奶　[˧˩]耐~性
l	[˧]□~稻：拔稻田里的草　[˩]来~去，又读 lεˌ　[˧˩]赖癞~狗宝宝：癞蛤蟆 □□[uaˌ]：害羞□~腮胡子　[˩]来~家：在家，又读 lεˌ
ts	[˧]灾栽斋吃~　[˧˩]债再
ts·	[˧]差出~　[˦]彩发~：喝彩采睬理~　[˧˩]菜蔡
s	[˧]腮~帮子鳃筛　[˩]才材财裁豺~狗柴芦~：芦苇　[˧˩]赛晒　[˦]在指人还在世
k	[˧]该街　[˦]改解~开　[˧˩]盖戒介届界荒世~：荒地疥~疮概大~□[dˌ]：大约差不多，马马虎虎舰军~
k·	[˧]开揩擦拭　[˦]楷正~
ŋ	[˧]挨~身贴肉：形容非常亲近　[˩]岩~石呆₂①~子：头脑不灵活的人；②~板：形容不知变通。另读 tɕˌ捱~打~骂□岸　[˦]矮　[˧˩]爱艾指艾草
x	[˧]□把手上的东西扔向一定的目标~大：鸡~的很　[˩]鞋　[˦]海蟹黄~：螃蟹□痴□[lˌɦ]放~：形容做事不顾危险，使人吃惊　[˩]□估量，猜测。常重叠用　[˧˩]害

∅	[˥]哀	~丧：一种仪式，旧时女子许配男子，未过门就去世，男方把女子葬在自家祖坟地，表示承认是男家的人。

uɛ

ts' [˥]猜□①搅拌（面粉）②揉（眼睛）
s [˥]衰人~得很：形容人身体弱　[˦]甩扔　[˥]帅
k [˥]乖　[˦]拐①~棍 ②~人：骗人③△程咬金，~棍理：比喻没理不直，气不壮而不讲道理　[˥]怪　[˩]□脚崴
k' [˥]会~计快筷块
∅ [˩]怀槐淮~阴：地名　[˥]外

o

p [˥]波菠~菜簸风~：风车玻~璃搬~家　[˥]簸风~：扇车半
p' [˥]潘拼△打架~死，种麦~子　[˥]破判~官叛□~□[sʅ˥]□[ko˅]：鼠曲草
b [˩]婆~~：①曾祖母 ②夫之母盘~子　[˦]伴拌
m [˥]满　[˩]魔~术磨动词蘑~菇摩~~：轻轻抚摸减轻痛苦瞒鳗~鱼：河鳗馒~头□粥皮，粥最上面的一层~裆裤：死裆裤　[˦]磨名词幕~布：银幕漫水~过去
t [˥]多都　[˦]躲朵
t' [˥]拖　[˦]妥吃~了：吃好了
d [˩]砣秤~驼骆~驮~□[la˥]肩□[niaŋ˩]：驮在肩上□车~~：车轮　[˦]舵大₃~小。另读 da˦, dɛ˦, 挎~起来：叠起来。《集韵》待可切"加也"□车~：比地面高的引水渠道
n [˩]奴~才
l [˥]啰嗦~~衣裳管：捋袖子□~屎：拾粪　[˩]罗锣箩螺~蛳胴
ts [˦]左　[˥]做
ts' [˥]搓~索：搓绳子　[˥]锉莝一~山芋：一个红薯；一~甘蔗：一小截甘蔗错
s [˥]蓑~衣梭织布~嗦啰眘男女之间眉目传情。《广韵》素何切"偷视也"　[˦]锁　[˥]坐座
k [˥]哥歌锅官棺观冠鸡~花　[˦]果裹~脚管馆　[˥]个₁~人。另读 kəʔ˥过~会场：赶集□那，指代词灌罐~头，罐子；绿~：一种家用陶罐，有绿釉观南道~：

第三章 高淳（古柏）方言同音字汇

本地旧时道观名，现不存

k'　　[˥]科颗棵窠_鸟~宽~心　[˦]可款□磉：柱下石　[˥]课

ŋ　　[˦]鹅蛾~子

x　　[˥]欢~糯：一种大米制点心　[˨]河何荷和₁~气。另读 xo˥　[˦]火伙
　　 [˥]货　[˦]贺和₂~面；把不同种类的东西混在一起也叫~。另读xo˦祸~害：名词，指有危害的人、物或事情

ø　　[˥]我　[˦]横一~；蛮~；~岗：地名　[˦]碗　[˥]饿

ie

p　　[˥]班扳~手扁一~店：一个商店般~配　[˦]板　[˥]绊~手~脚：碍手碍脚

p'　　[˦]襻纽~□歇个~：休息一下

b　　[˥]湾₁台~。另读ye˥　[˨]烦樊~梨花　[˦]犯~法办瓣酱~豆：豆瓣酱饭万

m　　[˥]晚~头：晚上　[˨]蛮　[˦]慢①速度小，迟缓②怠慢△三代做官，不能轻师~匠

t　　[˥]耽~搁：耽误担~肚：怀孕丹单~怕：恐怕　[˦]胆掸_{鸡毛~把}：鸡毛掸子
　　 [˦]担挑~

t'　　[˥]摊瘫滩湖~　[˦]毯　[˦]炭叹_{怨苦~辛}：因劳累而发出怨言

d　　[˨]痰弹~棉花坛檀~树　[˨]掸_{鸡毛~把}：鸡毛掸子　[˦]淡弹~眼睛珠子：瞪眼

n　　[˥]□语气词，表示惊叹、惊奇、意外　[˨]难　[˦]难遭~□语气词，表否定语气

l　　[˥]懒□~水：鸡鸭鹅等发情　[˨]蓝篮兰栏起~：猪发情拦□竹制圆形器具，旧时民俗活动常用　[˦]烂□~泥巴：捞污泥

tɕ　　[˥]盏奸₁形容人阴险。另读 kie˥鳖~条钓：钓鳖鱼的工具□~肉：斫肉　[˦]斩碱　[˦]赞激将对方做某事潸溅鉴~子

tɕ'　　[˥]搀~妈妈：拜堂时搀扶新娘的老年妇女餐铅~笔□（手）提①~天倒：比喻滂沱大雨②长~：一种手提的篮子，比较美观，常用于走亲戚、烧香拜佛等　[˦]铲锅~子产生~队　[˦]□~田：锄田

ɕ　　[˥]三杉水~衫汗~山　[˦]惭~愧馋~嘴咸衔闲讲~话涎吐~□[ma˥]：吐痰
　　 [˦]喊叫散一捆草~掉了　[˦]散~会伞　[˦]站~立陷①~下去了 ②~子：做米糯子（一种大米做的点心）用的模子苋~菜

k　　[˥]间一~房子奸₂强~。另读 tɕie˥　[˦]减~饭：把饭从一个碗拨到另一个碗。另

k'	读 tɕi˧ 拣~出来：拣开　[˧]间~花了拔□[ŋ˧]：间苗涧周泗~：地名 [˥]鸧鸡~米铅~笔
ø	[˥]淹涝眼焉心不在~　[˨]颜~色　[˧]□颜色逐渐消退　[˥]雁₁~翅：地名，在安徽，与本地很近。另读 i˧ 晏晚、迟

ye

tɕ	[˥]关□留意去看　[˧]□眼睛关注某人或某种情况　[˥]惯~坏了　[˥]掼①~伤（了）：跌伤（了）②~稻：用手工摔打的方法给水稻脱粒
tɕ'	[˥]□耳刀~：耳环
ɕ	[˥]翻番三~两次　[˧]反　[˥]泛~□[də?˧]□[də˥]：从胃里往上漾，想吐又没吐出来的感觉贩~歇个~：休息一下
ø	[˥]弯湾₂毛竹~，溧水地名，紧靠高淳。另读 bie˥　[˨]还~把我：还给我　[˥]□腿心~：腘窝，小腿和大腿之间的关节后部。本字可能是"弯"字去声

ə

b	[˥]白佛₁如来~。另读 fə˥
m	[˥]没₁~掉了：沉下去了。另读 mei˥ 墨默~□[tɕiə?˧]□[ku˥]□[lu˥]：指不声不响地瞒着人做事，多贬义麦脉~息：手腕木目牧~家庄：地名
f	[˥]服伏三~天惑捉~□[də˥]：乘人一时糊涂做有利于自己的事佛₂如来~。另读 bə˥
d	[˥]特~为：特意独读毒□捉惑~：乘人一时糊涂做有利于自己的事
l	[˥]立~夏栗力历黄~鹿六绿
s	[˥]十舌佺实老~贼直值食蚀~本择~菜石族
k'	[˥]去₁另读 ts'ɿ˥
ŋ	[˥]□~草席：编草席

iə

b	[˥]躄捉~脚：找茬儿，挑刺儿鼻枇~杷。《康熙字典》"枇"字：《唐韵》房脂切，《集韵》《韵会》频脂切。又白居易《山枇杷》诗："深山老去惜年华，况对东溪野枇

第三章　高淳（古柏）方言同音字汇

杷"。作入声读，薄密切，音弼

m	[ㄊ]	灭孽~畜篾密蜜~糖：蜂蜜□指猪肉以外的肉。
d	[ㄊ]	碟~子蝶蝴~子笛
n	[ㄊ]	日镊~子业热肉专指猪~，一般与"猪"连用，其他的牛肉、鸡肉、人肉等都读 miəㄊ
l	[ㄊ]	栎~树
tɕ'	[ㄊ]	契地~
ɕ	[ㄊ]	集~体及~格绝疾残~席酒~
∅	[ㄊ]	叶姓揖作~噎~住了一乙

uə

s	[ㄊ]	术算~熟赎蜀属~马
∅	[ㄊ]	斛给水稻脱粒用的木桶核果子~屋~檐（"屋"本地一般说"房子"）

yə

ɕ	[ㄊ]	穴~凼：穴位轴车~局
∅	[ㄊ]	月狱监~

ɑ

b	[ㄊ]	拔筏观音~：一种捕鱼工具垡毛~头：田里耕翻出来的土块薄~刀：菜刀魃旱~佬：迷信认为能造成旱灾的鬼怪
m	[ㄊ]	抹揩台~凳：形容做家务勤快末茶□[ㄐㄏ]~：茶叶末沫~~子：茶水上面飘起来的碎沫袜摸~老婆：找野女人
f	[ㄊ]	罚学₁~堂：学校。另读 ɕyɑㄊ
d	[ㄊ]	踏达知书~理夺□□[koㄊ]~：那里
n	[ㄊ]	捺按
l	[ㄊ]	蜡腊辣癞~痢落烙~铁骆~村：地名乐快~洛络活~：①螺丝与螺帽之间松脱，拧不紧 ②形容脑子灵□嘴~□[sɑㄊ]：嘴碎
s	[ㄊ]	炸₂~油条。另读 tsɑㄊ杂闸①~门 ②拦着使不通过铡~刀昨凿着点~了；~急

	勺~子□嘴□[lɑ˧]~：嘴碎
ŋ	[˧]鸭押~宝恶~人
x	[˧]盒合狭

iɑ

n	[˧]□~□[to˧]：（树、菜）叶子
l	[˧]笠~帽：斗笠
ɕ	[˧]嚼①~白话：闲聊天 ②~老蛆：说一些不合情理、不着边际、可笑的话
ø	[˧]约药钥~匙岳~飞

uɑ

x	[˧]鹤
ø	[˧]活~□[lɔ˧˧]：活的滑~□[tsʹʔ]：打滑猾ㄋ~：狡猾

yɑ

ø	[˧]镯~子□~子：船上舀水的器具学₂~朋友：同学。另读 fɑ˧

ɔ

p	[˥]包胞~衣：胎盘　[˦]保堡中~：当地地名，新中国成立后改"堡"为"保"宝饱　[˧]报豹爆△柴桩上~柴，刺桩上~刺（龙生龙，凤生凤）暴₁打~：刮风暴。另读 bɔ˧
pʹ	[˥]泡一个~：一个小气球抛~枕[tɕʹʔ]：木锨　[˦]跑　[˧]炮炸~米：爆米花，动宾泡动词
b	[˥]袍　[˧]抱暴₂△~雨隔田埂。另读 pɔ˧饱雹冰~
m	[˥]毛茅猫锚　[˧]冒帽貌相~
t	[˥]刀　[˦]倒打~　[˧]到倒~水
tʹ	[˥]掏□△月亮长毛，有雨~~（月晕预示会下大雨）□~~子：慢慢的　[˦]讨表被动。我~打了一顿：我被打了一顿　[˧]套

第三章　高淳（古柏）方言同音字汇

d　　[˥]桃逃淘~米陶萄　[˦]道稻△人怕老来穷，~怕夜东风□阴~：皮肤因接触感觉凉而舒服

n　　[˥]脑孬~种□~子刀：长条形的刀　[˦]闹热~□~到了：（肥肉吃得太多）腻着了

l　　[˥]老　[˨]劳捞牢　[˦]□（粥）稀

ts　　[˥]糟酒~朝□[kən˥]~：今天招~妖：当地迷信中的一种恶鬼，这种鬼把手举过头顶，所有的鬼都会出来□①橹　②赛~：比赛划龙船　[˦]早枣蚤蚝：跳蚤澡找~零钱爪猪脚　[˦]灶罩~子灯：美孚灯笊~□[lu˦]：笊篱照

ts'　　[˥]操~场抄钞~票超焯水里~下子　[˨]漕~塘河：河名　[˦]草起~：羊发情炒吵　[˦]□脾气急躁

s　　[˥]骚~货：骂女人的话梢尺~头：比喻人的晚年时间（所剩无几）烧　[˨]曹槽猪~朝~代潮回~巢~湖　[˦]嫂少多　[˦]扫~地少老~悛赶~：赶快皂肥~造~谣赵兆得：做了有暗示性的梦绍介~邵姓□一条~：一条缝儿

k　　[˥]高膏~药篙竹~糕交教~书□~鸡：一种野鸡　[˦]绞₁~筷子：形容使筷子的姿势不正确。另读 tɕiɔ 稿搅打~搞~草：用长竹篙等在水里打草　[˦]告窖屎~：粪坑觉~了：醒了。人死复活叫"醒"

k'　　[˥]敲　[˨]考烤　[˦]靠

ŋ　　[˥]咬~胭脂：搽胭脂□执拗　[˨]熬忍　[˨]袄拗~断：折断　[˦]坳山~~子：山谷

x　　[˥]蒿芦~头：芦蒿　[˨]毫号多指狗叫□语气词，表示惊叹　[˨]好　[˦]号好~吃懒做耗蚀~：慢慢损耗□叫~：猫发情

ciɔ

p　　[˥]标彪　[˨]表~嫂：问路或打听事情时称呼已婚妇女

p'　　[˥]飘　[˦]票

b　　[˨]瓢嫖

m　　[˥]秒□（称物时）秤尾低　[˨]苗~帚：草或芦苇编的扫把描　[˦]庙

t　　[˥]雕刁~猾：狡猾　[˨]鸟男阴　[˦]吊钓

t'　　[˥]挑　[˨]调~亲：换亲　[˦]跳

d　　[˨]条趒~了：走了；~路：走路。《广韵》徒聊切"说文曰雀行也"　[˦]铫香茶~子：熬药的罐子调~头

n	[˧]尿~酸气绕~线	
l	[˧]了△钱到公事~ [˨]□缝（衣服） [˧]料~账：指做衣服的布料、盖房子的材料等	
tɕ	[˧]胶焦乌~巴□[kəŋ]：形容烧得焦黑蕉芭~扇浇蛟发~：发洪水 [˨]缴绞₂~车：捕鱼时拉动大型渔网的工具。另读 kɔ˧ 饺单说，指水饺□晴天~~：形容天气非常晴朗 [˧]叫	
tɕ'	[˧]跷跳~骨子灯：踩高跷锹繰~边 [˨]巧 [˧]窍开~	
ɕ	[˧]消宵销硝箫□稀~薄片：形容非常薄□用力快速掀开□~猪：阉割猪 [˨]荞~麦桥 [˨]小晓~得：知道 [˧]孝效有~笑□用棍子或勺子在液体中用力搅动 [˨]轿	
ø	[˧]腰妖 [˨]摇~车：编草席的工具姚谣放~：造谣窑瑶~宕：地名 [˨]舀杳~无音信□~沟：一畦田与一畦田之间供行走的小沟 [˧]要不~	

˧

p	[˨]比 [˧]闭	
p'	[˧]莜~麻批披~衣裳 [˨]圮倒塌 [˧]屁痹麻~□打~□[fəŋ˧]：打喷嚏	
b	[˨]皮脾 [˧]币避~~眼睛头：避开众人的眼睛鼙~刀布被~单：被子备笓~子	
t	[˧]低 [˨]底抵不~事：不顶事 [˧]帝□一~~：一点点	
t'	[˧]梯 [˨]体 [˧]替剃	
d	[˨]题蹄啼 [˧]弟第地	
ts	[˧]知影风不~一点儿都不知道支吱不~声枝挨~挨叶：按照次序来栀~子花资脂~膏：植物流出的汁液芝~麻 [˨]紫纸姊~妹伙□[lo˧]：指姐妹们指~头骨：手指旨圣~子放~：鱼产卵止~血 [˧]至~亲骨肉志能~：有能力，有志向痣致~命：骂人做出危险举动或破坏性大的事情	
ts'	[˧]痴桃~头：沙鳢，一种鱼，有的地方叫呆子鱼□~星：流星 [˧]刺翅~□[pie˧]：翅膀次	
s	[˧]厮小~丫头：泛指伺候别人的人撕施姓私师狮尸~仓：村口临时停尸的地方，一般停放在外地死去的人思司丝诗□鲇~：鲇鱼 [˨]池~子：池塘驰驾马~去：趁势赶紧去瓷慈心~：~姑子慈姑迟~钝词祠治~鱼：杀鱼时红~头：正走运的时候，当红的时候 [˨]死屎史 [˧]四世势试 [˧]誓赌~发咒：发誓匙钥~是招~惹非自~家：自己字牸~牛：母水牛痔~疮士柿事市罢~治宰杀；用刀切：	

第三章 高淳（古柏）方言同音字汇

~鱼；~肉 寺保胜~，庙名 侍服~□吃~了：吃完了

tɕ	[˥]鸡基~地：地基 机饥闹 荒箕畚~：簸箕□~□[rɔ]：知了 [˦]幾~个
	[˥]祭~祖济记计继~老子：继父 繫~鞋带 寄~钱：上坟给死者烧纸钱 季晚~稻：晚稻
tɕ'	[˥]溪淳~，地名 欺 [˦]起启人名用字 [˥]砌器~重气~数尽头：气数已尽 汽
ɕ	[˥]西熙康~希~罕稀~巴巴：稀少，稀疏 [˩]齐脐~带 荠~子：荠菜 骑奇期旗棋其 黄豆~：黄豆脱粒后剩下的茎 [˦]洗喜蟢~蝙蝠：蜘蛛 [˥]细婿女~系关~戏 [˦]忌~讳倚站，古柏只有棠梨港村用，一般都说"站"
∅	[˥]医衣依~心：称心 [˩]移姨饴~糖 [˦]椅□~疯作邪：装疯 [˥]意异~样，常用于客套话，太客气，与众不同 艺手~义~气 翳一种眼病：长了个~ 易容~ □南瓜、冬瓜等开花结果后没长成

i

p	[˥]编鞭边蝙~蝠子：蝙蝠 蝙~鱼 [˦]扁匾 [˥]变遍 $_1$~~。另读 pi˥
p'	[˥]篇偏 [˥]骗片遍$_2$~地。另读 pi˥
b	[˩]便~宜 [˦]辨辩~论
m	[˥]免 [˩]棉绵~丝~树 眠失~□侧向跌倒 [˦]面
t	[˥]癫发梦~：做梦 掂~~斤两□~尿：把尿 [˦]点典字~ [˥]店踮~脚
t'	[˥]添天 [˦]舔捵~笔
d	[˩]甜田 [˦]簟~子：竹席 电殿垫~平
n	[˥]染~布 撚 [˩]拈~起来：捡起来 黏黏①茶浓 ②~□[tsʔl]□[tsʔl]：形容汁水粘稠 年 [˦]念砚~□[uaɻ]：砚台
l	[˥]脸 [˩]镰~刀：割麦子的工具。割稻子的叫"锯镰" 连~交：连枷。△立夏十天~响（麦子成熟了）联莲鲇~□[sʔl]：鲇鱼 [˦]练楝~树□打~：蛇、狗发情
tɕ	[˥]粘~巴巴：黏糊糊 尖间中~煎肩坚搛~菜 [˦]减~加~。另读 kie˦ 检简 单拣~开剪~布：买布 茧趼 [˥]占剑箭战建见□塞支~：打一个楔子□~猪：公猪
tɕ'	[˥]签迁千牵扲抛~：扬稻谷的工具。《集韵》丘廉切 [˦]浅 [˥]倩唐~圩：地名 欠歉~收□头朝下跌下来
ɕ	[˥]籼~米 鲜新~仙掀~开先显明~宣轩~子：正房边上和正房相连的小房子

∅ [˩]钳钱涎~沫：唾沫捐肩扛△~了锄头卖锹（谐音"卖俏"） 乾~隆言前全泉县禅~和庵：地名 [˦]陕险癣选显~灵蚖河~：蚯蚓。《广韵》虚偃切 [˧]献贡~：给菩萨、祖先等供奉的祭品线扇①名词，~子 ②动词，~扇子 [˧]善鳝件县现₁~钱。另读 i˧旋①头上的旋 ②~做~卖贱下~麝~香。《广韵》食亦切淹涝胭~脂腌~猪肉烟 [˩]言△黄梅没好天，晚娘没好~嫌~憎：厌恶盐檐□①鱼~：鱼鳞②痾 [˧]厌讨~艳焰火~虫：萤火虫雁₂~鹅：大雁。另读 ie˧厌燕~雀子：燕子咽~下去现₂~世宝：丢人现眼的人。另读 ɕi˧

u

p [˦]补 [˧]布

p' [˩]铺~床普~遍 [˦]谱宗~ [˧]铺①松儿~：地名 ②开~：临时搭床

b [˧]部₁干~。另读 u˧

m [˩]模 [˦]□用手捂住

f [˩]呼~鸡；~狗夫孔~子肤皮敷~衍麸麦 [˩]葡~萄□烧~了：（水、汤等）溢出髯扶浮~肿 [˦]虎浒水~斧大~：指斧头府甫~水 [˧]付~钱傅姓富副甫~水 [˧]户护□~篮：一种竹制器具

d [˧]肚担~：怀孕度渡~船杜

l [˩]鲁 [˦]炉芦~柴：芦苇庐~山驴~骨子：驴子。△~骨子耕田——不是正经牲口 [˧]路露鹭~鸶滤过~

k [˩]姑菇蘑~孤脚~拐：踝骨箍 [˦]古估~~□[tei˧]：估计一下牯~子：公牛股鼓 [˧]故固~城：地名顾雇

k' [˦]苦 [˧]库裤

x [˦]腐~乳

∅ [˩]五₁~谷。另读 ŋ˩午地支之一乌~饭草：学名南烛。其叶子捣汁和糯米一起做出的饭叫乌饭，做乌饭是江浙、安徽一带的习俗 [˩]芙~蓉糕：一种糕点，高淳特产符鬼画~吴梧~桐胡葫水~芦湖糊△三十夜~元宝——帮鬼忙子（形容白忙乎）狐~狸蒲~扇菩~萨壶夜~ [˧]瓠~子误~事伏~小鸡：孵小鸡务任~雾下~：起雾；~苔：长在水里的青苔舞武~家嘴：地名 [˧]簿账~部₂干~。另读 bu˧步疆磋~：台阶瓠~子埠①定~：地名，原名邓 ②水~：水边码头，一般妇女常在此洗衣服等伏~小鸡：孵小鸡腐豆~

第三章　高淳（古柏）方言同音字汇

y

t　　[1]兜₁~—帕：一包一包的（东西）丢~卦：问卦　[4]斗容积单位抖陡□~猪：种猪　[2]斗①合榫，②~钱：凑钱□~眉头：皱眉

tʻ　　[1]偷　[4]敨~开　[2]透

d　　[2]潭龙~：地名

n　　[1]钮~子：旧式布扣子软　[3]牛揉南₁~□[nioŋ₁]：南面。另读 nei₃

l　　[1]□圈~~：圆圈　[3]楼流刘留榴石~榴硫~黄柳　[2]漏

tɕ　　[1]周舟州洲揪鬏~巴巴头子：发髻钻~洞砖专捐　[3]酒九韭久哉：形容时间很长转~身卷①动词 ②试~　[2]灸针~昼咒绉~纱：妇女包裹头发的黑纱布救眷①亲戚②亲~：向人问路时打招呼用语钻车~：木工工具转

tɕʻ　　[1]抽秋丘佘川穿圈夹~~：挤挤，冬天小孩子们靠在墙角互相拥挤逗闹以取暖　[4]丑　[1]臭凑₁~个数。另读 tsʻei₄串窜~来~去劝糗牛鼻~　[2]传帮忙递给（某人）

ɕ　　[1]收搜馊修囟门~□吮吸　[4]猴另读 xei₄喉另读 xei₄愁仇稠粥浓绸~缎筹~子：签筒里的竹签求球蚕另读 sei₄橡船颧~骨权~力传指传递　[2]手首守　[1]嗽咳~秀~稻：稻子抽穗绣宿星~锈瘦兽算蒜楦鞋~头　[2]后₁另读 xei₁受寿就迁就舅臼石~湖旧柏乌~树

k　　[4]狗₁另读 kei₄　[1]够₁另读 kei₁构

kʻ　　[1]扣~把子：捆扎稻草

ø　　[1]冤有友　[3]油游阎~王员~外圆缘元芫~菱原袁园辕犁头~子：牛轭　[4]呕远　[1]怄~气右又佑院怨△做行~行愿还~

ɥ

ts　　[1]租楮~树猪诸~葛亮朱珠居车~马炮拘~留　[4]赌堵肚猪~组祖阻煮~猪头：一种仪式，大年初一的前几天，把一个猪头煮熟（猪嘴里含一根猪尾巴），祭拜年菩萨。当地迷信认为"年"不是一个好东西，吃了猪头"年"就不会吃人了主拄~拐棍举~手矩规~嘱叮　[1]句据锯蛀~虫

tsʻ　　[1]粗初蛆区　[3]徒　[1]去₂另读 kə₁　[4]取△好事不在忙中~杵一种农具，栽油菜用鼠土吐　[1]兔醋处~暑去₁~掉：拿掉。另读 kə₁

s	[˥]苏酥桃~梳蔬~菜书舒需须输虚~病：肺炎胥~河：本地固城湖通往太湖的一条河　[˩]除锄厨~房徐渠~道：水渠　[˧]暑数动词许~愿　[˦]素塑~料嗦~膛嗦子诉告~数名词漱~嘴絮~鞋：棉鞋　[˦]苎~麻助聚~钱：积攒钱柱~脚：房柱子住竖树□~花：刀鱼的一种
∅	[˥]吕~布旅~长雨羽~毛扇，高淳特产淤~血　[˧]如△春冷~刀剐圩作~：修筑圩堤如上~：如同，~来佛余榆~树　[˧]禹羽　[˦]虑考~乳遇~到芋~头玉

ei

p	[˥]杯碑悲□~断：扯断，拉断　[˦]贝背辈
p'	[˥]坯砖~子　[˩]用粗棍子敲打　[˦]配沛~桥河：河名
b	[˩]陪培赔葵~花唯~一维~护肥微稍~　[˧]尾₁~椎骨：尾骨。另读 n˦　[˦]倍背~书焙昧
m	[˥]每美　[˩]梅煤媒霉　[˦]没₂指没有。另读 mə˦妹
f	[˥]灰飞非妃挥徽辉□芦~：芦苇编的席子　[˧]匪毁~掉了悔懊~　[˦]废肺费讳忌~痱~子
t	[˥]堆端□蘸　[˧]短断截住　[˦]对队
t'	[˥]推　[˧]腿　[˦]退褪~色蜕~壳：①本地习俗，逢闰年，外婆给外孙、姑妈给任子买五样带壳的水果或糕点给小孩吃　②（蛇、蝉、螃蟹等）蜕皮
d	[˩]头投~降团糰~子　[˦]豆断~路：亲戚之间不再来往段~堘头：地名
n	[˥]暖　[˧]男南₂~京。另读 ny˧
l	[˥]儡盔头~菩萨：一种菩萨面具，在本地民俗活动"出菩萨"时用卵男阴□~背：捶背　[˩]雷　[˦]累乱□轰（人、鸡鸭等）
ts	[˥]锥簪钻动词　[˧]嘴　[˦]最醉钻木工工具
ts'	[˥]催崔炊~事员抽参~加氽~汤□脚受绊快速向前跌倒　[˦]脆凑₂~个数。另读 tɕʻy˦
s	[˥]虽尿酸生甥　[˩]随~便蚕₂另读 ɕy˧　[˦]碎岁算□~筒：绕线用具，竹制空心　[˧]罪穗抽~
k	[˥]阄抽~：抓阄沟勾钩甘泔米~水：淘米水干嘴~：口渴监~狱肝竿更打~耕　[˧]狗₂另读 ky˧感鳡~鱼赶~悭：赶快敢撼~面杖秆稻草~埂田~梗菜~秆稻~杆钓鱼~子笱~篓子：竹制捕鱼工具，口大颈窄，腹大而长，鱼能入而不能出　[˦]够₂另读 ky˦干~部

第三章　高淳（古柏）方言同音字汇

kʻ	[˥]抠眍眼睛~下去寇看~家狗　[˦]口坎~墙：房子正面的墙　[˧]看
ŋ	[˥]藕庵禅和~：地名安~土：新房建好后举行的一种仪式　[˦]揞~搭：揞住 [˧]暗案~板硬
x	[˥]齁①拉~：气喘 ②~咸：很咸　[˨]猴₂另读 ɕy　[˦]喉₂另读 ɕy　含韩寒 [˧]汉□一~脸：一张脸　[˧]后₂另读 ɕy　厚旱汗翰~林铻候等荇~丝：荇菜。《广韵》何梗切

uei

ts	[˥]追
tsʻ	[˥]吹
s	[˨]垂~头：稻穗饱满而下垂锤~头：拳头　[˦]水　[˧]税芮姓
k	[˥]规~矩龟归当~　[˦]遗李~诡~计轨鬼　[˧]鳜~鱼桂贵　[˧]柜
kʻ	[˥]亏盔~头偏菩萨：一种菩萨面具，在本地民俗活动"出菩萨"时用魁~山：旧时本地山名，现在叫学山，因明代儒学盖在此地而改名　[˦]跪　[˧]□肿瘤
∅	[˥]煨微□[ɕiaɹ]~：略微　[˨]回茴~香桅~杆卫~生危~险为人名用字遗李~围~腰：围裙违~拗：违背　[˦]纬~纱：旧式织布机上的纬线　[˧]汇~钱会为~□[n̩]□[tsʔeɹ]：为什么位卫~村：地名魏胃猬刺~

ɑŋ

p	[˥]帮　[˦]榜放~绑
pʻ	[˥]□湿湿：形容身上让雨淋透了　[˧]胖~□[xɛ˦]□[xɛ˥]：胖乎乎□~起来：漂浮起来□~筒：鱼飘儿
b	[˨]旁~人防　[˧]□奶~头：乳头周围的部分
m	[˥]蟒~蛇网　[˨]忙芒₁一种。另读 uɑŋ　[˧]望忘
f	[˥]枋连接房屋柱子的构件慌~张荒~世界：荒地方　[˨]房₁平~。另读 uɑŋ妨~害：妨碍　[˦]晃眼前~啊谎说~访　[˧]放~街：逛街
t	[˥]当~官　[˦]党挡　[˧]当~铺档椅子~：椅子掌儿。《集韵》丁浪切"横木"
tʻ	[˥]汤　[˦]躺淌流（水）　[˧]烫~壶：盛热水后供手脚取暖的器具趟□一种小鱼网
d	[˨]糖唐塘堂棠~梨港：地名膛嗦~。嗦子宕瑶~：地名　[˧]凼水~钵：小水坑

n	[˥]攮用刀子捅　[˩]瓢瓜~　[˧]□~鼻子：齉鼻儿
l	[˥]□把东西在水里摆动清洗　[˩]狼郎榔蒲~头：蒲团廊~下：厢房榔□[tɕie˧]刀~：螳螂　[˧]浪
ts	[˥]脏张①看远处　②~鱼：捕鱼，将捕鱼具布置好后，等鱼自动进来章樟獐~鸡：一种野禽，类似野鸭，比野鸭小　[˩]长涨掌　[˧]葬仗打~账胀□个~：个子，身材
tsʻ	[˥]仓沧~溪：地名苍昌猖跳五~：一种民俗活动　[˩]厂敞~得很：形容很空阔　[˧]唱畅单用，指（吃、玩等）痛快
s	[˥]桑丧商伤　[˩]长~短场稻~：打谷场肠常差~：经常尝　[˩]爽形容天气、地面等干爽磉~□[kʻo˧]：柱下石赏　[˧]丈上尚和~□剩。~食碗：一碗饭没吃完，剩下的
k	[˥]冚~豆刚钢缸岗~~子：山岗扛用一个肩膀顶起　[˩]港棠梨~：地名　[˧]钢淬火使锋利杠~子降霜~虹₁见于谚语，如"东~日头西~雨"。另读 tɕi˧~~：蜻蜓　[˩]戆憨，愚钝
kʻ	[˥]康糠耷~：用耷加工出来的糠　[˩]囥藏（东西）□~柿子：给柿子去涩
x	[˥]夯墙~实　[˩]行杭　[˧]项一~事：一件事巷
∅	[˥]□语气词，表肯定语气

iaŋ

n	[˥]两₁~个。另读 liaŋ˥仰　[˩]娘　[˧]让
l	[˥]两₂幾~。另读 niaŋ˥　[˩]梁~头：梁柱量良粮　[˧]亮谅~解量器~
tɕ	[˥]将~才：刚才浆生米~：浆衣服的米汤，大米粉碎加开水搅拌而成姜疆礓~□[tsʻa˥]步：台阶僵~尸鬼：比喻倔强的人江　[˩]讲蒋奖桨　[˧]虹₂另读 koŋ˥酱将象棋棋子之一
tɕʻ	[˥]菖~蒲枪腔妈妈~：娘娘腔□~眼：阳光刺眼；~面风：逆风　[˩]抢　[˧]呛
ɕ	[˥]相~救：救命箱厢~房镶~边乡香　[˩]墙强~盗翔~凤岗：地名　[˧]想享~福响　[˧]相仔细看向□~子：性子　[˧]匠象像~不~橡~胶
∅	[˥]秧养痒　[˩]降投~阳羊杨扬~稻：用木锨扬起稻子去灰尘杂质洋烊雪融化　[˧]样

第三章 高淳（古柏）方言同音字汇

uɑŋ

ts [˥]装~浆：水稻灌浆庄王家~：地名桩妆床~被窝：床上用品　[˧˥]壮（人、猪等）肥　[˨˩]撞

ts' [˥]疮窗　[˧]闯强行进入　[˨˩]闯~人家：从一户人家逛到另一户人家

s [˥]霜双　[˨]床　[˧]　[˨˩]状~子

k [˥]光~胡子：刮胡子□渔网边缘的粗绳　[˧]广

k' [˥]筐~子眶眼~子

ø [˥]枉冤~汪□[kəʔ]□[ʅ]鲫鱼都是一~水：这些鲫鱼都差不多大小往□~丁：黄颡鱼，北京叫黄辣丁　[˨]房₂~子。另读 fɑŋ □芒₂麦~。另读 mɔŋ □黄~蟹：螃蟹皇凰凤~山：地名簧弹~蝗~虫王□~大把戏：民间艺人表演杂技、魔术等　[˨˩]旺（称物时）秤尾高

əŋ

p [˥]奔一个~子：一下子跑掉了绷~子床：棕绷子崩山~了　[˧]本　[˨˩]笨

p' [˥]喷~水　[˧]喷~香：形容香气浓郁捧一~水

b [˨]文蚊闻嗅盆坟~山：坟墓彭朋棚凉~冯缝多用于骂语，如"把嘴缝起来"，缝（衣服）叫"liɔ"篷蓬　[˨˩]份问凤~山：地名缝一条~

m [˥]猛钻~子：潜水懵~懂：糊里糊涂蠓~虫子　[˨]门虻牛~：牛虻明₁~朝：明天。另读 miŋ □蒙讨鬼~了眼睛：被鬼蒙住了眼睛濛~丝花：毛毛雨蠓~虫子　[˨˩]□用手捂嘴　[˧˥]闷~雷梦发~癫：①做梦 ②比喻不可能实现的事

f [˥]婚昏分风枫~杨树疯丰封蜂胡~子：蜂的统称荤~菜　[˧]粉　[˨˩]粪

t [˥]蹲墩土~□夯土工具登五谷丰~灯瞪~眼东冬　[˧]等懂董□~鸡：一种鸟，夏天常见于水田，常发出"等、等"的叫声，故名　[˨˩]凳冻栋人名用字钝笨□~脚：跺脚

t' [˥]吞通　[˧]捅桶统　[˨˩]痛

d [˨]豚臀屁~骨：臀部的骨头誊同童铜筒桐瞳仙人~：瞳仁儿□~猪：母猪　[˨˩]邓囤猪~：猪圈动洞钝△~市（滞销的市场）莫放，俏市莫追

n [˥]冷　[˨]能农脓□[ŋ˧]~：化脓浓　[˧˥]嫩~米：糯米弄~饭：做饭菜

l [˥]笼拢~共：一共陇顾~：地名　[˨]聋~子龙

ts	[˥]针斟~酒真珍~珠遵增蒸争睁~开（眼睛）筝风~正~月宗中忠终钟罾扳~：一种捕鱼工具　[˧]枕~头整总种~子肿冢大~：中堡村（发音人家乡）边的坟□湿~：形容闷热的天气。疑为"湿枕"　[˩]枕动词镇震正政粽~子中~状元种~菜众~人憎嫌~：厌恶	
tsʻ	[˥]村称撑~门杠：粗大的门栓葱聪囱烟~充冲　[˧]皴~碎了：（脸、手）皴了[˩]趁衬①~生妈妈：接生婆 ②~厨：厨师的副手寸秤铳	
s	[˥]参人~深身申伸孙僧唐~升声牲松　[˧]承待~：非常客气地招待沉~头、低头陈尘掸~神辰~光：时候人₁~中，另读 niŋ~仁~义存纯唇嘴~层丞~相乘~凉程成城诚盛~饭虫　[˧]沈婶笋省　[˩]圣~旨送宋　[˩]重轻~阵一~去：一道去	
k	[˥]跟根粳~米工公功蚣蜈~弓供~饭：请给来做事的匠人等做的饭□~朝：今天□~身：马上去（做）　[˧]拱磕头打~耿姓　[˩]更~加贡~献供~桌	
kʻ	[˥]空　[˧]肯啃孔恐~怕　[˩]空有~	
x	[˥]很烘~干　[˧]红洪宏人名用字　[˧]哄~人：骗人□~鼻涕：擤鼻涕[˩]恨~见骨心：恨入骨髓共拢~：总共	

iŋ

p	[˥]冰兵　[˧]秉~性丙饼　[˩]殡送~柄刀~：刀把并~劲：集中力量	
pʻ	[˧]品人~　[˩]聘~金	
b	[˧]贫凭~据平评瓶萍绿~：浮萍屏~风门：屏风　[˩]病并~辈：平辈	
m	[˥]抿~嘴~人：某人（发音人祖母的说法，现在都不说）　[˧]明₂清~。另读 məŋ˧民名　[˩]命□非常小的缝隙□一个~：一个谜语（"谜"字的儿化音，也可能是"谜语"两字的合音）	
t	[˥]丁钉~子疔叮~嘱　[˧]顶　[˩]订钉动词□（把水）~~清：（把水）澄清□吃东西时省出一些、拨出一些给别人	
tʻ	[˥]听　[˧]挺~了个肚子	
d	[˩]亭~子停一~砖：堆在一起的二百块砖廷朝~藤南瓜~　[˩]定	
n	[˥]领拎₁~起来，又读 liŋ˥　[˩]人₂一个~。另读 səŋ˥银　[˩]认	
l	[˥]拎₂~包：手提包，又读 niŋ˥领衣~　[˩]林临~时邻~舍：邻居瞵一~菜：一畦菜凌~□[loŋ˥]：冰锥菱风~：一种两只角的菱角灵零铃宁永~：地名　[˩]另~打~：形容形单影只	

第三章　高淳（古柏）方言同音字汇

tɕ　［˧］今如~金襟对~褂子：对襟单层上衣禁~得住巾手~：毛巾斤筋起~：抽风京荆~塘：地名精~肉：瘦肉睛经~布：一种织布工艺，动宾　［˦］尽~尔吃：无所顾忌，随便你吃紧景人名用字警~察井颈~箍：脖子　［˧］浸进晋人名用字劲有~：有力气敬~屋：亲戚朋友买礼物来祝贺乔迁之喜镜□~香盒子：装女人化妆品、胭脂等的盒子

tɕ'　［˧］亲~人清轻青　［˦］请　［˧］亲~家。《广韵》七遴切"亲家"

ɕ　［˧］心新辛兴~旺星腥　［˦］寻~钱：赚钱。△养猪不~，回头看看田琴秦勤~快芹~菜巡~逻晴情　［˦］榫~头醒人死复活　［˧］信兴高~姓性囟~门囟：囟门　［˦］尽~量近菌伞形菌类，菌肉较薄，厚的叫蘑菇静净杏

ø　［˧］音阴因姻引应英蝇苍~子鹰磨~子：老鹰　［˧］演~戏隐~□［dɒ］：躲在暗处影　［˧］印洇①墨水着纸缓慢散开：水~过来 ②~花水：丧葬习俗，向花圈上洒水，边洒边唱一些保佑祝福之类的话荫~□［ɕɒ］□［dɒ］：身体与凉东西接触冰凉舒服的感觉

uən

ts　［˦］准
ts'　［˧］春椿香~头：香椿树　［˦］蠢指对长辈说话粗鲁
s　［˨］淳高~，地名　［˧］顺
k　［˦］滚　［˧］棍
k'　［˧］昆坤人名　［˦］捆　［˧］困~觉：睡觉
ø　［˧］温瘟□~□［kuə？］□［lɒŋ］：一种小鱼，当地常用来和腌菜一起烧制　［˨］浑脱~身：妇女小产魂~灵　［˦］稳　［˧］混~下一堆：混在一起

yŋ

tɕ　［˧］君军朘鸡~肝：鸡朘均~□［ŋ］把尔：匀点给你
ɕ　［˧］熏兄凶胸□公的，雄性的。~鸡：公鸡　［˨］群裙穷熊　［˧］训~人
ø　［˧］雍~正　［˨］匀~净：（分东西）很平均，大家都差不多云耘△~得早，不出草赢绒灯芯~容蓉芙~　［˦］拥一个~时：人来得特别多的时刻□起~：牛发情　［˧］闰~月运~气晕发~用

m̩

Ø [˥]母~□[lɔ˦]：母的；~□[mɐ˧]：面称母亲 缨萝卜~子。"缨"与"樱"本都读[m̩˥]，疑受前字"卜"影响读为[m̩˥] [˩]眉₁~毛。新读法。另读ŋ̍˩

n̩

Ø [˥]尾₂~巴。另读 bei˩ 耳₁~刀：耳朵。另读 n̩˩ 女①男~ ②女儿 米尔你宙 [˩]鱼眉₂~毛。老派读法。另读 m̩m̩ 迷~信 儿宜~兴：地名 倪姓 泥尼~姑 疑~神~鬼 □~□[tsə˦]：什么 [˥]二贰~心腻油~

ŋ̍

Ø [˥]五₂另读 u˩ 恩皇~大赦 樱~桃 [˩]蜈~蚣

l̩

Ø [˥]耳₂木~。另读 ŋ̍˥ 礼李里理粒一~米 鲤~拐子：鲤鱼 [˩]犁梨狸~桥：地名 [˥]例厉~害婆：厉害的女子 离利痢癞~

ɑʔ

p   [˩]八钵~头：钵子 拨~石头：铺在圩堤上防洪用的石头 剥驳~子：没有动力装置，绑缚成一排由机动船拖动的船 □用手掰开 □~顶：秃顶
p' [˩]泼~水 ~头 鳑鱼 □~近路：抄近路 □~果子子树：一种植物
f   [˩]法豁~嘴 发霍扯~：闪电 □一~（人、货）：一批（人、货）
t   [˩]答搭顶~：辫子 □□[ko˧˩]~[dɑ˦]：那里 □~潮了：淋湿了 □一~涎沫：一口痰
t' [˩]塔双~：地名 庹甩~：两臂平伸两手伸直的长度 塌~方 獭水~猫：水獭 托佗~了个字：掉个字。《集韵》他达切"博雅逃也一曰行不相遇" □涂抹 □~~：掂掂（重量） □活~：形容动作机灵

第三章 高淳（古柏）方言同音字汇

n　　[˩]□语气词，表提示、提醒

ts　　[˩]扎~紧酌□[kəʔ˩]~□[kəʔ˩]~：仔细推敲作~~：（大粪）泅一泅斫~草：割草□咀嚼□~嘴风：腮腺炎□~要：如果。△~要官司赢，只要死个人

s　　[˩]杀索塞撒~屎：大便煞跟在形容词后表示程度深△大暑小暑，热~老鼠

k　　[˩]夹~筒子：棉袄胳~膊佮~账：合账睞~眼：眨眼。《集韵》讫洽切"眰也一曰目睫动"□很~：很挤；~进去了：挤进去了

k'　　[˩]掐

ŋ　　[˩]□~肥：泅肥

x　　[˩]瞎~子□一~茶：一口茶

iaʔ

tɕ　　[˩]甲推~子：通过推演生辰八字算命爵~垒山：地名脚~子：瘸子□芦~子：高粱

tɕ'　　[˩]雀~子：鸟的总称鹊喜~子□不~丝头：不怎么好

ɕ　　[˩]削

ø　　[˩]□语气词，表出乎意料（多指不好的事）

uaʔ

ts　　[˩]桌捉

ts'　　[˩]戳~拐棍：拄拐棍；（针）扎

s　　[˩]刷

k　　[˩]各阁指阁楼搁耽~角鸽葛姓括包~刮△财要发，四处~郭~村：地名

k'　　[˩]阔壳磕₁~头。另读 k'əʔ˩

ø　　[˩]乞用锹挖

yaʔ

tɕ'　　[˩]触~电

əʔ

p [˩] 不北百柏古~：地名伯卜姓

pʻ [˩] 拍

f [˩] 复福幅一~布：一块布蝠蝙~子

t [˩] 得德□把小物件看准了用力扔出去~木鸟：啄木鸟

tʻ [˩] 脱

ts [˩] 折执汁墨~蛰惊~浙~江卒侧织职责隻足~够

tsʻ [˩] 擦~耙：翻晒稻谷的工具撤~席：撤下酒席拆坼裂缝测尺促~惊风：说话或做动作让人感到突然；~□[kʻa˥]；使坏，故意捉弄人□~霍：闪电

s [˩] 涩~嘴湿设摆~虱失~手室上~：鸡进窝色识小人见~：用小人之心猜测别人适合~式~样宿~舍

k [˩] 个₂一~。另读 ko˥割格隔~壁革□~筛：筛子的一种，用铁皮和纱布做成，筛眼较小□~今以后：从今以后□这，指代词

kʻ [˩] 磕₂~头。另读 kʻuaʔ₂咳~嗽刻克客□压住

x [˩] 吓黑△一门不到一门~（不是专业人员不知道诀窍）

iəʔ

p [˩] 瘪~稻壳：秕谷憋~了一口气笔毕逼

pʻ [˩] 撇胍女阴

t [˩] 的目~跌嫡~~亲：嫡亲

tʻ [˩] 铁踢贴帖

tɕ [˩] 接级急节结鲫~掂头：小鲫鱼积迹~□[ta ʔ˥]：①污渍 ②痕迹激~他一下：激将他一下羯~羊：公羊

tɕʻ [˩] 契地~七漆吃□~鞋子底：纳鞋底

ɕ [˩] 吸~铁石薛~城：地名歇屑锯木~子：锯末楔木~子雪膝~头□[po˥]□[lo˩]：膝盖媳~妇：儿媳息风~了：风停了熄惜可~锡

第三章 高淳（古柏）方言同音字汇

uəʔ

ts	[˩]	竹粥烛築~圩：修筑堤坝
tsʻ	[˩]	出畜~生：包括家禽家畜
s	[˩]	刷缩~水叔□~奶：吃奶
k	[˩]	骨国谷
kʻ	[˩]	窟~洞：窟窿哭

yəʔ

tɕ	[˩]	拙老~无能：年纪大，无能决~口：圩堤被大水冲出缺口诀口~菊橘~子□蝃蟢~~：蜘蛛。《广韵》职悦切"蜘蛛"
tɕʻ	[˩]	缺
ɕ	[˩]	血

第四章　高淳（古柏）方言分类词汇表

说　明

1. 本词汇表收集高淳（古柏）方言常用词汇三千条左右，大致按意义分为27类，密切相关的词意义上不一定同类，也放在一起。

2. 每条词先写汉字，后标读音，估计一般读者较难理解的词条，在音标后加以注释，有些词本身有歧义，或者不止一个义项，注释时分别用圆圈数码①②③表示。举例时用"~"复指条目，俗语、谚语等前加"△"。

3. 同义词或近义词排在一起，第一条顶格排列，其他各条缩一格另行排列。

4. 词条里可有可无的字和音都加圆括弧表示。

5. 有些词本字不详，用方框"□"代替。

6. 分类词表目录

一 天文	十 亲属	十九 文化教育
二 地理	十一 身体	二十 文体活动
三 时令　时间	十二 病痛　医疗	二十一 动作
四 农业	十三 衣服　穿戴	二十二 位置
五 植物	十四 饮食	二十三 代词等
六 动物	十五 红白大事	二十四 形容词
七 房舍	十六 日常生活	二十五 副词　介词等
八 器具　用品	十七 讼事　交际	二十六 量词
九 称谓	十八 商业　交通	二十七 地名

一 天文

太阳 tɕʼɛ˧˩ iaŋ˩˧
　日头 nie˧˩ dei˩˧（仅限于谚语）
太阳窠□ tɕʼɛ˥ iaŋ˩ kʼo˩ le˥ 太阳照到的地方
太阳光 tɕʼɛ˧˩ iaŋ˩ kuaŋ˥ 阳光
朝阳 sɔ˥ iaŋ˩ 向阳
背阴 pei˧˩ iŋ˥
月亮 yə˧˩ liaŋ˩
月亮窠□ yə˧˩ liaŋ˧˩. kʼo˥ 月亮照到的地方
黑月亮吃白月亮 xeʔ˥ yə˧˩ liaŋ˧˩ tɕʼiəʔ˥ba˧˩ yə˧˩ liaŋ˥ 月食
月亮长毛 yə˧˩ liaŋ˥ tsɔ˧ mau˥ 月晕
星 ɕiŋ˥
北斗星 pəʔ˧ ty˥ ɕiŋ˥
天河 tʼi˥ xo˩ 银河
扫把星 sɔ˧˩ pa˧˩ ɕiŋ˥ 彗星
□星 tsʼɿ˥ ɕiŋ˥ 流星
风 fəŋ˥
大风 do˧˩ fəŋ˧˩
台风 də˩ fəŋ˥
小风 ɕio˧ fəŋ˧˩
旋风 ɕi˧˩ fəŋ˥
□面风 tɕiaŋ˥ mi˧˩ fəŋ˥ 逆风
顺风 suəŋ˧˩ fəŋ˧˩

起风 tɕʼɿ˧ fəŋ˥
　响风 ɕiaŋ˧ fəŋ˥
风歇了 fəŋ˥ ɕiəʔ˥ le˩ 风停了
云 yŋ˩
扫把云 sɔ˧˩ pa˧˩ yŋ˩ 像扫帚一样的云
钩钩云 kei˧ kei˧ yŋ˩ 像钩子一样的云
瓦瓣瓣云 ŋa˥ biə˧˩ biə˧˩ yŋ˩ 像瓦片一样的云
鲤鱼斑 li˧ n˧ piə˥ 像鲤鱼鳞片一样的云
雷 lei˩
打雷 ta˧ lei˩
响雷 ɕiaŋ˧ lei˩ 声音清脆的雷
闷雷 məŋ˧˩ lei˧˩
炸雷 tsa˧˩ lei˧˩ 很响的雷
□霍 tsʼəʔ˥ faʔ˥ 闪电
雨 y˧
落雨 la˧˩ y˧
雨落水 y˧ la˧ suei˥ 雨水
脱点子 tʼəʔ˥ ti˥ tsɿ˩ 掉点了
小雨 ɕio˧ y˧
濛丝花 məŋ˥ sɿ˥ fa˥ 毛毛雨
筛筛子雨 sɛ˩ sɛ˩ tsɿ˥ y˧ 大雨
□天倒 tɕiə˥ tʼi˥ tɔ˥ 滂沱大雨，□是"提"的意思
雨歇了 y˧ ɕiəʔ˥ le˩ 雨停了
　住点子 tsʼɿ˧ ti˧ tsɿ˩
起暴 tɕʼɿ˧ bɔ˧˩ 下雷雨
　打暴 ta˧ bɔ˧˩
起风暴 tɕʼɿ˧ fəŋ˥ bɔ˧˩ 指打雷刮

风的天气

雷风发暴 lei˩ feŋ˥ faʔ˩˦ bɔ˦ 指打雷刮风下暴雨的天气

虹 tɕiaŋ˥

起虹 tɕʰi˥ kaŋ˥

沰雨 taʔ˩ ȵ˥ 淋雨

冰冻 piŋ˥ təŋ˥ 冰

沙冰冻 sa˥ piŋ˥ təŋ˥ 很薄的没有完全冻严实的冰

凌□ liŋ˥ tʰaŋ˥ 冰锥

结冻 tɕiəʔ˩ təŋ˥ 结冰

点水结冻 ti˥ suei˦ tɕiəʔ˩ təŋ˥ 滴水成冰

冰雹 piŋ˥ bɔ˦

雪 ɕiəʔ˩

落雪 lɑ˦˩ ɕiəʔ˩ 下雪

棉花椰头 mi˩ fa˥ lɑŋ˩ dei˦ 鹅毛大雪

雪沙子 ɕiəʔ˩ sa˥ tsʅ˩ 米粒状的雪

雨夹雪 ȵ˥ kaʔ˩ ɕiəʔ˩

烊雪 iaŋ˩ ɕiəʔ˩ 化雪

雾水 u˦˩ suei˦˩ 露水

下雾水 xa˦˩ u˦˩ suei˦˩

霜 suɑŋ˥

下霜 xa˦˩ suɑŋ˥

雾 u˥

下雾 xa˦˩ u˥

天 tʰi˩ 天气（最近~不大好）

天晴天 tʰi˥ ɕiŋ˩ tʰi˩ 晴天

晴天□□ ɕiŋ˩ tʰi˩ tɕi˥ tɕi˥ 形容天非常晴

青天□□ tɕʰiŋ˥ tʰi˩ ua˩ ua˩ 形容冬天干冷的晴天

湿枕 səʔ˩ tsəŋ˦ 指闷热的天

炸辣辣子太阳 tsa˦˩ lɑ˦ lɑ˦ tsʅ˦ tʰɛ˦˩ iaŋ˦˩ 形容太阳毒辣

黄焦焦子太阳 uaŋ˩ tɕi˥ tɕi˥ tsʅ˦ tʰɛ˦˩ iaŋ˦˩

阴天 iŋ˥ tʰi˩

阴死子天 iŋ˥ sʅ˥ tsʅ˦ tʰi˩ 阴得很厉害的天气

热 ȵie˦

冷 nəŋ˥

大伏天 da˦˩ fə˦˩ tʰi˩

进伏 tɕiŋ˥ fə˦

出伏 tsʰuəʔ˩ fə˦

头伏 dei˩ fə˦

中伏 tsəŋ˥ fə˦

末伏 mɑ˦˩ fə˦

三伏天 ɕie˥ fə˦˩ tʰi˩

黄梅天 uaŋ˩ mei˩ tʰi˩

进梅 tɕiŋ˥ mei˩ 进入梅雨季节

出梅 tsʰuəʔ˩ mei˩ 梅雨季节结束

黄梅三时 uaŋ˩ mei˩ ɕie˥ zʅ˩ 指夏至以后的15天，分上中下三时。上时三天，中时五天，下时七天

拦时雨 lie˩ zʅ˩ ȵ˥ 夏至后第一天下的雨叫"拦时雨"，这天下了雨预示着要干旱

腰鼓炸 iɔ˥ ku˦ tsa˥ 比喻圩堤决口。夏至以后的15天中，如果最中间的那一天下了雨，预示着

今年雨水会特别多，圩堤会决口
桃花水 dɔ˥ fa˥ suei˦ 桃花开的时候河里涨的水（春水）
天干地焦 ti˥ kei˥ dʒ˨ tɕiɔ˧˩ 指天旱
淹（了）i˥ 涝（了）

二 地理

旱田 xei˧˩ di˨˩
水田 suei˦ di˨
小菜地 ɕiɔ˥ tsʻɛ˧˩ dʒ˨ 菜地
荒世界 faŋ˥ sʅ˥ kɛi˥ 荒地
沙土地 sa˥ tsʻʅ˥ dʒ˨
湖滩 u˨ tʻiə˥ 河滩，滩地
山 ɕie˥
山背 ɕie˥ pei˥ 山腰
山脚下 ɕie˥ tɕiɑʔ˦ xa˧˩
山肚子□ ɕie˥ tsʻʅ˥ tsə˩˥˩ 山腹
山坳坳子 ɕie˥ ŋɔ˧˩ ŋɔ˧˩ tsə˥ 两山之间低凹的地方
山头 ɕie˥ dei˨
□ kuaŋ˥ 坡。一个~子：一个坡
河 xo˨
河下 xo˨ xa˧˩ 河堤下边靠近水的地方
河□ xo˨ lɛ˧˩ 河里
渠道 sʅ˨ dɔ˧˩ 水渠
车□ tsʻa˥ dɔ˥ 比地面高的引水渠
水沟 suei˦ kei˥

山河 ɕie˥ xo˨ 人工开挖的较宽阔的河流
湖 u˨
潭 dy˨
圩 ɥ˨
圩凼□ ɥ˨ daŋ˧˩ lɛ˧˩ 圩里面
水塘 suei˦ daŋ˨ 池塘
吃水塘 tɕiəʔ˦ suei˦ daŋ˨ 专门提供饮用水的池塘，一般每个村一个
水凼钵 suei˦ daŋ˧˩ pɑʔ˦ 小水坑
□ ŋɛ˨ 岸
埂 kei˦ 堤
坝 pa˥
作坝 tsaʔ˦ pa˥ ①修筑堤坝 ②比喻故意刁难
清水 tɕʻiŋ˥ suei˦
浑水 uəŋ˨ suei˦
雨水 ɥ˨ suei˦
发蛟水 faʔ˦ tɕiɔ˥ suei˦ 发洪水
泉水 ɕi˨ suei˦
冷水 nəŋ˨ suei˦
热水 niə˧˩ suei˦
温□□水 uəŋ˨ daŋ˦ daŋ˦ suei˦ 温水
开水 kʻɛ˥ suei˦ 煮沸过的热水
冷开水 nəŋ˨ kʻɛ˥ suei˦
□开水 tiəʔ˦ kʻɛ˥ suei˦ 刚煮沸的水
滚开水 kuəŋ˦ kʻɛ˥ suei˦
石头 sə˧˩ dei˨˩
麻□□石 ma˨ po˨ lo˨ zə˥ 麻石

青砺石 tɕʰiŋ˩ liə˦˧ zə˧ 青石
红石头 xəŋ˩ zə˧˦ dei˧
拨石头 pɑʔ˥ sə˧ dei˧˩ 铺圩堤防洪用的石头
土□ tsʰɔ˧ tɕy˧ 没有经过烧制的土砖
砖坯 tɕy˩ pʰei˩
砖 tɕy˩
黑砖 xəʔ˥ tɕy˩ 旧时土窑烧制的老式的砖
红砖 xəŋ˩ tɕy˩
小瓦 ɕiɔ˩ ŋɑ˧ 本地的瓦，较小
本瓦 pəŋ˧ ŋɑ˧
洋瓦 iɔŋ˩ ŋɑ˧
瓦瓣瓣 ŋɑ˧ biə˧ biə˧ 碎瓦
□灰 dɑŋ˩ fei˩ 灰尘
烂泥□ liə˧ n̩˩ ma˩ 烂泥巴
□屎泥 lɔ˧ sʰʅ˧ n̩˩ 很稀的烂泥巴
洋油 iɔŋ˩ y˩ 煤油
火油 xo˧ y˩
汽油 tɕʰʅ˩ y˩
桐油 dəŋ˩ y˩
石灰 sə˧ fei˩
水泥 suei˧ n̩˩
吸铁石 ɕiəʔ˥ tʰiəʔ˥ zə˧
玉 y˧
炭 tʰie˧
世界 sʅ˧ kɛ˧ 指场地或空间
方□ faŋ˧ taŋ˩ 地方（带有方向性的询问）
下落 xa˧ lɑ˧ 地方（他是什么~人）
城□ səŋ˩ lɤ˧ 城里
乡下 ɕiaŋ˩ xa˧
巷 xɑŋ˧
老家 lɔ˧ ka˩
会场 uei˧ zɑŋ˧ 市集，庙会
上会场 saŋ˧ uei˧ zɑŋ˧ 赶集，赶庙会
街道 kɛ˩ dɔ˧
路 lu˧
大路 da˧ lu˧
小路 ɕiɔ˩ lu˧
□近路 pʰɑʔ˥ ɕiŋ˧ lu˧ 抄近路
趱远路 diɔ˩ yə˧ lu˧ 绕远

三　时令　时间

春□ tsʰuəŋ˩ niaŋ˩ 春上，春天
春二三月 tsʰuəŋ˩ n̩˧ ɕie˩ yə˧
热天□ niə˧ tʰi˧ lɤ˦ 夏天
秋□□ tɕʰy˩ niaŋ˩ lɤ˧ 秋上，秋天
秋天 tɕʰy˩ tʰi˩
冷天 nəŋ˩ tʰi˩ 冬天
打春 ta˩ tsʰuəŋ˩ 立春
雨水 y˩ suei˧
惊蛰 tɕiŋ˩ tsəʔ˥
春分 tsʰuəŋ˩ fəŋ˩
清明 tɕʰiŋ˩ miŋ˧
谷雨 kuəʔ˥ y˩
立夏 liə˧ xa˧

第四章 高淳（古柏）方言分类词汇表

小满 ɕiɔ˧˦ mo˩
芒种 maŋ˩ tsəŋ˧˦
夏至 ɕia˥ tsʅ˥
小暑 ɕiɔ˧˦ sʅ˥
大暑 da˥ sʅ˥
交秋 kɔ˩ tɕʻy˩ 立秋
处暑 tsʻʅ˥ sʅ˥
白露 bə˥ lu˥
秋分 tɕʻy˩ fəŋ˩
寒露 xei˩ lu˥
霜降 suaŋ˩ kaŋ˧˦
立冬 liə˥ təŋ˩
小雪 ɕiɔ˧˦ ɕiəʔ˩
大雪 da˥ ɕiəʔ˥
冬至 təŋ˩ tsʅ˥
小寒 ɕiɔ˧˦ xei˩
大寒 da˥ xei˩
老黄历 lɔ˧˦ uaŋ˩ lə˥ 历书
阴历 iŋ˩ lə˥
阳历 iaŋ˩ lə˥
送灶 səŋ˧˦ tsɔ˧˦ 腊月二十四送灶神
三十夜 ɕie˩ zɛ˥ ia˧˦ 除夕
大年初一 do˥ ni˩ tsʻʅ˩ ei˧˦
开门炮 kʻɛ˩ məŋ˩ pʻɔ˧˦ 正月初一早上放鞭炮
拜年 pɛ˧˦ ni˩
请财神 tɕʻiŋ˧˦ zɛ˩ zəŋ˩ 正月初五早晨，开店铺做生意的人放鞭炮，在家进行祭祀仪式
过小年 kɔ˧˦ ɕiɔ˧˦ ni˩ 元宵节
罢灯 ba˥ təŋ˩ 元宵节晚上，龙灯、走马灯等民俗活动全部结束
端午 tei˩ ŋ̍˧˦
中秋 tsəŋ˩ tɕʻy˩
重阳 səŋ˩ iaŋ˩
清明十月朝 tɕʻiŋ˩ miŋ˩ səʔ˩ yɛ˥ tsɔ˩ 指清明节、农历十月，是祭祀的日子
烧天香 sɔ˩ tʻi˩ ɕiaŋ˩ 一种祭祀活动，在农历七月初七进行
请年菩萨 tɕʻiŋ˧˦ ni˩ u˩ sa˧˦ 一种祭祀仪式。一般在大年三十前几天进行。大致内容如下：准备三碟团子（大米制成的食品，一般红豆馅或芝麻馅），每碟四个（团子必须是尖形的），摆成品字形，在品字形最上面的一碟团子上再加一个团子叠在上面。每个团子用红颜色的水点一下，放在厅堂桌子的第一排。再准备一个猪头，把一根猪尾巴放在猪嘴里，表示是一隻完整的猪；一条鲤鱼（在此叫元宝鱼），鱼鳞和鱼鳃不能去掉；一隻公鸡（死的），公鸡头上留一撮毛，公鸡尾巴上留三根大鸡毛，表示是整隻鸡。这三样东西都贴上红纸，放在桌子的第二排。桌子第三排再放上香炉、烛台。点上香烛，放鞭炮，拜菩萨
请祖宗 tɕʻiŋ˧˦ tsʅ˧˦ tsəŋ˩ 一种祭祀祖先的仪式。大致内容如下：在厅堂桌子上前排放上黄花菜、

藕丝、素油炸的豆腐等，第二排放鲢鱼或鳌条鱼等，鸡切成块，稍煮，猪肉切成四方块也稍煮，再在上面撒点盐。摆上八碗米饭、八双筷子、八个酒杯，桌子上首和两侧各放一条凳子，桌子下首放一个蒲团，供磕头用。摆好后，焚香磕头，迎接祖先入席，再到门口烧纸钱，让祖先吃饱喝足之后带钱去用。本地风俗，普通人家一般先请菩萨再请祖宗。但是经商开店的人家一般是先请祖宗再请菩萨，原因是按本地风俗，请了菩萨以后就不能从事经营活动了，是一种变通的办法

元宝鱼 y˧ po˦˥ ŋ˩ 称呼"请菩萨"时用的鲤鱼

今年 kəŋ˥ ni˩

旧年 çy˩˧ ni˩ 去年

明年 məŋ˩ ni˩

前年 çi˩ ni˩

大前年 do˩˧ çi˩ ni˩

后年 xei˩˧ ni˩

大后年 do˩˧ xei˩˧ ni˩

往年□ uaŋ˩˧ ni˩ ka?˦˥ 往年

年年 ni˩ ni˩ 每年

年初 ni˩ tsʅ˥

年里□ ni˩ lʅ˩ k'ei˥ 年里头

年底 ni˩ tŋ˦˥

上半年 saŋ˩˧ po˩˧ ni˩

下半年 xa˩˧ po˩˧ ni˩

正月 tsəŋ˥ yə˦˥

腊月 la˩˧ yə˦˥

闰月 yŋ˧ yə˦˥

月头 yə˦˥ dei˩

月半 yə˦˥ po˧

月底 yə˦˥ tŋ˦˥

今朝 kəŋ˥ tsɔ˥ 今日

昨日 sa˩˧ niə˧

明朝 məŋ˩ tsɔ˥ 明日

后朝 xei˩˧ tsɔ˥ 后日

大后朝 do˩˧ xei˩˧ tsɔ˥ 大后日

前日 çi˩ niə˧

大前日 do˩˧ çi˩ niə˧

前幾天 çi˩ tçi˦˥ t'i˥

第二天 t'i˩˧ n˧ t'i˥ 次日

一天到晚 iə˧ t'i˥ tɔ˥ mie˧ 整天

天天 t'i˥ t'i˥

十来天 sə˩˧ lɜ˩ t'i˥

上昼 saŋ˩˧ tçy˧ 上午

下昼 xa˩˧ tçy˧ 下午

中头 tsəŋ˥ dei˩ 中午

小中 çiɔ˦˥ tsəŋ˥ 午前

□□□来 tçy˥ çiŋ˥ xɜ˩˧ le˧ 夏天的午后

半天 po˩˧ t'i˥

大半天 do˩˧ po˩˧ t'i˥

东方动 təŋ˥ faŋ˥ dəŋ˩ 天快亮的时候

早起头 tsɔ˦˥ tç'ʅ˦˥ dei˩ 清晨

日来 niə˩˧ lɜ˩ 白天

晚头 mie˥ dei˩ 指黄昏到晚上八

第四章　高淳（古柏）方言分类词汇表

九点钟
夜来 ia┐ lɛ┘ 深夜到天亮的时间
半夜 po┐ ia┐
□更半夜 səŋ┘ kei┐ po┐ ia┐ 指夜很深
□□辰光 n┘ tsei┐ zəŋ┘ kuaŋ┐ 什么时候
□□辰光 la└ pa┐ zəŋ┘ kuaŋ┐
往朝□ uaŋ┘ tsɔ┐ kɑuʔ┤ 从前，先前
后来 xei┤ lɛ┤
□□□ kəʔ┤ tsʰɔ┘ çɿ┐ 现在
□□辰光 kəʔ┤ pa┐ zəŋ┘ kuaŋ┐
多年八古朝代 to┐ ni┤ paʔ┤ ku┐ zɔ└ dɛ┤ 指很久很久以前

四　农业

作圩 tsaʔ┤ ɣ┘ 修筑圩堤
整田 tsəŋ┤ di└ 大规模地改造农田
□田 tɕʰie┐ di└ 锄田
□沟 iɔ┐ kei┐ 畦与畦之间的小沟，方便人行走
田缺 di└ tɕʰyʔ┤ 田塍上人工开的缺口，便于稻田管水
□肥 ŋa┐ bei└ 施肥
□ ŋaʔ┤ 沤（肥）
泼粪 pʰa┐ fəŋ┘ 浇粪
屎窖 sɿ┐ kɔ└ 粪坑
土茅缸 tsʰu┐ mɔ└ kaŋ┐ 沤肥的坑
□屎 lo┐ sɿ┐ 拾粪
泗水 iŋ└ suei┤ 浇菜水
□水 ŋɔ┐ suei┤ 灌水
浸稻种 tɕiŋ┐ dɔ└ tsəŋ┤
浸麦种 tɕiŋ┐ mə┤ tsəŋ┤
下种 xa└ tsəŋ┤ 播种
拔秧 ba┤ iaŋ┐ 拔稻秧
秧把 iaŋ┐ pa┤ 捆扎好的稻秧
打秧 ta┐ iaŋ┐ 把捆扎好的稻秧均匀扔进稻田便于插秧
秧凳 iaŋ┐ təŋ┐ 拔秧时供坐的凳子
栽秧 tsɛ┐ iaŋ┐ 插秧
耘稻 yn└ dɔ┐
□稻 lɔ┘ dɔ┐ 用手拔去稻田里的杂草
装浆 tsuaŋ┐ tɕiaŋ┐ 稻子灌浆
青寠 tɕʰiŋ┐ kʰo┐ 稻子孕穗
秀稻 çy┐ dɔ┐ 稻子抽穗
垂头 suei└ dei└ 因稻谷饱满稻穗下垂
稻□头 dɔ┤ çɿ┤ dei┤ 稻穗
麦□头 mə┤ çɿ┤ dei┤ 麦穗
麦芒 mə┤ uaŋ┤
斫稻 tsaʔ┤ dɔ┐ 割稻子
斫麦 tsaʔ┤ mə┤ 割麦子
拈稻 ni└ dɔ┐ 拾稻穗
拈麦 ni└ mə┤ 拾麦穗
稻秆 dɔ┤ kei┤
麦秆 mə┤ kei┤
稻把 dɔ┤ pa┤ 没有脱粒的捆扎起来的稻子

□头把 tɕy˦ dei˩ pa˦ 脱粒了的捆扎起来的稻秆

扣把子 kei˥ pa˦ tsə˩ 把脱了粒已捆好的稻秆下部解开，捆扎上部，立在田间便于晾晒

□□ ɕio˥ u˩ 用稻草连接起来的条状物，捆扎稻草麦秸用

打稻 ta˦ dɔ˥ 用机器给稻子脱粒

打麦 ta˦ mə˥ 用机器给麦子脱粒

夹米 kaʔ˥ n˩ 用机器碾米

掼稻 tɕye˦ dɔ˥ 用手工摔打的方式给稻子脱粒

斛桶 uə˦ tˈəŋ˦ 手工脱粒用的盛稻谷的木桶

连交 li˩ kɔ˩ 连枷

□稻 iɑŋ˥ dɔ˥ 把脱粒后的稻谷扬起来去灰尘杂质

□麦 iɑŋ˥ mə˥ 把脱粒后的麦子扬起来去灰尘杂质

稻壳 dɔ˦ kˈuaʔ˦ 稻子最外面的壳

麦壳 mə˦ kˈuaʔ˦ 麦子最外面的壳

瘪稻壳 pieʔ˥ dɔ˦ kˈuaʔ˦ 秕谷

稻场 dɔ˦ zɑŋ˦ 翻晒、碾压稻子的场地

抢场 tɕiɑŋ˦ zɑŋ˩ 赶在下雨之前把稻场上的东西收拾起来以防雨淋

石榔 sə˦ lɑŋ˦ 碌碡

打井水 ta˦ tɕiŋ˦ suei˦

水桶 suei˦ tˈəŋ˦

饭桶 bie˦ tˈəŋ˦ 盛饭的桶

粪桶 fəŋ˦ tˈəŋ˦

粪瓢 fəŋ˥ bio˩ ɕia˦ 浇菜水、浇粪的工具

养鱼桶 iɑŋ˥ n˩ tˈəŋ˦ 养鱼用的桶

龙骨车 ləŋ˩ kuaʔ˦ tsˈa˥ 水车

车水榔头 tsˈa˥ suei˦ lɑŋ˩ dei˦ 水车脚踩的部分

洋车筒子 iɑŋ˥ tsˈa˥ dəŋ˩ tsə˩ 一种抽水灌溉的工具

牛鼻桊 ny˩ bia˦ tɕˈy˥

犁辕头子 l˩ y˦ dei˩ tsə˩ 牛轭

犁盘头子 l˩ bo˦ dei˩ tsə˩

犁 l˩

犁把 l˩ pa˥

犁头 l˩ dei˦ 犁铧

耙 ba˥

圈条 tɕˈy˥ dio˦ 竹、篾等编织的囤粮食的器具

风簸 fəŋ˥ po˥ 扇车

簑 ləŋ˩

白臼 ba˦ ɕy˥ 臼

磨 mo˥ 一皮~：一个石磨

磨心 mo˥ ɕiŋ˦ 磨中间的铁轴

钉耙 tiŋ˥ pˈa˥

洋镐 iɑŋ˥ kɔ˦

锹 tɕˈio˥

锄头 sy˩ dei˦

尖锄 tɕi˥ zy˦ 锄头的一种

铡刀 sa˦ tɔ˦

大斧 dɛ˦ fu˦ 斧头

第四章 高淳（古柏）方言分类词汇表

斫刀 tsaʔ˩ tɔ˥ 砍柴的刀
□头 u˩ dei˩ ˥ 耘禾的工具
抛锹 pʻɔ˩ tɕi˥ 扬稻谷的工具
撮耙 tsʻəʔ˩ ba˩˥ 翻晒稻谷的工具
筛□□ sɛ˩ xa˥ laŋ˥ 筛稻谷、麦子的工具，用以把稻麦与杂质分开
□□ sei˩ laŋ˥ 筛稻谷、麦子的工具，用以把稻麦与杂质分开，比"筛□□"体积更大
稻叉 dɔ˧˩ tsʻa˩˥ 扎取柴火、稻子的工具
粪箕 fəŋ˧˩ tɕi˥˧ 簸箕
打粪箕 ta˥ fəŋ˩ tɕi˧˩ 大的簸箕
洋铁粪箕 iaŋ˩ tʻei˥ fəŋ˩ tɕi˧˩
撮箕 tsʻəʔ˩ tɕi˥ 盛渣土的器具
泥篮 n˩ lie˥ 挑泥巴、石块等的器具
笆箕 pa˩ tɕi˥ 竹制的筐子，装细碎的东西用
稻□ dɔ˧˩ do˨ 装稻子的箩
□□ do˩ do˥ 很小的箩
长□篮 saŋ˩ tɕʻie˥ lie˩ 一种手提的篮子，去庙里烧香、走亲戚多用
菜篮 tsɛ˧˩ lie˩ 洗菜用的篮子
□篮 fu˧˩ lie˩˥ 一种竹制器具
圆草篮 y˩ tsʻɔ˧˩ lie˩ 打草时装草的篮子
粪篮 fəŋ˩ lie˩˥ 盛粪土垃圾的器具
扁担 pi˩ tie˥ 竹制

尖担 tɕi˥ tie˩˥ 木制扁担
挑担子 tʻiɔ˥ tie˩˥ tsɿ˨
换肩 o˩˥ tɕi˥ ①挑担子时，把担子从一个肩膀换到另一个肩膀 ②把担子给别人挑
□□ la˩ sa˥ 垃圾
扫把 sɔ˩˥ pa˥˩ 竹丝制的扫帚
苗帚 miɔ˩ tɕy˥˩ 用草、芦苇等编的扫把
掸把 tie˩ pa˥˩ 掸灰尘的工具
米筛 n˩ sɛ˥ 竹制，晒米用的，眼儿较大
□筛 kəʔ˩ sɛ˥ 用铁和纱布制的筛子，眼儿较小
筛箩 sɛ˥ lo˥ 筛面粉的筛子
锯镰 tsʅ˥ li˩˥ 割稻子的镰刀
镰刀 li˩ tɔ˥
挑草 tʻiɔ˥ tsʻɔ˥ 用镰刀打猪草
搞草 kɔ˩ tsʻɔ˥ 用竹篙、棍子在水里打草
泥丫叉 n˩ ŋa˥ tsʻa˥ 挑担子休息时支撑扁担的工具，避免扁担放在地上
□ lie˥ 捞污泥的器具
□泥巴 lie˥ n˩ ma˥ 用"□[lie˥]"捞污泥
□ təŋ˥ 夯土的工具
□□ təŋ˩ təŋ˥ 用"□[təŋ˥]"这种工具夯土，动宾结构
七箩缸 tɕʻiʔ˩ lo˥ kaŋ˥ 杀猪用的大缸，可容纳七箩稻谷
捅条 tʻəŋ˩ diɔ˥ 杀猪时用的长铁

棍，杀猪后，在猪腿上划一个口子，用铁棍贴着腿皮往里捅，然后往里吹气，使猪皮绷紧，以便去毛

拔船 bɑ˧˥ ɕy˩ 众人把船拉着从一条河越过堤岸进入另一条河

五 植物

粮食 liaŋ˩ zə˩

五谷 u˩ kuəʔ˩ △吃了五谷想六谷（比喻非分之想）

麦 mə˧˥ 麦子

荞麦 ɕiɔ˩ mə˧˥

小麦 ɕiɔ˧ mə˧˥

大麦 dɛ˧˥ mə˧˥

玉米 ɥ˧ n̩˧

芦□子 lu˩ tɕiaʔ˩ tsə˩ 高粱

稻 dɔ˧˥ ①植株 ②子实

早稻 tsɔ˧ dɔ˧˥

晚季稻 mie˧ tɕ˩ dɔ˧˥

稻桩 dɔ˧˥ tsaŋ˧ 稻子收割后留在地里的部分

稗草 ba˧˥ tsʻɔ˧

瘪壳 pieʔ˩ kʻuʔ˩ 秕谷

米 n̩˧

糯米 nəŋ˧ n̩˧

籼米 ɕi˩ n̩˧ （与糯米相对）

棉花 mi˩ fa˧

苎麻 sɿ˧˥ ma˧˥

麻秆 ma˩ kei˧˥ 苎麻去皮后的茎秆

芝麻 tsɿ˩ ma˧˥

芝麻萁 tsɿ˩ ma˧˥ ɕɿ˩ 芝麻去了子实剩下的部分

蓖麻 pɿ˩ ma˧˥

葵花 bei˩ fa˩ 向日葵

葵花籽 bei˩ fa˩ tsɿ˧

山芋 ɕie˩ ɥ˧ 红薯

山萝卜 ɕie˩ lo˩ o˩ （后字失落声母）

山芋梗子 ɕie˩ ɥ˧ kei˧ tsə˩ 红薯的嫩茎叶，可食

芋头 ɥ˧ dei˧˥ ①指这种植物 ②芋块茎的总称

芋头婆 ɥ˧ dei˧˥ bo˩ 芋头最大的块茎

慈姑子 sɿ˩ ku˩ tsɿ˩

藕 ŋei˩

藕□头 ŋei˩ tɕiaŋ˧ dei˩ 藕的一个部位，细扁，口感不好

藕□ ŋei˩ tɕy˩ 藕的一个部位，可食

莲子 li˩ tsɿ˧

莲蓬头 li˩ pʻəŋ˩ dei˩ 莲蓬

荷衣 xo˩ ɿ˧ 荷叶

荷花 xo˩ fa˧

荷花□头 xo˩ fa˩ pɔ˧ dei˧˥ 含苞待放的荷花

黄豆 uɑŋ˩ dei˧˥

黄豆萁 uɑŋ˩ dei˧˥ ɕɿ˩ 黄豆秸秆

青豆 tɕʻiŋ˩ dei˧˥ 绿豆

红豆 xəŋ˨ dei˥˧
豌豆 ŋei˧˩ dei˥˧
豇豆 kɑŋ˧˩ dei˥˧
羊眼豆 iɑŋ˨ ie˧˩ dei˥˧ 眉豆
蚕豆 sei˨ dei˥˧
落苏 lɑ˥˧ sʅ˧˩ 茄子
秋落苏 tɕʻy˧˩ lɑ˥˧ sʅ˧˩ 秋天快要罢市的茄子
黄瓜 uɑŋ˨ kua˧˩
丝瓜子筋 sʅ˧˩ kua˧˩ tsə˩˧ tɕiŋ˧˩ 丝瓜
南瓜 nei˨ kua˧˩
癞南瓜 lɛ˥˧ nei˨ kua˥˧ 南瓜的一种，口感沙甜
猪南瓜 tsʅ˧˩ nei˨ kua˧˩ 喂猪用的南瓜
冬瓜 təŋ˧˩ kua˧˩
□ ɿ˧˩ 南瓜、冬瓜开花结果后没长成，动词
瓠子 u˥˧ tsə˧˩
洋葱 iɑŋ˨ tsʻəŋ˧˩ 小葱
洋葱□□ iɑŋ˨ tsʻəŋ˧˩ pʻo˧˩ lo˧˩ 洋葱
大蒜 dɜ˥˧ sei˨
大蒜头 dɜ˥˧ sei˨ dei˥˧ 蒜的鳞茎
蒜苗 sei˨ miɔ˨
小蒜 ɕiɔ˧˩ sei˨ 野生的蒜
韭菜 tɕy˧˩ tsʻɛ˧˩
韭黄 tɕy˧˩ uɑŋ˨
苋菜 ɕie˥˧ tsʻɛ˥˧
洋柿子 iɑŋ˨ zʅ˧˩ tsə˥˧ 西红柿

生姜 sei˨ tɕiɑŋ˧˩
生姜拐 sei˨ tɕiɑŋ˧˩ kuɜ˥˧ 生姜边沿突出的部分
辣□ lɑ˥˧ u˥˧ 辣椒
辣□粉 lɑ˥˧ u˥˧ fəŋ˧˩ 辣椒面儿
辣□酱 lɑ˥˧ u˥˧ tɕiɑŋ˧˩ 辣椒酱
菜辣□ tsʻɛ˥˧ lɑ˥˧ u˥˧ 柿子椒
朝天辣 sɔ˨ tʻi˨ lɑ˥˧ 朝天椒
灯笼辣 təŋ˧˩ ləŋ˨ lɑ˥˧ 辣椒的一种，形状像灯笼，个体较小，较辣
芥菜 kɛ˥˧ tsʻɛ˥˧
菠菜 pʻo˨ tsʻɛ˧˩
包菜 pʻɔ˧˩ tsʻɛ˥˧ 卷心菜
青菜 tɕʻiŋ˧˩ tsʻɛ˥˧ 小白菜的统称
四月青 sʅ˥˧ yə˩˧ tɕʻiŋ˧˩ 小白菜的一种
鸡毛菜 tɕi˧˩ mɔ˨ tsʻɛ˥˧ 小白菜的幼苗
莴笋 o˧˩ səŋ˧˩
莴笋□□ o˧˩ səŋ˧˩ niɑ˥˧ tʻo˥˧ 莴笋叶
芹菜 ɕiŋ˨ tsʻɛ˧˩
水芹菜 suei˧˩ ɕiŋ˨ tsʻɛ˧˩
药芹菜 iɑ˥˧ ɕiŋ˨ tsʻɛ˧˩ 西芹
上土 sɑŋ˨ tsʻʅ˧˩ 初冬时节，把芹菜从根部用土埋起大半，过年时再吃，此时的芹菜茎变白，非常嫩
芫荽 y˨ sʅ˧˩
萝卜 lo˨ pʻo˧˩
空心 kʻəŋ˧˩ ɕiŋ˨ （萝卜）糠了

萝卜缨子 lo˧ p'oˊ m˨ tsəˋ
萝卜鲞 lo˩ p'oˊ ɕiaŋ˦ 萝卜干
黄萝卜 uaŋ˩ lo˩ p'oˋ 胡萝卜
芦蒿头 lu˩ xɔˋ dei˩˧ 芦蒿，一种湖边野生植物，可食
茭瓜 kɔ˥ kua˥ 茭白
油菜 y˩ tsɛˋ
油菜苔 y˩ tsɛˋ dəˋ
油菜籽 y˩ tsɛˋ tsʅ˦
空心菜 k'əŋ˥ ɕiŋ˥ tsɛˋ
荠菜 ɕʅ˨ tsɛˋ
马齿苋 ma˨ tsʅˋ ie˩˧
马兰头 ma˨ lie˩ dei˩˧
香椿头 ɕiaŋ˥ ts'uŋ˥ dei˩˧ 香椿的嫩芽
家菱 ka˥ liŋ˩˧ 人工养殖的菱角，有四个角
野菱 ia˨ liŋ˩˧ 野生菱角，有四个角
风菱 fəŋ˥ liŋ˩˧ 菱的一种，有两个角
菱母头 liŋ˨ m̩˨ dei˨ 菱的茎和根，可食
鸡头菠萝 tɕʅ˥ dei˩˧ po˥ lo˩˧ 芡实
鸡头菜 tɕʅ˥ dei˩˧ tsɛˋ 芡实这种植物的嫩茎，可食
树 sʮˊ
树身 sʮ˩˧ səŋ˥ 树干
树梢头 sʮ˩˧ sɔ˥ dei˩˧
树根 sʮ˩˧ kəŋ˥
树□□ sʮˊ niaˊ toˇ 树叶

树枝子 sʮ˩˧ tsʅ˥ tsəˋ
栽树 tsɛ˥ sʮˊ
□树 tɕie˥ sʮˊ 砍树
松树 səŋ˥ zʮ˩˧
松菠萝 səŋ˥ po˥ lo˩˧ 松球
松香 səŋ˥ ɕiaŋ˥
柏树 pəʔˋ zʮ˩˧
柏子树 pəʔˋ tsʅ˦ zʮˊ
水杉 suei˦ ɕie.ˌ
桃树 dɔ˩ zʮ˩˧
杏树 ɕiŋ˩˧ zʮ˩˧
柿子树 sʅ˩˧ tsəˊ zʮˊ
枇杷树 biə˩˧ ba˩ˇ zʮ˩˧
石榴树 sə˩˧ ly˩ˇ zʮ˩˧
桑树 saŋ˥ zʮ˩˧
桑果子 saŋ˥ ko˦ tsəˋ 桑葚
桑□ saŋ˥ nia˩˧ 桑叶
杨树 iaŋ˩ zʮ˩˧
柳树 ly˨ zʮ˩˧
桐油树 dəŋ˩ y˩˧ zʮˊ
桐油子 dəŋ˩ y˩˧ tsʅ˦
桐油 dəŋ˩ y˩˧
楝树 li˩˧ zʮˊ
刺槐树 ts'ʅˋ xuɛ˩ˇ zʮ˩˧
水桦树 suei˦ ua˩ zʮ˩˧
□□□树 tɕiaŋ˩˧ ba˩˧ ba˩ zʮ˩˧ 楮树
楮树 tsʮ˩ zʮ˩˧
樟树 tsaŋ˥ zʮ˩˧
檀树 die˩ zʮ˩˧
棠梨果树 daŋ˩ l˨ ko˦ zʮˊ 棠梨树

第四章 高淳（古柏）方言分类词汇表

□树 y˩ ʐʯ˦˧ 一种植物
□果子子树 p'ɑʔ˩ ko˧˧ tsə˩ tsə˩ ʐʯ˧ 一种植物
白果树 bə˧˩ ko˧˧ ʐʯ˧ 银杏
木头 mə˧˩ dei˩˧ 一种树，常用来做房梁和屋柱
丝绵树 sʅ˩ mi˩ ʐʯ˧
泡桐树 p'o˩ dəŋ˧˧ ʐʯ˧
青桂树 tɕ'iŋ˩ kuei˩ ʐʯ˧ 桂树
栎树 liɑ˧ ʐʯ˧
乌桕树 u˩ ɕy˥ ʐʯ˧
竹子 tsuəʔ˩ tsə˩ 指小竹子
毛竹 mɔ˩ tsuəʔ˩
竹笋 tsuəʔ˩ səŋ˧ 小竹子的笋
毛笋 mɔ˩ səŋ˧ 毛竹的笋
笋壳 səŋ˧ k'uɑ˩
竹篙 tsuəʔ˩ kɔ˩
竹箬 tsuəʔ˩ nia˩ 竹叶
篾 miə˧
篾黄 miə˧˩ uɑŋ˧
篾青 miə˧˩ tɕ'iŋ˩
桃子 dɔ˩ tsə˩
杏子 ɕiŋ˧˩ tsə˧
李子 lʅ˩ tsə˩
枣子 tsɔ˩ tsə˩ 统称枣
木枣 mə˧˩ tsɔ˧˩ 一种大枣，不甜
肉枣 miə˧˩ tsɔ˧˩ 一种小枣，味甜
梨子 lʅ˩ tsə˩
糠梨 k'ɑŋ˩ lʅ˩ 一种黄色的梨
枇杷 biə˧˩ ba˧
柿子 sʅ˩ tsə˩

柿饼 sʅ˧˩ piŋ˧˩
白果 bə˧˩ ko˧˩ 银杏果
石榴 sə˧˩ ly˧
栗子 lə˧˩ tsə˧
核桃 xə˧˩ dɔ˧
西瓜 ɕʅ˩ kua˩
梨瓜 lʅ˩ kua˩ 香瓜，多为白皮
芝麻瓜 tsʅ˩ ma˩ kua˩ 一种类似香瓜的瓜，比香瓜小，味香甜，多为绿颜色
菜瓜 tsʰɛ˧˩ kua˧˩
本菜瓜 pəŋ˧ tsʰɛ˧˩ kua˧˩ 本地的菜瓜，细长
洋菜瓜 iɑŋ˧ tsʰɛ˧˩ kua˩ 外地引进的菜瓜，短粗，水分多
水菜瓜 suei˧ tsʰɛ˧˩ kua˧˩
瓜子 kua˩ tsʅ˧
脐子 ɕi˩ tsə˩ 荸荠
甘蔗 kei˩ tsa˩
花生 fa˩ səŋ˩
花生米 fa˩ səŋ˩ lʯ˩
花生衣子 fa˩ səŋ˩ lʯ˩ tsə˩ 花生米外面的红皮
桂花 kuei˧˩ fa˧˩
菊花 tɕyʔ˩ fa˩
梅花 mei˩ fa˩
金□花 tɕiŋ˩ mu˩ fa˩ 凤仙花
水仙 suei˧ ɕi˩
喇叭花 la˧˩ pa˧˩ fa˩
万年青 bie˧ ni˩ tɕ'iŋ˩
仙人掌 ɕi˩ zəŋ˩ tsɑŋ˩
芦柴 lu˩ zɛ˧ 芦苇

乌饭草 u┐ bie↙┌ ts'ɔ┐ 南烛的叶子，其汁液和大米一起可做成乌饭，是江苏浙江安徽一带习俗

乌饭 u┐ bie↙┌ 南烛叶子的汁液和大米一起做成的米饭，饭呈蓝色

破絮果 p'o↗┤ sʅ↙┤ ko↗ 鼠曲草，可以和大米一起做成食品

荇丝 xei↗┤ sʅ↙┤ 荇菜

苦油菜 k'u┘ y┌ ts'ɛ┘ 一种野菜

艾 ŋɛ┐

胡子草 u┘ tsə┌ ts'ɔ┘ 一种草

牛舌□□ ny┘ tɕ'i↗ ez┘ t'io↗ kəŋ┐ 一种草，形状像牛舌头，可入药

稻秆衣 dɔ↗┗ kei↗┤ ɿ┤┌ 一种草，常用来喂鹅

水葫芦 suei┤ u┤ lu┘ 一种水生植物，常用来喂猪

青饲料 tɕ'iŋ┐ zʅ↙┗ lio↗ 新鲜的草料，喂猪用

蘑菇 mo┘ ku┐

杨树菌 iɑŋ┘ zʅ┘ ɕiŋ┗ 长在杨树上的菌子，可食

青苔 tɕ'iŋ┐ dɛ┘┗ 长在水边或岸上的青苔

苔衣 dɛ┘ ɿ┐

雾苔 u↗┤ dɛ┘┗ 长在水里的青苔

地耳 dʅ↗┗ ŋʅ↗

六　动物

畜生 ts'uəʔ┤ ɕɛu┌ sǝŋ┘ 包括家禽家畜

黄牛 uɑŋ┘ ny┘┌

水牛 suei┤ ny┘

牯子 ku┤ tsə.┘ 公牛

沙牛 sa┐ ny┘┌ 母黄牛

牸牛 sʅ↗┗ ny┘┌ 母水牛

小牛 ɕiɔ┤ ny┘ 牛犊

驴骨子 lu┘ kuəʔ┤ tsə┘ 驴子

骆驼 la↙┗ do↙┗

羊子 iɑŋ┘ tsə┘ 羊，本地多为山羊

羯羊 tɕiəʔ┤ iɑŋ┘┌ 公羊

狗 kei┤

□狗子 ɕyŋ┐ kei┤ tsə┘ 公狗

母狗子 m┘ kei┤ tsə┘

小狗子 ɕiɔ┤ kei.┤ tsə.┘

猫 mɔ┘

□猫 ɕyŋ┐ mɔ┘ 公猫

母猫 m┘ mɔ┘

犍猪 tɕi↙┤ tsʅ↙┤ 公猪

斗猪 ty┤ tsʅ.┤ 种公猪

□猪 dən┘ tsʅ┐ 母猪

小猪 ɕiɔ┤ tsʅ.┤

消猪 ɕiɔ┐ tsʅ┘ 阉割猪

兔子 ts'ʅ↙┤ tsə┘

鸡 tɕʅ┐

□鸡 ɕyŋ┐ tɕʅ┘ 公鸡

母鸡 m┘ tɕʅ┘

伏鸡婆 u↙┗ tɕʅ.o┘ 抱窝鸡

芦花鸡 lu┘ fa┐ tɕʅ┘ 鸡的一种，羽毛黑白相间

小鸡 ɕiɔ┤ tɕʅ┘

鸡子 tɕʅ┐ tsʅ┘ 鸡蛋

第四章　高淳（古柏）方言分类词汇表

嘎嘎 ka˧˩ ka˧ 儿语称呼鸡蛋
生子 sei˧˩ tsɿ˧ 下蛋
鸡脚爪 tɕʅ˧ tɕiaʔ˧ tsɿ˧ 鸡爪
鸭 ŋa˧
□鸭 ɕyŋ˧ ŋa˧ 公鸭
母鸭 m˧ ŋa˧
小鸭 ɕiɔ˧ ŋa˧
鸭子 ŋa˧˥ tsɿ˧ 鸭蛋
鹅 ŋo˧
小鹅 ɕiɔ˧ ŋo˧
起□ tɕʅ˧ yŋ˧ 牛发情
起栏 tɕʅ˧ lie˧ 猪发情
起草 tɕʅ˧ tsʰɔ˧ 羊发情
打□ ta˧ li˧ 蛇、狗交配
叫号 tɕiɔ˧ xɔ˧ 猫发情
搞水 kɔ˧ suei˧ 鱼交配
放子 faŋ˧ tsɿ˧ 鱼产卵
□水 lie˧ suei˧ 鸡鸭鹅交配
狮子 sɿ˧ tsə˧
老虎 lɔ˧ fu˧
猴子 ɕy˧ tsə˧ 老
　　xei˧ tsə˧ 新
熊 ɕyŋ˧
豹 pɔ˧
狐狸 u˧ l˧
黄老鼠 uaŋ˧ lɔ˧ tsʰʅ˧
仙家 ɕi˧ tɕia
老鼠 lɔ˧ tsʰʅ˧
蛇 sa˧
土鬼蛇 tsʰʅ˧ kuei˧ za˧ 蝮蛇
竹青蛇 tsuəʔ˧ tɕʰiŋ˧ za˧ 房子里
　　的蛇，家蛇

火脱练 xo˧ tʰəʔ˧ li˧ 赤练蛇
水蛇 suei˧ za˧
雀子 tɕiaʔ˧ tsə˧ 鸟的总称
老哇 lɔ˧ ua˧ 乌鸦
喜鹊子 ɕi˧ tɕʰiaʔ˧ tsɿ˧
山丫雀 ɕie˧˩ ŋa˧ tɕʰiaʔ˧˩ 山雀
麻雀子 ma˧ tɕʰiaʔ˧ tsɿ˧
燕雀子 i˧ tɕʰiaʔ˧ tsə˧ 燕子
雁鹅 i˧˩ o˧ 大雁
　　雁 ie˧
布谷谷 pu˧˩ kuəʔ˧ kuəʔ˥
　张家发火 tsaŋ˧ ka˧ faʔ˧ xo˧
　本地不喜欢这种鸟，认为飞到谁
　家谁家会着火
咕咕 ku˧ ku˧˩ 斑鸠
鸽子 kuaʔ˧ tsə˧
□鸡 təŋ˧ tɕʅ˧ 一种鸟，夏天常
　在水田里，会发出"□[təŋ˧]
　□[təŋ˧]"的声音
□雀子 təŋ˧ tɕʰiaʔ˧ tsɿ˧
□木鸟 təʔ˧ mə˧ liɔ˧ 啄木鸟
八哥子 paʔ˧ ko˧ tsə˧
鹤 xua˧
磨鹰子 mo˧˥ iŋ˧ tsə˧ 老鹰
野鸡 ia˧ tɕʅ˧
獐鸡 tsaŋ˧ tɕʅ˧ 一种野鸡
茭鸡 kɔ˧ tɕʅ˧ 一种野鸡
野鸭 ia˧ ŋa˧
油葫芦 y˧ u˧ lu˧ 一种野鸭
对鸭 tei˧ ŋa˧ 一种野鸭
绿鸭 lə˧˥ ŋa˧ 一种野鸭
芦花四鸭 lu˧ fa˧ sɿ˧ ŋa˧ 野鸭

的一种

扁嘴四 pie˧ tsuei˧ sɿ˩ 野鸭的一种，味道不好，本地人不吃

麻婆三 ma˩ bo˩ ɕie˧ 一种母野鸭

刁毛三 tio˧ mɔ˩ ɕie˧ 一种公野鸭

水老哇 suei˧ lɔ˩ ua˩ 鸬鹚

鹭鸶 lu˦ sɿ˦

蝙蝠子 pi˧ fəʔ˩ tsə˩

翅□ tsʻɿ˦ pie˧ 翅膀

（鸟）嘴 tsuei˧

窠 kʻo˧（鸟）窝

蚕 sei˩

蚕虫子 sei˩ zəŋ˩ tsə˩ 蚕蛹

蟢蟟蟟 ɕi˧ tɕyəʔ˩ tɕyəʔ˩ 蜘蛛

蚂蝇子 ma˩ iŋ˩ tsə˩ 蚂蚁

白蚂蝇 bə˦ ma˦ iŋ˦ 白蚁

土狗子 tsʻɿ˧ kei˧ tsə 蝼蛄

地脚鱼 dʑi˦ tɕiaʔ˧ n̩˩ 土鳖

河蚬 xo˩ ɕi˧ 蚯蚓

□河蚬 kaŋ˩ xo˩ ɕi˧ 粗蚯蚓，青灰色

红河蚬 xəŋ˩ xo˩ ɕi˧ 细蚯蚓，红色

天螺蛳 tʻi˧ lo˩ sɿ˩ 蜗牛

蜈蚣 ŋ̍ kəŋ˩

四脚蛇 sɿ˦ tɕiaʔ˦ za˩ 壁虎

洋辣虫 iaŋ˩ la˦ zəŋ˩ 毛虫

米虫子 n̩˧ zəŋ˩ tsə˩

蚜虫 ŋa˩ zəŋ˩

苍蝇子 tsʻaŋ˩ iŋ˩ tsə˩

蚊子 bəŋ˧ tsə˩

花脚蚊子 fa˧ tɕiaʔ˦ bəŋ˧ tsə˩

沙虫 sa˧ zəŋ˩ 子孓

蠓虫子 məŋ˧ zəŋ˩ tsə˩

虱子 səʔ˦ tsə˩

臭虫 tɕʻy˦ ʐəŋ˩

蛇蚤 kəʔ˦ tsɔ˧ 跳蚤

牛虻虻 ny˩ məŋ˩ məŋ˩ 牛虻

灶鸡鸡 tsɔ˦ tɕɿ˧ tɕɿ˦ 灶蟋蟀

叫鸡鸡 tɕio˦ tɕɿ˧ tɕɿ˦ 蟋蟀

蟑□螂 tsaŋ˩ kəʔ˩ laŋ˩ 蟑螂

□□子 təʔ˦ mə˦ tsə˩ 蝗虫

□刀□ tɕie˧ tɔ˧ lɔ˩ 螳螂

□□ tɕɿ˩ ɕi˩ 蝉

响巴子 ɕiaŋ˧ pa˩ tsə˩ 会鸣叫的蝉，公蝉

哑巴子 ŋa˧ pa˩ tsə˩ 不会鸣叫的蝉，母蝉

粉□□ fəŋ˧ tɕɿ˩ io˧ 粉白色的蝉

□□壳 tɕɿ˩ io˧ kʻuaʔ˩ 蝉蜕

胡蜂子 u˩ fəŋ˩ tsə˩ 总称蜂

钉脚胡蜂 tiŋ˧ tɕiaʔ˦ u˩ fəŋ˩ 马蜂

蜂蜜 fəŋ˩ miə˦

胡蜂子窠 u˩ fəŋ˩ tsə˩ kʻo˧ 蜂窝

叮 tiŋ˧ 蜜蜂、蚊子咬

黄豆虫子 uaŋ˩ dei˦ zəŋ˩ tsə˩ 豆虫

车水□□ tsʻa˧ suei˧ laŋ˩ laŋ˩ 金龟子

第四章 高淳（古柏）方言分类词汇表

车水□ tsʻa˧ suei˦ laŋ˩˧
看牛佬 kʻei˧ ny˩˧ lɔ˩ 天牛
黄牛 uaŋ˩ ny˩˧ 黄色的天牛
水牛 suei˧ ny˩˧ 黑色的天牛
爬瞎虫 ba˩ xaʔ˩˧ zəŋ˩ 一种水里的爬虫
泥蜓虫 ṇ̍˩ i˩˧ zəŋ˩˧ 蚰蜒
火焰虫 xo˧ i˧˩ zəŋ˩˧ 萤火虫
蛾子 o˩ tsə˧
蝴蝶子 u˩ die˩˧ tsə˧
□□ kaŋ˧˩ kaŋ˧˩ 蜻蜓
鱼 ṇ̍˩
鲤鱼 l̩˧ ṇ̍˩˧
紫鱼 tsɿ˧ ṇ̍˩ 公鲤鱼
绿鱼 lə˧˩ ṇ̍˩˧ 母鲤鱼
鲫鱼 tɕiəʔ˧ ṇ̍˩˧
潮鱼 sɔ˩ ṇ̍˩˧
鲫掐头 tɕiəʔ˧ kʻaʔ˧˩ dei˩ 小鲫鱼
鲫子 tɕɿʔ˧ tsə˧
鳊鱼 pi˧ ṇ̍˩˧
草鱼 tsʻɔ˧ ṇ̍˩˧
青鱼 tɕʻiŋ˧ ṇ̍˩˧
鳜鱼 kuei˧ ṇ̍˩˧
鳗鱼 mo˩ ṇ̍˩ 河鳗
鲇时 li˩ sɿ˩˧ 鲇鱼
□丁 uaŋ˧ tiŋ˧ 黄颡鱼，北京叫黄辣丁
□□ uaŋ˧ sɛ˧
白鱼 bə˧˩ ṇ̍˩˧ 白条鱼
黑鱼 xəʔ˧ ṇ̍˩˧
泼头 pʻa˧ dei˩ 鳙鱼
鲢子头 li˩ tsə˧ dei˩ 鲢鱼，本地常用来祭祀
家鱼 ka˧ ṇ̍˩˧
□□ sɿ˧˩ fa˧ ṇ̍˩˧ 刀鱼的一种
湖刀 u˩ tɔ˧ 湖里的刀鱼
河刀 xo˩ tɔ˧ 河里的刀鱼
鳡鱼 kei˧ ṇ̍˩
桃痴头 dɔ˩ tsʻɿ˧ dei˩ 沙鳢，有的地方叫呆子鱼
□□□ uəŋ˩ kuəʔ˧˩ laŋ˧ ṇ̍˩˧ 一种小鱼，本地常用来和腌菜一起烧吃
银鱼 niŋ˩ ṇ̍˩˧
针鱼 tsəŋ˧ ṇ̍˩˧
黄鲏 uaŋ˩ b̩˩˧ 鳑鲏
　黄鲏巴巴 uaŋ˩ b̩˩˧ pa˧ pa˧
铁黄鲏 tʻiəʔ˧ uaŋ˩ b̩˩˧ 鳑鲏的一种，本地一般不吃
鳘条子 tɕiedio˧˩ tsə˧ 鳘鱼
瘪鳘 piəʔ˧ tɕʻie˧ 鳘鱼的一种，形体瘦
圆头子鳘 y˩ dei˩˧ tsɿ˧˩ tɕʻie˧ 鳘鱼的一种，形体肥
红□ xəŋ˩ sɔ˧ 鱼鳞呈红色的鳘鱼
翘嘴黄□ tɕʻio˧˩ tsuei˧ uaŋ˩ zaŋ˧ 鳘鱼的一种，身体隐隐发黄，嘴翘
鸡钻子 tɕɿ˧ tsei˧ tsə˧ 一种鱼
泥鳅 ṇ̍˩ tɕʻy˧
山泥鳅 ɕie˧ ṇ̍˩˧ tɕʻy˧ 山地的水里野生的泥鳅，颜色偏黄
刺鳅 tsʻɿ˧ tɕʻy˧˩ 泥鳅的一种，腹背有刺

黄鳝 uaŋ˩ i˦ 鳝鱼
山黄鳝 ɕie˥ uaŋ˩ i˦ 山地野生的鳝鱼，颜色偏黄
鱼□ n̩˩ i˥ 鱼鳞
鱼刺 n̩˩ tsʅ˥
鱼泡 n̩˩ pʼɔ˥
划水刺 ua˩ suei˦ tsʅ˥ 鱼鳍
鱼鳃 n̩˩ sɛ˥
鱼子 n̩˩ tsʅ˦ 鱼卵
鱼秧 n̩˩ iaŋ˥ 鱼苗
虾子 xa˥ tsə˥ 虾
乌龟 u˥ kuei˥
金钱龟 tɕiŋ˥ i˩ kuei˥
脚鱼 tɕiaʔ˦ n̩˩ 甲鱼
黄蟹 uaŋ˩ xɛ˦ 螃蟹
蟹黄 xɛ˦ uaŋ˩
山蟹 ɕie˥ xɛ˦ 山地野生的螃蟹，偏瘦小
青□蛙鸡 tɕʼiŋ˥ lə˥ ua˦ tɕʼi˥ 青蛙
土□蛙 tsʅ˦ lə.˦ ua˥ 土灰色的蛙
烂妈妈乌 lie˦ ma˥ ma˥ u˥ 蝌蚪
烂狗宝宝 lie˦ kei˦ pɔ˦ pɔ˥ 癞蛤蟆
蚂蟥 ma˥ uaŋ˩
喜□□ ɕʅ˦ pei˥ pei˥ 宽的三角形的贝类
鸡□□ tɕʅ˥ ia˥ tʼɕʅ˥ 长条形的贝类
螺蛳 lo˩ sʅ˥
田螺 di˩ lo˩

钉螺 tiŋ˥ lo˥
瓦壳子 ŋa˩ kʼuaʔ˦ tsə˥ 蚌
钓鱼 tiɔ˥ n̩˩
钓鱼竿子 tiɔ˥ n̩˩ kei˥ tsə˥
□筒 pʼaŋ˦ dəŋ˩ 鱼漂儿
张鱼 tsaŋ˥ n̩˩ 一种捕鱼方式，把捕鱼具放好后让鱼自动游进来。是一种被动方式
拖鱼 tʼo˥ n̩˩ 用渔网捕鱼，是一种主动方式
虾笼 xa˥ ləŋ˩ ①捕虾的工具 ②装鱼虾的器具，也可用来采茶装茶叶用
□□ tsa˦ pʼɐ˥ 采菱角、捕鱼供人坐的器具，一般一个人坐
鸭子壳 ŋa˦ tsʅ˥ kʼuaʔ˥ 一种小木船，形状像鸭蛋壳
□子 ya˦ tsə˥ 船上舀水的器具
滚钩 kuəŋ˦ kei˥ 一种捕鱼工具
□钩 tsʼəʔ˦ kei˥ 一种捕鱼工具
笱篓子 kei˦ ly˦ tsə˥ 一种竹制捕鱼器具，口大颈窄，腹大而长，鱼能入而不能出
观音筏 ko˥ iŋ˥ ba˦ 一种捕鱼工具
花篮 fa˥ lie˩ 一种捕鱼工具
张花篮 tsaŋ˥ fa˥ lie˩ 用花篮捕鱼
裤篮 kuʼ˦ lie˩ 一种捕鱼工具
张裤篮 tsaŋ˥ kʼu˥ lie˩ 用裤篮捕鱼
地笼 dʅ˦ ləŋ˩ 一种捕鱼工具

卡 k‘a˧ 一种捕鱼工具，竹片上装上鱼饵，鱼吞吃后竹片弹开，卡住鱼嘴

黄鳝钓 uɑŋ˩ i˦˥ tiɔ˦ 钓鳝鱼的工具

鳗鱼钓 mo˩ n̩˩˥ tiɔ˦ 钓鳗鱼的工具

鲫鱼钓 tɕiəʔ˩ n˩˥ tiɔ˦ 钓鲫鱼的工具

鳌条钓 tɕie˥ diɔ˩˥ tiɔ˦ 钓鳌鱼的工具

钓子 tiɔ˦˧ tsə˦ 总称钓鱼的工具

鱼叉 n˩ ts‘a˥ 一种捕鱼工具，三根齿

灯笼叉 təŋ˥ ləŋ˩˥ ts‘a˥ 一种捕鱼工具，圆形，多齿

风钯 fəŋ˥ ba˩˥ 一种捕鱼工具

软钯子 ny˥ ba˩˥ tsə˥ 一种捕鱼工具

麻罩 ma˩ tsɔ˦˥ 一种捕鱼工具

竹□ tsuəʔ˩ bɑ˦˥ 一种竹制捕鱼工具

网□ mɑŋ˥ bɑ˦˥ 一种用渔网做的捕鱼工具

扳罾 pie˥ tsəŋ˥ 一种捕鱼工具

提罾 dɿ˩ tsəŋ˥

渔网 n̩˩ mɑŋ˥

鱼拖 n̩˩ t‘o˥ 一种捕鱼的网，较小，一般一个人用

虾拖 xa˥ t‘o˥

□ t‘ɑŋ˦ 一种捕鱼的小网

□网 tɕiɑʔ˩ mɑŋ˥ 一种捕鱼工具

银鱼网 niŋ˩ n̩˩˥ mɑŋ˥ 捕银鱼的网

拦河网 lie˩ xo˩˥ mɑŋ˥ 一种捕鱼工具

跳网 t‘iɔ˦˧ mɑŋ˥˧ 一种捕鱼工具

绞网 tɕiɔ˧ mɑŋ˨ 一种大型渔网，一般用绞车作为动力

巴网 pa˥ mɑŋ˥ 一种大型渔网，比“绞网”大

丝网 sɿ˥ mɑŋ˥ 一种捕鱼工具

旋网 ɕi˦˩ mɑŋ˥˧ 一种捕鱼工具，用手把渔网撒开来捕鱼

戳网 ts‘uɑʔ˩ mɑŋ˥ 一种捕鱼工具

赶□子 kei˧ tɕ‘ɿ˩ tsə˦ 捕鱼时赶鱼的工具，常与“戳网”配合用

捞兜兜 lɔ˩ ty˥˧ ty˥˧ 用网捕鱼时捞鱼的工具

铁脚 t‘iəʔ˩ tɕiɑʔ˩˥ 安装在网的下沿的铁块，作用是让网沉坠下去

袋头 dɛ˦˩ dei˩˧ 网的最前端部分，鱼游进去后出不来

张袋头 tsɑŋ˥ dɛ˦˩ dei˩˧ 一种捕鱼方式

倒刺 tɔ˦˧ ts‘ɿ˦ 网中防止鱼回游出来的器具

巴围 pa˥ uei˩ 一种捕鱼方式

捉手索 tsuɑʔ˩ ɕy˧ sɑʔ˩ 一种捕鱼方式，多在冬天进行

踏脚鸡 dɑ˦˩ tɕiɑʔ˩ tɕɿ˥ 一种捕鱼方式，多在冬天进行

戳黑叉 ts‘uəʔ˩ xəʔ˩ ts‘a˥ 一种捕鱼方式，在船头用鱼叉无目的地

乱戳

七 房舍

房子 uaŋ˩ tsə˥ ①整座房子 ②单间屋子

一路房子 iə˧˥ lu˩ uaŋ˩ tsə˥ 一栋房子

做（房子）tso˥

动土 dəŋ˥ tsʻɿ˥ 盖房子时挖地基

定磉 diŋ˥ saŋ˧ 确定房子柱下石的位置

选架 ɕi˧ ka˥ 盖房子把柱子、房梁等搭好

枋 faŋ˥ 连接房屋柱子之间的构件

□□子 kuaʔ˧ səʔ˧ tsɿ˧˥ 连接房屋柱子之间的构件

囟子 daŋ˧˥ tsə˥ 柱子之间的内墙

坎墙 kʻei˧ iaŋ˨˩ 房子正面的墙体

花门堂 fa˥ məŋ˨˩ daŋ˧˩ 坎墙大门左右和上方有雕花的建筑构件

伞墙 ɕie˥ iaŋ˨˩ 房子两边的墙

上梁 saŋ˧˥ liaŋ˩ 盖房子安装屋顶最大的一根中梁

安土 ŋei˥ tsʻɿ˥ 新房盖好后举行一种仪式，寓意是使平安吉祥

敬屋 tɕiŋ˧˥ uə˥ 新房盖好后亲戚朋友前来祝贺乔迁之喜

捉漏 tsuaʔ˧ ly˥ 维修房子使不漏雨

阴沟 iŋ˥ kei˥ 上面有石板盖住的排水沟

阳沟 iaŋ˩ kei˥ 上面没有石板盖住的排水沟

明瓦 miŋ˩ ŋa˥ 安装在房顶上的玻璃瓦，采光用

天井 tʻi˥ tɕiŋ˥

草屋 tsʻɔ˧ uə˥ 草房

茅山落 mɔ˩ cɔ˩ ɕia˧ laɁ˧ 泥墙草顶的房子

赤脚瓦屋 tsʻəʔ˧ tɕiaʔ˧˥ ŋa˩ uə˥ 泥墙瓦顶的房子

四面架 sɿ˥ mi˥ ka˥ 一种简陋的房子

五门落地 u˥ məŋ˨˩ la˩ dʐ˩ 有五根柱子的房子

七门落地 tɕʻieʔ˧ məŋ˨˩ la˩ dʐ˩ 有七根柱子的房子

院子 y˧˥ tsə˥

拉院子 la˥ y˧˥ tsə˥ 盖院子

院子墙头 y˧˥ tsə˥ ɕiaŋ˩ dei˨˩ 院墙

照壁 tso˧˥ pieʔ˨˩ 影壁

正房 tsəŋ˧˥ uaŋ˨˩

廊下 laŋ˩ xa˧˥ 厢房

堂前上头 daŋ˩ i˩ zaŋ˧˥ dei˨˩ 厅堂

平房 biŋ˩ faŋ˩ （"房"此处不读零声母）

楼房 ly˩ faŋ˩ （"房"此处不读零声母）

楼上 ly˩ niaŋ˩

楼下头 ly˩ xa˧˥ dei˨˩

门楼 məŋ˩ ly˩
楼梯 ly˩ tʻɿ˧
  扶梯 fu˩ tʻɿ˧
伞尖头 ɕie˧ tɕi˧˩ dei˩ 屋脊
屋檐 uə˧˩ i˧
梁 liaŋ˩
正梁 tsəŋ˧˩ liaŋ˧ 房顶的大梁
椽子 çy˩ tsə˩
柱脚 sɿ˧˩ tɕiaʔ˧˩ 房子的柱子
中柱 tsəŋ˧ ʐɿ˩ 最大的柱子
磉窠 saŋ˧ kʻo˩ 柱下石
礓磋步 tɕiaŋ˩ tsʻa˩ u˧ 台阶儿
天花板 tʻi˧ fa˧ pie˧
大门 do˧˩ məŋ˧˩
  正门 tsəŋ˧˩ məŋ˧˩
  后门 xei˧˩ məŋ˧˩
腰门 ɕi˧ məŋ˧ 边门
户橝 u˧˩ iŋ˩ 门槛
门扇角落 məŋ˩ ɕi˧˩ kuaʔ˧˩ la˧˩ 门后
门栓 məŋ˩ çy˧
撑门杠 tsʻəŋ˩ məŋ˩ kaŋ˧ 大的门栓
锁 so˧
钥匙 ia˧˩ ʐɿ˩
窗公 tsʻuaŋ˩ kəŋ˩
屏风门 biŋ˩ fəŋ˩ məŋ˩ 屏风
花窗 fa˧ tsʻuaŋ˧ 雕花的窗户
门襻 məŋ˩ pʻie˧˩ 大门上的铁环
楼板 ly˩ pie˩
灶下 tsɔ˧˩ xa˧ 厨房
灶 tsɔ˧

缸缸灶 kaŋ˧ kaŋ˧ tsɔ˧ 用一口缸做的灶,可移动
灶门口 tsɔ˧˩ məŋ˧˩ kʻei˧ 灶口
灶心凼 tsɔ˧˩ ɕiŋ˧ daŋ˩ 灶上的佛龛,供奉灶神用的
茅缸 mɔ˩ kaŋ˧ 厕所
屎缸 sɿ˧ kaŋ˧
牛囤 ny˩ dəŋ˧ 牛圈
猪囤 tsʏ˧ dəŋ˧ 猪圈
猪槽 tsʏ˧ zɔ˩ 喂猪食的器具
出猪囤 tsʻuə˧ tsʏ˧ dəŋ˧ 把猪圈里的粪便清理出去
鸡笼 tɕi˧ ləŋ˧
鸡罩子 tɕi˧ tsɔ˧˩ tsə˧
柴草堆 sɛ˩ tsʻɿ˩ tei˧

八 器具 用品

柜 kei˧ 大的装粮食的柜子
马箱柜 ma˩ ɕiaŋ˧ kuei˧ 柜子的一种,一般放在房间里
橱子 sɿ˩ tsə˩
抬箱 dɛ˩ ɕiaŋ˧ 举行婚丧嫁娶用的箱子,一般用"抬箱"表示仪式非常隆重
碗橱 o˧ ʐɿ˩
台子 dɛ˩ tsə˧ 桌子
八仙桌 paʔ˧ ɕi˧ tsuaʔ˧
四仙桌 sɿ˧ ɕi˧˩ tsuaʔ˧ 供四个人坐的桌子
供桌 kəŋ˧˩ tsuaʔ˧˩ 家里祭祀用

的桌子
香几台子 ɕiaŋ˩ tɕi˦ dɛ˩ tsə˧ 放在厅堂最靠里墙的狭长的桌子
抽屉台子 tɕ‘y˧ t‘ɿ˧ dɛ˩ tsə˧ 带抽屉的桌子
抽屉 tɕ‘y˧ t‘ɿ˧
叉椅 ts‘a˧˦ ɿ˦ 躺椅
藤椅 dəŋ˩ ɿ˦
靠背椅子 k‘ɔ˧˦ pei˧ ɿ˦ tsə˧
档 taŋ˧ 椅子掌儿
长板凳 saŋ˩ pie˦ ɡəŋ˧
骨牌凳 kuəʔ˦ bɛ˩ ɡəŋ˧ 一种方形凳子
高板凳 kɔ˧ pie˦ ɡəŋ˧
伢伢凳 ŋa˩ ŋa˩ ɡəŋ˧ 小孩子坐的凳子
独头凳 də˦ dei˩ ɡəŋ˧ 一种小凳子
作凳 tsɑʔ˦ ɡəŋ˧ 木匠工作用的长凳
蒲榔头 u˩ laŋ˩ dei˩ 蒲团
床 suaŋ˩
床铺板 suaŋ˩ p‘u˩ pie˦
铺 p‘u˩ 临时搭的床
开铺 k‘ɛ˧ p‘u˩ 临时搭床
绷子床 pəŋ˩ tsə˧ zuaŋ˩
竹床 tsuəʔ˦ zuaŋ˩
花板床 fa˧ pie˦ zuaŋ˩ 雕花的床
床妆被窝 suaŋ˩ tsuaŋ˩ bɿ˦ o˩˦ 床上用品
□香盒子 tɕiŋ˦ ɕiaŋ˩ xɑ˩ tsə˧ 装女人用的化妆品、胭脂等的盒子
帐子 tsaŋ˦ tsə˧
帐钩 tsaŋ˦ kei˧˦
被单 bɿ˦ tie˧˦ 被子
被筒子 bɿ˦ dəŋ˩ tsə˧ 为睡觉叠成的长筒形的被子
被里夹 bɿ˦ l˩ kaʔ˦ 被里
被窠 bɿ˦ k‘o˩
被单面子 bɿ˦ tie˧˦ mi˧˦ tsə˧ 被面
絮 sɿ˧ 棉被的胎
单被 tie˧ bɿ˦ 床单
草扇 ts‘ɔ˧˦ ɕi˧ 稻草编的，多用作猪圈门帘或不重要的地方的门帘
□草席 ŋa˦ ts‘ɔ˧˦ ɕi˧ 编草席
摇车 iɔ˩ ts‘a˩ 编草绳的工具
簟子 di˦ tsə˧ 竹篾编的席子
芦□ lu˩ fei˧ 芦苇编的席子
枕头 tsəŋ˦ dei˩
枕头套子 tsəŋ˦ dei˩ t‘ɔ˧˦ tsə˧
枕头芯 tsəŋ˦ dei˩ ɕiŋ˧
镜子 tɕiŋ˧˦ tsə˧
衣架子 ɿ˧ ka˧˦ tsə˧
马桶子 ma˧ t‘əŋ˧ tsə˧
子孙桶 tsɿ˧ səŋ˧˦ t‘əŋ˧ 称呼女子出嫁时作为嫁妆的马桶
夜壶 ia˧˦ u˩
火钵 xo˧˦ pɑʔ˦ 烤火的器具
钢火钵 kaŋ˧ xo˧˦ pɑʔ˦ 上了釉的手炉
烫壶 t‘aŋ˧˦ u˩ 盛热水后放在被窝中取暖用的器具，也可用来暖

第四章　高淳（古柏）方言分类词汇表

手
站桶 ɕie˧˩ tˈəŋ˧˩ 供小孩子烤火用的器具，上下两层
坐车 so˧˩ tsˈa˧˩ 供不会行走的婴儿坐的器具
箩窠 lo˩ kˈo˩ 摇篮
热水瓶 niə˧˩ suei˧˩ biŋ˩
风箱 fəŋ˩ ɕiaŋ˩
火叉 xo˩ tsˈa˩ 通炉子的工具
火钳子 xo˩ i˩ tsə˩
灰扒子 fei˩ ba˩ tsə˩ 铲炉灰的工具
柴草 sɛ˩ tsˈɔ˩
稻草 dɔ˧˩ tsˈɔ˩
麦秆 mə˧˩ kei˧˩
锯木屑 tsʮ˩ əm˩ ɕiɁ˩ 锯末
刨花子柴 bɔ˩ faɹ tsə˩ sɛ˩ 刨花
洋煤子 iaŋ˩ mei˩ tsə˩ 火柴
洋煤子壳子 iaŋ˩ mei˩ tsə˩ kˈuaɁ tsə˩ 火柴盒
锅□灰 ko˩ ma˧˩ fei˩ 锅烟子
烟囱 i˩ tsˈəŋ˩
锅子 ko˩ tsə˩
砂锅 sa˩ ko˩
锅堂盖 ko˩ daŋ˩ kɛ˧˩ 锅盖
锅铲子 ko˩ tɕie˧˩ tsə˩
铫子 diɔ˧˩ tsə˩ 烧开水的器具
碗 o˩
海碗 xɛ˧˩ o˩
蓝襻碗 lie˩ pˈie˧˩ o˩ 有蓝色边纹的碗
木碗 mə˧˩ o˧˩ 木头做的碗，多为小孩子用

茶盏 sa˩ tɕie˧˩ 茶杯
茶杯 sa˩ pei˩
碟子 die˧˩ tsə˩
勺子 sa˧˩ tsə˩ 羹匙
筷子 kuɛ˧˩ tsə˩
橱筒罐 sʮ˩ dəŋ˩ ko˧˩ 放筷子的器具
托盘 tˈaɁ˩ bo˩ 木制端菜用的器具
盘子 bo˩ tsə˩ 装菜的器具
盖碗 kɛ˧˩ o˧˩ 喝茶用的器具，有盖不带把儿，下有茶托
酒杯 tɕy˩ pei˩
腌菜坛 i˩ tsˈɛ˧˩ dei˩
酱缸 tɕiaŋ˧˩ kaŋ˧˩ 晒酱用的器具
盐钵头 i˩ paɁ˧˩ dei˩ 装盐的土钵
瓢 biɔ˩ 舀水的器具
笊□ tsɔ˧˩ lu˧˩
淘箕 dɔ˩ tɕi˩ 筲箕
瓶 biŋ˩ 瓶子
瓶盖头 biŋ˩ kɛ˧˩ dei˩ 瓶盖儿
刨子 bɔ˧˩ tsə˩ 礤床
薄刀 ba˧˩ tɔ˩ 菜刀
砧刀板 tsəŋ˩ tɔ˩ pie˩
水桶 suei˩ tˈəŋ˩
饭桶 bie˧˩ tˈəŋ˧˩ 装饭的桶
甑架子 tsəŋ˧˩ ka˧˩ tsə˩ 箅子，蒸食物用
水缸 suei˩ kaŋ˩

猪水缸 tsʅ˧ sueiᴴ˩ kɑŋ˧ 泔水缸
猪水 tsʅ˧ sueiᴴ˩ 泔水
抹布 mɑ˩˧ puᴴ
台抹布 dɛ˩ mɑ˩˧ puᴴ 专门擦桌
　子的抹布
灶抹布 tsɔ˧˩˧ mɑ˩˧ puᴴ 专门擦厨
　房用的抹布
拖把 tʰo˧ pɑ˩˧
推铇 tʰei˧ bɔ˩˧ 铇子，木工工具
大斧 dɛ˩˧ fu˩˧ 斧头
锯 tsʅ˧
凿子 sɑ˩˧ tsəᴴ
尺 tsʰəʔ˩
卷尺 tɕy˩ tsʰəʔ˩
墨斗 mə˩˧ tʰy˩˧
钉头 tiŋ˧ dei˩˧ 钉子
钳子 ɕi˩ tsəᴴ
老虎钳子 lɔ˧ fu˩˧ i˩ tsəᴴ 用来
　起钉子或夹断铁丝用
钉榔头 tiŋ˧ lɑŋ˩˧ dei˩˧ 钉锤
镊子 niə˩˧ tsəᴴ
索 sɑʔ˩ 绳子
担索 tie˩˧ sɑʔ˩˧ 挑担用的绳子
铰链 kɔ˩˧ li˧ 合页
泥刀 n˩ tɔ˧ 瓦刀
泥桶 n˩ tʰəŋ˩˧ 灰兜子
斩子 tɕie˧ tsə 錾子
剃头刀 tʰʅ˧˩˧ dei˩ tɔ˧
推剪 tei˧ tɕi˩˧ 推子
梳子 sʅ˧ tsəᴴ
鐾刀布 bʅ˩˧ tɔ˩˧ puᴴ
剪子 tɕi˧ tsəᴴ

烙铁 lɑ˩˧ tʰiəʔ˩˧
调车 diɔ˩˧ tsʰɑ˧ 纺车
棉花榔头 mi˩ fɑ˧ lɑŋ˧ dei˩˧ 弹
　棉花用的锤子
梭子 so˧ tsə˩ 织布用的
□桶 sei˩˧ tʰəŋ˩˧ 绕线用具，竹
　制空心
□子 tɕʰiŋ˩˧ tsə˩ 竹片削成的织
　渔网的工具
东西 təŋ˧ ɕʅ˧
洗脸水 ɕʅ˧ li˧ sueiᴴ
脸盆 li˩ bəŋ˩˧
脸盆架子 li˩ bəŋ˩˧ kɑ˩˧ tsə˩
澡盆 tsɔ˧ bəŋ˩
香肥皂 ɕiɑŋ˧ bei˩˧ zɔ˩˧
肥皂 bei˩ zɔ˩˧
洗衣粉 ɕʅ˩˧ ʅ˧ fəŋ˧
手巾 ɕy˩˧ tɕiŋ˧ 毛巾
脚盆 tɕiɑʔ˩ bəŋ˩˧
揩脚布 kʰɜ˧ tɕiɑʔ˩˧ puᴴ 擦脚布
汽灯 tɕʰʅ˧ təŋ˩˧
蜡烛 lɑ˩˧ tsuəʔ˩˧
罩子灯 tsɔ˩˧ tsə˩˧ təŋ˩ 有玻璃罩
　的煤油灯
灯芯 təŋ˧ ɕiŋ˧
灯罩子 təŋ˩˧ tsɔ˧ tsə˩
灯盏 təŋ˧ tɕie˧
灯草 təŋ˧ tsʰɔ˩˧
灯油 təŋ˧ y˩˧
灯笼 təŋ˧ ləŋ˩˧
拎包 liŋ˧ pɔ˩ 手提包
皮夹子 bʅ˩ kɑʔ˩˧ tsə˩ 钱包

章 tsɑŋ˥ 图章，私人用的
浆糊 tɕiɑŋ˥˧ u˧˥
顶针子 tiŋ˧˥ tsəŋ˧˥ tsə·˩
针眼 tsəŋ˥ ie˥ 针上引线的孔
针尖 tsəŋ˥ tɕie˥
针脚 tsəŋ˥ tɕiɑʔ˩˧
穿针 tɕʻy˩ tsəŋ˥
锥锥 tsuei˧˥ tsuei˥ 锥子
耳屎扒子 n˥ sʅ˧˥ pa˩ tsə˩
搓板 tsʻo˥ pie˧˥ 洗衣板儿
洗衣裳榔头 ɕʅ˧˥ ʅ˧˥ zɑŋ·˩ lɑŋ˩
　　dei˧˥ 棒槌
鸡毛掸把 tɕʻʅ˧˥ mɔ˧˥ tie˩ pa·˩
扇子 ɕi˧˥ tsə˥
蒲扇 u˩ ɕi˥
毛扇 mɔ˥ ɕi˥ 禽类羽毛做的扇子
拐棍 kuɛ˩ kuəŋ·˩
揩屁股子草纸 kʻɛ˥ pʻʅ˧˥ ku˧˥
　　tsə˩ tsʻ·˥ tsʅ˩ 手纸
喷洒枪 pʻəŋ˥ sa˩ tɕiɑŋ˥ 打野鸭
　　的枪

九　称谓

男人家 nei˧˥ niŋ˩ ka˥ 男人
　　男佬家 nei˩ lɔ˥ ka˥
女佬家 n˥ lɔ˥ ka˥ 已婚女人
　　妈妈家 ma˥ ma˥ ka˥
妈妈娘子 ma˥ ma˥ niɑŋ˩ tsə˩
　　指已婚妇女
伢伢 ŋa˩ ŋa˧˥ 婴儿

小人家 ɕiɔ˧˥ niŋ˩ ka·˩ 小孩儿
伢□ ŋa˩ nie˧˥ 男孩儿
妹头 mei˧˥ dei˧˥ 女孩儿
老头子 lɔ˥ dei˧˥ tsə˥
老妈妈 lɔ˥ ma˥ ma˥ 老太婆
小伙子 ɕiɔ˧˥ xo˧˥ tsə·˩
城来人 səŋ˩ lʅ˩ niŋ˧˥ 城里人
乡下佬（带贬义）ɕiɑŋ˥ xa˧˥ lɔ˥
乡下人 ɕiɑŋ˥ xa˧˥ niŋ˧˥
自家人 sʅ˧˥ ka·˩ niŋ˧˥ 同宗同姓
　　的
外头人 uɛ˧˥ dei˩ niŋ˧˥ 外地人
当方人 tɑŋ˧˥ fɑŋ˧˥ niŋ˧˥ 本地
　　人
外国人 uɛ˧˥ kuɔʔ˥ niŋ˧˥
外人（不是自己人）uɛ˧˥ niŋ˧˥
客人 kʻə˥ niŋ˧˥
同年子 dəŋ˩ ni˩ tsə˥ 同庚
结同年 tɕiɑʔ˥ dəŋ˩ ni˧˥ 两人因
　　为同岁结成类似亲戚的关系
拜把兄弟 pɛ˥ pa˩ ɕyŋ˧˥ dʅ˩
拜把姊妹 pɛ˥ pa˩ tsʅ˩ mei˥
内家 nei˧˥ tɕia˥ 内行
外行 uɛ˧˥ xɑŋ˧˥
寡鸟汉 kua˩ tiɔ˩ xei˥ 单身汉
老姑娘 lɔ˥ ku˩ niɑŋ˥
养媳妇 iɑŋ˧˥ ɕiɔʔ˥ u˩ 童养媳
寡妇 kua˩ u·˩
婊子 piɔ˩ tsə·˩
相好子 ɕiɑŋ˥ xɔ˥ tsə·˩ 姘头
私伢□ sʅ˥ ŋa˩ nie˧˥ 私生子
吃牢饭子 tɕʻiɑʔ˥ lɔ˩ bie˩ tsə˥

囚犯

暴发户 bɔ˧˩ fa˧˩ u˧˩

小气鬼 ɕiɔ˥ tɕʻɿ˧˩ kuei˥ 吝啬鬼

眼药罐 ie˩ ia˧˩ ko˥

抬头望 dɛ˩ dei˩ maŋ˧ 比喻只看上面不看下面的人

娇惯子 tɕiɔ˥ tɕye˧˩ tsɿ˩ 被娇惯的孩子

败家子 bɛ˧˩ ka˧˩ tsɿ˩

搞化子 kɔ˩ fa˧˩ tsə˧ 乞丐

讨饭子 tʻɔ˩ bie˧˩ tsə˧

死板公 sɿ˩ pie˩ kəŋ˥ 死心眼儿的人

脓包 nəŋ˩ pɔ˥

孬种 nɔ˥ tsəŋ˩

骗子 pʻi˧˩ tsə˧

拐子 kuɛ˩ tsə˩˨

流氓 ny˩ maŋ˧ （此处"流"声母不读l）

拐人子 kuɛ˩ niŋ˩ tsə˧ 专门拐带小孩子的人

土匪 tsʻɿ˩ fei˩

强盗 ɕiaŋ˩ dɔ˧˩

叉鸡佬 tsʻa˩ tɕʻɿ˥ lɔ˩ 偷鸡的人

卖狗皮膏药子 mɛ˧ kei˩ bɿ˩ kɔ˩ ia˧˩ tsə˧ 跑江湖的

贼 sə˧

扒手 ba˧˩ ɕy˥

做生活 tso˧˩ sei˩ ua˧˩ 做事，工作

碎米茶饭 sei˧˩ n˩ za˩ bie˧ 比喻不会使人富裕，也不至于挨饿，能长久维持生活的工作

长工 saŋ˩ kəŋ˥

作田子 tsaʔ˩ di˩ tsə˩ 农民

做生意子 tso˧˩ səŋ˥ ɿ˩ tsə˩

老板 lɔ˩ pie˩

老板娘 lɔ˩ pie˩ niaŋ˩

东家 təŋ˥ ka˩

伙□ xo˧ tɕʻi˧˩ 伙计

徒弟 tsɿ˩ dʐ˧˩

学徒 fa˧ tsɿ˩ 动宾结构

贩子鬼 ɕye˧˩ tsə˧ kuei˧˩

先生 ɕi˥ sei˩ 指教书先生

先生妈妈 ɕi˥ sei˩ ma˥ ma˩ 教书先生之妻

学生 fa˧˩ sei˧˩

学朋友 ɕya˧˩ bəŋ˩ y˥ 同学

朋友 bəŋ˩ y˩

朋友伙□ bəŋ˩ y˩ xo˧ lo˩ 朋友之间

兵（相对百姓而言）piŋ˥

郎中 laŋ˩ tsəŋ˥ 旧时指中医

开车子子 kʻɿ˩ tsʻa˩ tsə˩˨ tsə˩ 司机

手艺人 ɕy˧ ɿ˧˩ niŋ˩

木匠 mə˧˩ ziaŋ˧

木作生活 mə˧˩ tsaʔ˩ sei˩ ua˧˩ 木工活

泥水匠 n˩ suei˩ iaŋ˧˩

铜匠 dəŋ˩ iaŋ˧˩

铁匠 tʻiəʔ˩ iaŋ˧˩

补锅子子 pu˩ ko˩ tsə˩ tsə˩ 补锅的

第四章 高淳（古柏）方言分类词汇表

焊洋铁粪箕子 xei˧ iɑŋ˩ tʰiɔʔ˩ fəŋ˩ tɕy˧ tsə˧ 焊洋铁的，本地的畚箕也有洋铁皮做的

裁缝 sɛ˩ ɡəŋ˧

剃头匠 tʰɿʔ˧ dei˩ iɑŋ˧

杀猪匠 saʔ˧ tsʅ˩ iɑŋ˧

挑脚子 tʰiɔ˧ tɕiaʔ˧ tsə˧ 挑夫

船老大 ɕy˩ lɔ˩ dɤ˩ 艄公

搭伙子人 taʔ˧ xo˩ tsə˧ niŋ˧ 伙计（合作的人）

烧菜子 sɔ˩ tsʻɛ˧ tsə˧ 厨师

衬橱 tsʻəŋ˧ zy˩ 厨师的副手

养猪子 iɑŋ˩ tsʅ˩ tsə˧ 以养猪为业的人

牵斗猪子 tɕʻi˩ tʻy˧ tsʅ˩ tsə˧ 以养种猪为业的人

消猪匠 ɕiɔ˩ tsʅ˩ iɑŋ˧ 以阉割猪为职业的人

□□头 lɛ˧ sɛ˧ dei˩ 有络腮胡子的人

小厮丫头 ɕiɔ˩ sʅ˧ ŋɑ˩ dei˧ 总称仆人和丫鬟

衬生妈妈 tsʻəŋ˩ sei˩ mɑ˧ mɑ˧ 接生婆

庚申娘娘 kei˩ sei˩ niɑŋ˩ niɑŋ˧ 妈祖，当地奉为"生育神"，庚申年出生，故名

花老太 fɑ˩ lɔ˩ tʻɛ˩ 负责天花的神

和尚 xo˩ zɑŋ˧

尼姑 ȵ˩ ku˩

道士 dɔ˧ zʅ˧

倒包 tɔ˧ pɔ˩ 草包，比喻没有真才实学、说话行动莽撞粗鲁的人

奢包 sa˩ pɔ˩ 形容玩派头、摆阔气的人

孱□子 səŋ˩ dɑŋ˧ tsʅ˧ 比喻软弱、不成器的人（"□子"指孵不出鸡、鸭的蛋）

眼药罐 ie˩ iɑ˧ ko˩ 比喻小气的人

活宝 ua˧ pɔ˧ 现世宝，形容总是给人丢脸、出丑的人

倒刺虾笼 tɔ˧ tsʻʅ˧ xɑ˩ ləŋ˩ 比喻只为自己捞好处，不肯牺牲个人利益的人

钉钢刺 tiŋ˩ kɑŋ˩ tsʻʅ˧ 形容喜欢滋事不能沾惹的人

野菱刺 iɑ˧ liŋ˧ tsʻʅ˧

木头菩萨 mə˧ dei˧ u˧ sa˩ 形容呆板的人

提线人人 dʅ˩ ɕi˧ niŋ˩ niŋ˧ 木偶，比喻呆板的人

丧门星 sɑŋ˩ məŋ˧ ɕiŋ˩ 比喻极易破坏东西的人

菜坏 tsʻɛ˧ pʻei˧ 笨蛋

老菜 lɔ˩ tsʻɛ˧

热骨痨 nia˧ kuaʔ˧ lɔ˩

皮条头 bʅ˩ diɔ˧ dei˩ 形容调皮的人

大头票 da˧ dei˩ pʻiɔ˧ 形容奢华的人

梃尸棍 tʻiŋ˩ sʅ˧ kuəŋ˧ 梃猪用的铁棍。猪宰杀后在后腿上划开

一条口子，把铁棍沿着腿皮往里捅，然后向口子里吹气使绷紧，便于刮毛去垢。后来多用来形容直挺挺的样子，多用来骂人

老虎婆 lɔ˧ fu˦ bo˩ 形容性格暴戾的女人

凶□佬 ɕyŋ˦ pˈiəʔ˥ lɔ˩ 指十分小气的人

烂溏鸡屎 lie˦ daŋ˩ tɕʂ˦ sʅ˧ 比喻无用而又坏事的人

木骨死尸 mə˦ kuəʔ˥ sʅ˧ sʅ˦ 形容十分愚笨的人

妈妈腔 ma˦ ma˩ tɕiaŋ˩ 娘娘腔

花头老子 fa˦ dei˩ lɔ˧ tsə˩ 指非常挑剔、不容易伺候的人

屁精扒手贼 pˈi˧ tɕiŋ˦ baˈ ɕy˦ ez˦ 指品行很坏的人

花仙疯 fa˦ ɕi˩ fəŋ˩ 指性变态的男子

骚疯发 sɔ˧ fəŋ˩ faʔ˥ 指淫荡的女子

壮驼死尸 tsuaŋ˦ do˩ sʅ˧ sʅ˦ 贬称极度肥胖的人

哈言海 xa˦ i˩ ɛx˦ 指说话喜欢夸大的人

横闷 o˧ məŋ˦ 指蛮不讲理的人

□□ fei˦ tɕia˩ 指好动的人

缠死佬 ɕi˦ sʅ˧ lɔ˩ 指喜欢跟人纠缠的人

□□□ mia˦ daŋ˩ daŋ˩ 指爱哭的小孩

气数 tɕˈi˧ sʅ˧ 指做事没有廉耻的人

□杀鬼 tsˈei˦ saʔ˥ kuei˦ 突然摔死的人

淹杀鬼 ie˦ saʔ˥ kuei˦ 淹死鬼

拗屌鬼 ŋɔ˦ tio˧ kuei˦ 指脾气倔强的人

冷杀鬼 nəŋ˦ saʔ˥ kuei˦ 形容怕冷的人

麻油鬼 ma˩ y˧ kuei˦ 形容喜欢讨好奉承的人

卵脬鬼 lei˦ pˈɔ˧ kuei˦ 形容善于拍马迎逢的人

眼屎鬼 ie˦ sʅ˧ kuei3˦ 指经常吃亏上当的人

吓杀鬼 xəʔ˥ saʔ˥ kuei˦ 指胆小的人

痨病鬼 lɔ˧ biŋ˦ kuei˦ 指经常患病或长期患病的人

促掐鬼 tsˈəʔ˥ kˈaʔ˥ kuei˦ 形容经常捉弄别人使人上当的人

牛屄鬼 ny˩ pʅ˩ kuei˦ 指喜欢吹牛的人

鬼胎 kuei˦ tˈɛ˦ 指做事不合常理的人

嚎啕鬼 xɔ˧ dɔ˧ kuei˦ 指经常通过哭闹或耍脾气满足自己愿望的人，多指小孩儿

隐壁鬼 iŋ˦ piəʔ˥ kuei˦ 指躲躲闪闪、不大大方方的人

活鬼 ua˦ kuei˦ 指有小聪明的人

诈死鬼 tsa˦ sʅ˧ kuei˦ 指通过吵

闹方式要求得到好处的人

□里鬼 tɕyaㄐㄧ lʅㄋ kueiㄣ 指别人稍微触犯就喋喋不休的人

旱魃佬 xeiㄦ baㄌ loㄌ 形容十分口渴的人（旱魃：旱神）

招摇 tsɔㄋ ioㄌ 指专门纠集惹是生非的人进家门的人

饿杀鬼 oㄋ saʔㄦ kueiㄣ 指十分饥饿的人

讨债鬼 tʻɔㄦ tsɛㄦ kueiㄣ 惹人讨厌的人

十　亲属

长辈 tsaŋㄣ peiㄦ

曾公 tsəŋㄋ kəŋㄋ 曾祖父，背称

公公 kəŋㄋ kəŋㄋ 曾祖父，面称

曾婆 tsəŋㄋ boㄦ 曾祖母，背称

婆婆 boㄌ boㄦ 曾祖母，面称

爷爷 iaㄌ iaㄋ 祖父

妈妈 maㄋ maㄋ 祖母

家公 kaㄋ kəŋㄋ 外祖父

家婆 kaㄋ oㄦ 外祖母

老子 lɔㄌ tsəㄋ 父亲，背称

爹爹 tiaㄋ tiaㄋ 父亲，面称

母□ m̩ㄌ mɛㄦ 母亲，面、背称

丈人 saŋㄦ ȵiuㄦ

丈母 saŋㄦ m̩ㄦ

老丈人 lɔㄌ zaŋㄦ ȵiuㄦ 岳父之父

老丈母 lɔㄌ zaŋㄦ m̩ㄦ 岳父之母

公公 kəŋㄋ kəŋㄋ 夫之父

婆婆 boㄌ boㄦ 夫之母

继老子 tɕiㄦ lɔㄦ tsəㄋ 继父

继爷 tɕiㄦ iaㄦ

继娘 tɕiㄦ niaŋㄦ

爷爷 iaㄌ iaㄌ 伯父

娘娘 niaŋㄌ niaŋㄌ 伯母

伯伯 pəʔㄦ pəʔㄦ 叔父

□□ mɜㄋ mɜㄋ 婶婶

老伯伯 lɔㄌ pəʔㄦ pəʔㄦ 排行最小的叔叔

娘舅 niaŋㄌ yㄦ 舅父

舅母 ɕyㄦ m̩ㄦ

姑□ kuㄋ uɛㄋ 父亲之姐妹

姑夫 kuㄋ fuㄋ

姨娘 ʅㄋ niaŋㄦ 母亲之姐妹

姨爹 ʅㄌ tiaㄋ

姑妈妈 kuㄋ maㄋ maㄋ 父亲之姑母

姨妈妈 ʅㄌ maㄋ maㄋ 父亲之姨母

舅爷爷 ɕyㄦ iaㄌ iaㄦ 父亲之舅舅

舅妈妈 ɕyㄦ maㄋ maㄦ 父亲之舅母

并辈 biŋㄦ peiㄋ 平辈

老公老婆 lɔㄌ kəŋㄋ lɔㄌ oㄦ 夫妻

老公 lɔㄌ kəŋㄋ

老婆 lɔㄌ oㄦ

小老婆 ɕiɔㄣ lɔㄌ oㄦ

叔叔 suʔㄦ suʔㄦ 夫之弟

姑□ kuㄋ 3uㄋ 夫之姐妹

舅子 ɕyˤʅ tsə˨ 妻之兄弟
姨姐姐 ɿ˩ ˩ tɕia˦ tɕia˦ʅ 妻之姐
姨妹子 ɿ˩ ˩ mei˨ tsə˨ 妻之妹
兄弟 ɕyŋ˩ dʅ˦ʅ
　弟兄 dʅˤʅ ɕyŋ˦ʅ
姊妹 tsʅ˧ mei˨
哥哥 ko˧ ko˧
嫂嫂 ˩sɔ˦ sɔ˦
弟子 dʅˤʅ tsə˨ 弟弟
弟娘子 dʅˤʅ niɑŋ˩ tsə˨ 弟媳妇
姐姐 tɕia˦ tɕia.ʅ
姐夫 tɕia˦ fu.ʅ
妹子 mei˨ tsə˨
妹夫 mei˨ fuˤʅ
堂兄弟 dɑŋ˩ ɕyŋ˩ dʅ˦ʅ 同祖父、
　曾祖父、高祖父的兄弟之间的总
　称
亲堂兄弟 tɕʰiŋ˩ dɑŋ˩ ɕyŋ˩ dʅ˦ʅ
　同一个祖父的兄弟之间的称呼
堂朋兄弟 dɑŋ˩ bəŋ˩ʅ ɕyŋ˩ dʅ˦ʅ
堂朋姊妹 dɑŋ˩ bəŋ˩ʅ tsʅ˦ mei˨
　堂姊妹
堂朋哥哥 dɑŋ˩ bəŋ˩ʅ ko˧ ko˧
　堂兄
堂朋弟子 dɑŋ˩ bəŋ˩ʅ dʅˤʅ tsəˤʅ
　堂弟
堂朋姐姐 dɑŋ˩ bəŋ˩ʅ tɕia˦ tɕia.ʅ
　堂姐
堂朋妹子 dɑŋ˩ bəŋ˩ʅ mei˨ tsə.ʅ
　堂妹
堂佬 dɑŋ˩ lɔ˧ 堂兄弟姐妹的总称
　堂朋佬 dɑŋ˩ bəŋ˩ʅ lɔ˧

表兄弟 piɔ˦ ɕyŋ˩ dʅ˦ʅ
表哥 piɔ˦ ko˧
表嫂 piɔ˦ sɔ˦ ①表哥之妻 ②向
　陌生成年女子询问时的称呼
表姐 piɔ˦ tɕia˦
表弟 piɔ˦ dʅ˦ʅ
表妹 piɔ˦ mei˨
表姊妹 piɔ˦ tsʅ˦ mei˨
晚辈 mie˨ peiˤʅ
子女 tsʅ˦ n̩˩
大儿子 do˨ n̩˩ tsə˨
小儿子 ɕiɔ˦ n̩˩ tsə.ʅ
老儿子 lɔ˧ n̩˩ tsə˨ 最小的儿子
带子 tɛˤʅ tsʅˤʅ 养子
媳妇 ɕiəʔ˧ uˤʅ 儿之妻
女儿 n̩˩ n̩˩
女婿 n̩˩ ɕʅˤʅ
子孙 tsʅ˦ suəŋ.ʅ 孙子
子孙媳妇 tsʅ˦ suəŋ.ʅ ɕiəʔ˧ uˤʅ
　孙媳妇
子孙女儿 tsʅ˦ suəŋ.ʅ n̩˩ n̩˩ 孙
　女
子孙女婿 tsʅ˦ suəŋ.ʅ n̩˩ ɕʅˤʅ 孙
　女婿
重孙 səŋ˨ səŋ˩
重孙女儿 səŋ˨ səŋ˩ n̩˩ n̩˩
外甥 uɛˤʅ seiˤʅ 女之子，姐妹之
　子
外甥女儿 uɛˤʅ sei.ʅ n̩˩ n̩˩
侄子 səˤʅ tsəˤʅ
侄女儿 səˤʅ n̩˩ n̩˩
连襟 li˩ tɕiŋ˩

亲家 tɕ·iŋ˦ ka˥

亲家母 tɕ·iŋ˦ ka˥ m˩

亲家公 tɕ·iŋ˦ ka˥ kəŋ˥

亲眷 tɕ·iŋ˩ tɕy˥ ①亲戚 ②向陌生人询问时的称呼语

越亲眷 diɔ˩ tɕ·iŋ˩ tɕy˥ 走亲戚

带子儿子 tɛ˦ tsʅ·˩ n̩˩ tsə˩ 妇女改嫁时已经怀孕，生下的儿子

娘家 niaŋ˩ ka˩

婆家 bo˩ ka˩

家婆家 ka˩ o˩ ka˩ 外婆家

丈人家 saŋ˦ niŋ˩ ka˥

十一　身体

身板 səŋ˩ pie˦ 身体

块头 k·uɛ˦ dei˥ 身材

脑壳子 nɔ˩ k·uaʔ˩ tsə˩ 头 dei˩

□额头 təʔ·ŋə˦ dei˩ 奔儿头（前额突出）

光头 kuɑŋ˩ dei˩ 秃头

头底心 dei˩ tʅ˦ ɕiŋ˩ 头顶

□脑 təʔ·nɔ˩ 后脑

颈箍 tɕiŋ˦ ku˦ 颈

颈箍囟 tɕiŋ˦ ku˩ daŋ˩ 后脑窝子

颈□骨 tɕiŋ˦ saŋ˦ kuəʔ˩ 脖子后面有点突出的骨头

头发 dei˩ faʔ˦

少白头 sɔ˦ bə˩ dei˩

脱头发 t·əʔ·dei˩ faʔ˦ 掉头发

头皮 dei˩ bʅ˩ 头屑

额头 ŋə˦ dei˩

囟门囟 ɕiŋ˦ məŋ˩ daŋ˩ 囟门

顶搭 tiŋ˦ taʔ·˩ 辫子

脸 li˩

面□子 mi˦ ma˥ tsʅ·˩ 脸蛋儿

脸□子 li˩ ma˩ tsə·˩

颧骨 ɕy˩ kuəʔ˦

酒凹囟 tɕy˦ ua˦ daŋ˩ 酒窝

人中 səŋ˩ tsəŋ˩

腮帮子 sɛ˩ pɑŋ˩ tsə˩

□腮 xɛ˩ sɛ˩ 腮帮子

眼睛 ie˩ tɕiŋ˩

眼眶子 ie˩ k·uɑŋ˩ tsə˩

眼睛珠子 ie˩ tɕiŋ˩ tsʅ˩ tsə˩

仙人瞳 ɕi˩ niŋ˩ dəŋ˥ 瞳仁儿

眼泪 ie˩ l˦

眼屎 ie˩ sʅ˩

吃眼屎 tɕ·iəʔ·ie˩ sʅ˦ 比喻买东西买贵了

眼前皮 ie˩ i˩ bʅ˩ 眼皮儿

单眼皮 tie˩ ie˩ bʅ˩

双眼皮 suaŋ˩ ie˩ bʅ˩

眼脚毛 ie˩ tɕiaʔ˦ mɔ˩ 眼睫毛

眉毛 n̩˦ mɔ˩

皱眉头 tɕy˦ n̩˩ dei˩

鼻子 biə˦ tsə˥

鼻涕 biə˦ dei˥

鼻屎 biə˦ sʅ˦

清鼻涕 tɕ·iŋ˩ biə˩ dei˩

黄脓鼻涕 uɑŋ˩ nəŋ˩ biə˦ dei˥

鼻子孔 biə˦ tsə˩ k·əŋ˦

鼻毛 biəᴀㄷ mɔ˥
鼻子尖 biəᴀㄷ tsɿ˩ tɕi˥ ①鼻子顶端 ②嗅觉灵敏
鼻梁 biəᴀㄷ liaŋᴀㄷ
嘴 tsei˥
嘴唇 tsei˥ zəŋ˩
涎□ ɕie˩ ma˥ 唾沫
嘴水 tsei˥ suei˥ 涎水
舌条 sɔᴀㄷ diɔᴀㄷ 舌头
牙齿 ŋa˩ tsɿ˥
门牙 məŋ˩ ŋaᴀㄷ
槽牙 sɔ˩ ŋaᴀㄷ
牙齿凼钵 ŋa˩ tsɿ˥ daŋᴀㄷ paʔᴀㄷ 牙床
耳刀 n̩˥ tɔ˥ 耳朵
耳刀装软 n̩˥ tɔ˥ tsuaŋ˥ ny˥ 耳朵软，容易听信别人的话
耳屎 n̩˥ sɿ˥
下壳子 xaᴀㄷ k'uaʔᴀ tsə˩ 下巴
喉咙 ɕy˥ ləŋ˩
咽咽子 iᴀㄷ iᴀㄷ tsə˩
胡子 u˩ tsə˥
□□胡子 lɛ˥ sɜ˥ u˩ tsə˥ 络腮胡子
肩膀头 tɕi˥ paŋ˥ dei˩ 肩膀
□壳 xɜ˥ k'ɑu˥ 肩胛骨
塌肩膀 t'aʔ˥ tɕi˥ paŋ˥ 溜肩膀
胳□ kaʔ˥ pɔ˥ 胳膊
胳□拐子 kaʔ˥ pɔ˥ kuaɜ˥ tsɿ˥ 胳膊肘
□□□ laᴀㄷ tɕiaᴀㄷ xɜᴀㄷ 胳肢窝
脉息 məᴀㄷ ɕiaʔᴀㄷ 手腕

左手 tsɔ˥ ɕy˥
顺手 suəŋᴀㄷ ɕy˩ 右手
指头骨 tsɿ˥ dei˩ kuəʔ˥ 手指
关节 tɕye˥ tɕiəʔᴀㄷ
指头缝 tsɿ˥ dei˩ bəŋᴀ
跰 tɕi˥
大□指头骨 doᴀㄷ mi˥ tsɿ˥ dei˩ kuəʔ˥ 大拇指
食指 sɔᴀㄷ tsɿ˥
中指 tsəŋ˥ tsɿ˥
小□指头骨 ɕiɔ˥ mi˥ tsɿ˥ dei˩ kuəʔ˥ 小拇指
指掐 tsɿ˥ k'aʔ˥ 指甲
指掐眼 tsɿ˥ k'aʔ˥ ie˥ 指甲盖和指尖肌肉连接处
锤头 suei˩ dei˩ 拳头
巴掌 pa˥ tsaŋ˥
虎口 fu˥ k'ei˥
手背 ɕy˥ pei˩
手底心 ɕy˥ tɿ˥ ɕiŋ˥ 手心
腿 t'ei˥ 指整条腿
大腿 doᴀㄷ t'ei˥
大腿根 doᴀㄷ t'ei˥ kəŋ˩
小腿 ɕiɔ˥ t'ei˥
踢肚 tiəʔ˥ du˥
膝头□□ ɕieʔ˥ dei˩ pɔ˥ lɔ˥ 膝盖
腿心弯 t'ei˥ ɕiŋᴀ ye˩ 膝盖里侧凹进去的部分
胯骨 k'ua˩ kuəʔᴀㄷ
腿□档 t'ei˥ xɜ˥ taŋ˩ 两腿中间
屁股 p'ɿ˥ ku˥

尾巴桩 n˧ pa˧ tsuaŋ˩ 尾骨
洞孔头子 dəŋ˦˩ kʻəŋ˩ dei˩ tsɿ˩ 肛门
　　屎眼 sɿ˧ ie˩.
鸟 tiɔ˧ 男阴
卵脬 lei˩ pʻɔ˩ 阴囊
胚 pʻiəʔ˩ 女阴
插胚 tsʻaʔ˥ pʻiəʔ˩ 交合
　　同房 dəŋ˩ faŋ˩ 避讳的说法
鸟浆 tiɔ˦ tɕiaŋ˩. 精液
脚孤拐 tɕiaʔ˥ ku˩ kuɛ˦ 踝子骨
脚 tɕiaʔ˥
脱脚 tʻə˩ tɕiaʔ˥ 赤脚
脚心凼 tɕiaʔ˥ ɕiŋ˩ daŋ˦ 脚心
脚尖尖子 tɕiaʔ˥ tɕi˩ tɕi˩ tsɿ˩
　　脚尖
脚趾头 tɕiaʔ˥ tsɿ˩ dei˩
脚趾掐脚趾甲 tɕiaʔ˥ tsɿ˩ kʻaʔ˥
脚趾丫凹 tɕiaʔ˥ tsɿ˩ ŋa˩ ua˩ 脚趾缝
脚跟 tɕiaʔ˥ kəŋ˩
脚板底 tɕiaʔ˥ pie˩ tɿ˦ 脚底
脚印迹迹 tɕiaʔ˥ iŋ˩. tɕiəʔ˥ tɕiəʔ˦ 脚印
鸡眼 tɕɿ˦ ie˩ 一种脚病
胸门口 ɕyŋ˩ məŋ˦ kʻei˦ 心口儿
胸 ɕyŋ˩
肋扇骨 lə˦ ɕi˦ kuəʔ˥ 肋骨
奶 nɛ˦ 乳汁，乳房
奶□头 nɛ˦ baŋ˦ dei˩ 乳房周围
奶头子 nɛ˦ dei˩ tsɿ˩
瘪奶奶 piəʔ˥ nɛ˦ nɛ˦ 奶头凹陷

进去的乳房
肚子 tsɿ˦ tsə˩.
小肚子 ɕiɔ˦ tsɿ˦ tsə˩.
肚脐孔 tsɿ˦ i˦ kʻəŋ˦ 肚脐眼
腰 iɔ˩
背 pei˦ 脊背
背□梁 pei˦ tɕiŋ˦ liaŋ˩ 脊梁
旋 ɕi˦ 头发旋儿
胭 lo˩ 圆形指纹
粪箕 fəŋ˦ tɕɿ˦ 簸箕形指纹
寒毛 xei˩ mɔ˩
寒毛眼 xei˩ mɔ˩ ie˩
痣 tsɿ˦
骨头 kuəʔ˥ dei˩
筋 tɕiŋ˩ 指血管
血 ɕyəʔ˥
脉 mə˦
心 ɕiŋ˩
肝 kei˦
肺 fei˦
胆 tie˦
脾 bɿ˩
胃 uei˦
腰子 iɔ˩ tsɿ˩ 肾
肠子 saŋ˩ tsə˩
大肠 da˦ zaŋ˦
小肠 ɕiɔ˦ zaŋ˩

十二　疾病　医疗

害病 xɜ˦ biŋ˦ 指得了比较严重

的病
不好过得 pəˀ˩ xo˦ ko˧ təʔ˨ 身体不舒服
好□了 xɔ˦ ɿ˩ ləʔ˨ 好些了
医病 ŋ˩ biŋ˨ 看病
捉脉 tsuaʔ˨ mə˨ 号脉
开方子 kˑɛ˥ faŋ˥ tsʅ˨
偏方 pʻi˥ faŋ˥
草头方 tsʻɔ˦ dei˨ faŋ˥ 一般人都知道的中医治疗的方法
抓药 tsua˥ iɑ˨ 买中药
药店 iɑ˧ tiˑ˥ 指中药店
香茶铫子 ɕiaŋ˥ zaˑ˨ diɔ˧ tsʅ˨ 熬中药的药罐子
煎药 tɕi˥ ia˨
膏药 kɔ˥ ia˨
□药膏 tˑaʔ˨ ia˧ kɔ˥ 搽药膏
上药 saŋ˧ ia˨ 动宾结构
发汗 faʔ˨ xei˨
泻火 ɕia˨ xo˦ 去火
败火 bɛ˨ xo˦
打湿气 ta˦ səʔ˨ tɕˑʅ˨ 去湿
针灸 tsəŋ˥ tɕy˨ 动词
拔火罐 ba˧ xo˦ ko˨
泻肚 ɕia˨ du˨
　　撒涝稀屎 saʔ˨ lɔ˧ sʅ˦
发热 faʔ˨ niəʔ˨ 发烧
作冷 tsaʔ˨ nəŋ˨ 发冷
伤风 saŋ˥ fəŋ˥
呛咳嗽 tɕˑiaŋ˨ kˑəʔ˨ ɕy˨ 咳嗽
拉齁 laʔ˨ xei˨ 气喘
气管炎 tɕˑʅ˨ koˑ˧ i˨

上火 saŋ˨ xo˨
囤肚 dəŋ˧ du˨ 积食
肚子痛 tsʅ˨ ˑtsʅ˨ tˑəʔ˨
胸门痛 ɕyŋ˥ məŋ˧ tˑəʔ˨ 胸口痛
发晕 faʔ˨ yŋ˨ 头晕
晕车 yŋ˧ tsˑaˑ˥
晕船 yŋ˧ ɕy˨
头痛 dei˨ tˑəŋ˨
呕 y˨ 吐
吊□ tio˨ yaˑ˨ 干哕，要吐又吐不出来
小肠气 ɕiɔ˦ zaŋ˨ tɕˑʅ˥ ①疝气 ②比喻两人之间有点不可言说的矛盾
发寒酸 faʔ˨ xei˨ sei˥ 发疟疾
□□痧 piəʔ˨ lo˥ sa˥ 霍乱
出痧痧 tsˑuəʔ˨ sa˥ sa˥ 出麻疹
出水花花 tsˑuəʔ˨ suei˨ fa˥ fa˥ 出水痘
出花 tsˑuəʔ˨ fa˥ 出天花
种花 tsəŋ˧ fa˥ 种牛痘
伤寒 saŋ˥ xei˨
黄疸 uaŋ˨ tei˨
黄胖 uaŋ˨ pˑaŋ˨ 肝炎
虚病 sʅ˥ biŋ˧ 肺炎
掼伤 tɕye˧ saŋ˥ 跌伤
碰□了 pˑəʔ˨ sei˧ laˑ˨ 碰伤了
刮□了皮 kuaʔ˨ sei˨ la˥ bʅ˨ 蹭破了皮
跌跤子 tiəʔ˨ kɔ˧ tsa˥ 跌跤
出血 tsˑuəʔ˨ ɕyəʔ˨

淌血 tʻɑŋ˦ ɕyeʔ˩ 流血
淤血 ʯ˩ ɕyeʔ˩
肿 tsəŋ˦
化脓 fa˦ nəŋ˩
结□ tɕieʔ˩ i˩ 结痂
疤 pa˦
□嘴风 tsaʔ˩ tsei˦ fəŋ˦ 腮腺炎
生疮 sei˦ tsʻuɑŋ˦
生疔疮 sei˦ tiŋ˦ tsʻuɑŋ˦
搭背 tɑʔ˩ pei˦ 痈，多生于背部，反手一摸能够到的地方
□ kʻuei˦ 肿瘤
痔疮 sʯ˦ tsʻuɑŋ˦
疥疮 kɛ˦ tsʻuɑŋ˦
癣 ɕi˦
痱子 fei˦ tsə˩
汗迹搭 xei˦ tɕiə˩ tɑʔ˦ 汗渍
老鼠奶奶 lɔ˩ tsʻʯ˦ nɛ˩ 瘊子
虼蚤屎 kəʔ˩ tsɔ˦ sʯ˩ 雀斑
嗅子臭 ɕyŋ˦ tsə˩ tɕʻy˦ 狐臭
气□ tɕʻɿ˦ kʻuei˦ 甲状腺肿大
齉鼻子 nɑŋ˦ biəʔ˦ tsə˩
□鸭佬 ɕyŋ˦ ŋɑ˩ ˦ 公鸭嗓的人
鸡瞎眼 tɕɿ˦ xɑʔ˩ ie˦ 近视眼
老花眼 lɔ˩ fa˦ ie˦
肿眼泡 tsəŋ˦ ie˦ pʻɔ˦ 鼓眼泡
斗眼 tei˦ ie˦ 斗鸡眼儿
洋白头 iɑŋ˩ ba˩ dei˩ 羞明
羊角风 iɑŋ˩ kuaʔ˩ fəŋ˦ 癫痫
羊癫疯 iɑŋ˩ ti˩ fəŋ˦

猪婆疯 tsʯ˦ o˩ fəŋ˦ 女的癫痫
发猪痧 faʔ˩ tsʯ˦ sa˦ 男的癫痫
起筋 tɕʻi˦ tɕiŋ˦ 抽风
中风 tsəŋ˦ fəŋ˦
瘫了 tʻie˦ lə˩
脚子 tɕiɑʔ˩ tsə˩ 瘸子
驼子 do˩ tsə˩
聋子 ləŋ˩ tsə˩
铁聋子 tʻieʔ˩ ləŋ˩ tsə˩ 一点都听不到的人
哑巴子 ŋa˦ pa˦ tsʯ˩
结巴子 tɕieʔ˩ pa˩ tsə˩
瞎子 xaʔ˩ tsə˩ 男瞎子
瞎婆子 xaʔ˩ o˩ tsə˩ 女瞎子
呆子 tɛ˩ tsə˩ 傻子
拐胳 kuɛ˩ kaʔ˩ 胳膊向外拐的人，一种疾病
□手 tɕya˦ ɕy˦ 手掌伸不开的人，一种手的残疾
癞痢头 la˦ l˩ dei˦
麻子 ma˩ tsə˩ 人出天花后留下的疤痕
麻子头 ma˩ tsə˩ dei˩ 脸上有麻子的人
豁嘴 fa˦ tsəi˦ 豁唇子
多指头 to˦ tsʯ˩ dei˩ 六指儿
左撇子 tso˦ pʻieʔ˩ tsə˩

十三 衣服 穿戴

穿着打扮 tɕʻy˦ tsaʔ˦ ta˦ pieɿ

衣裳 ȵ˥ zaŋ˩˦
大襟褂子 dɔ˧˩ tɕiŋ˦˥ kua˥ tsə˥
　长衫
对襟褂子 tei˧˩ tɕiŋ˦˥ kua˥ tsə˥
□子 dəŋ˩ tsə˥ 棉衣
夹□子 kaʔ˥ dəŋ˩ tsə˥ 夹袄
　夹衣裳 kaʔ˥ ȵ˥ zaŋ˩˦
背心 pei˥ ɕiŋ˦˥ 坎肩
棉背心 mi˩ pei˥ ɕiŋ˥
汗背 xei˧˩ pei˥ 汗背心
和尚衫 xo˩ zaŋ˩˦ ɕie˦˥ 针织圆
　领衫
皮袍子 bɿ˩ bɔ˩ tsə˥
单小褂子 tie˥ ɕiɔ˧ kua˧˩ tsə˩
　衬衫
毛褂子 mɔ˩ kua˥ tsə˩ 给新生儿
　穿的内衣，一般给婴儿洗三朝、
　洗十二朝时外公外婆置办
衣领 ȵ˥ liŋ˥
抹胸袋 mɑ˧˩ ɕyŋ˦˥ dɛ˥ 胸罩
骑马布 ɕɿ˩ ma˥ pu˥ 月经布
大襟 dɔ˧˩ tɕiŋ˥
小襟 ɕiɔ˧ tɕiŋ˧˩
衣裳管 ȵ˥ zaŋ˥ o˧ 袖子
裙子 ɕyŋ˩ tsə˥
抱裙 bɔ˧˩ ɕyŋ˦˥ 系在小孩子腰
　间防止屁股受凉的棉布，北京话
　叫"屁帘儿"
围腰 uei˥ iɔ˥ 围裙
绉纱 tɕy˧˩ sa˦˥ 妇女裹头发的黑
　纱布
裤子 kʰu˧˩ tsə˥

单纱裤子 tie˥ sa˥ kʰu˧˩ tsə˥ 单
　裤
短裤子 tei˩ kʰu˧˩ tsə˩ 穿在外面
　的短裤
水□头 suei˥ kʰuəŋ˩ dei˩ 贴身穿
　的裤衩儿
开裆裤 kʰɛ˥ taŋ˩ kʰu˥
□裆裤 mo˩ taŋ˩ kʰu˥ 死裆裤，
　相对开裆裤而言
裤子裆 kʰu˧˩ tsə˩ taŋ˩ 裤裆
裤子腰 kʰu˧˩ tsə˩ iɔ˥ 裤腰
裤子带 kʰu˧˩ tsə˩ tɛ˥ 裤腰带
裤子管 kʰu˧˩ tsə˩ ko˧ 裤腿儿
袋 dɛ˥ 衣服上的口袋
纽子 ȵy˥ tsə˥ 中式布钮
钮子襻 ȵy˥ tsə˥ pʰie˥ 中式布扣
　眼儿
鞋子 xɛ˩ tsə˥
草鞋 tsʰɔ˧ xɛ˩
蒲鞋 u˩ xɛ˩ 芦苇编织的鞋子
拖鞋 tʰo˥ xɛ˩
絮鞋 sy˧˩ xɛ˩ 棉鞋
皮鞋 bɿ˩ xɛ˩
　皮拐子 bɿ˩ kuɛ˧ tsə˧˩
钉鞋 tiŋ˥ xɛ˩ 雨天穿的防滑的
　鞋子
高脚马 kɔ˥ tɕiaʔ˧ ma˥ 旧时类
　似高跷的鞋，木制，下雨时穿
布鞋子 pu˧˩ xɛ˩ tsə˥
老虎鞋 lɔ˥ fu˧˩ xɛ˩ 小孩子穿的
　鞋子，当地舞龙灯、跳马灯时也
　穿

鞋子底 xɛ˩ tsə˩ tɿ˧
□鞋子底 tɕʰieʔ˩ xɛ˩ tsə˩ tɿ˧ 纳鞋底
鞋帮子 xɛ˩ paŋ˥ tsə˧
鞋楦头 xɛ˩ ɕy˥ dei˩
鞋拔子 xɛ˩ bɑ˩ tsə˧
胶鞋 tɕio˥ xɛ˩ 橡胶做的雨鞋
鞋带 xɛ˩ tɛ˥
鞋样 xɛ˩ iaŋ˥ 纸剪的鞋的图样
骨子 kuəʔ˩ tsə˧ 用纸、布、浆糊等做的鞋样
褙骨子 pei˥ kuəʔ˩ tsə˧ 用纸、布、浆糊等做鞋样
水袜 suei˧ uɑ˩ 袜子
长统水袜 saŋ˩ tʰuŋ˥ suei˧ uɑ˩ 长袜
裹脚布 ko˥ tɕiaʔ˩ pu˥
绑腿 paŋ˥ tʰei˥
帽子 mɔ˥ tsə˧
皮帽子 bɿ˩ mɔ˥ tsə˧
礼帽 l˩ mɔ˥
凉帽 liaŋ˩ mɔ˥ 麦秸做的草帽
笠帽 liɑ˥ mɔ˥ 斗笠
帽子边 mɔ˥ tsɿ˧ pi˥ 帽檐
镯子 ɕyɑ˥ tsə˧
戒指 kɛ˥ tsɿ˧
箍 ku˩ 项圈
别针 bie˥ tsəŋ˥
簪子 tsei˩ tsə˧
耳刀圈 n̩˩ tɔ˩ tɕʰye˩ 耳环
胭脂 i˩ tsɿ˩
咬胭脂 ŋɑ˩ i˩ tsɿ˩ 涂胭脂

胭脂花粉 i˩ tsɿ˩ fa˩ fəŋ˥ 指女人用的化妆品
浡粉 pʰəʔ˩ fəŋ˥ 旧时的痱子粉，当地用湖里的老蚌磨成细粉制成
枷嘴袋 ka˩ tsei˥ dɛ˩ 围嘴儿
尿布 sei˥ pu˥
手捏子 ɕy˩ niə˥ tsə˩ 手绢儿
围巾 uei˩ tɕiŋ˥
手套子 ɕy˩ tʰɔ˥ tsə˩ 指五个手指的
手丫 ɕy˩ ŋɑ˩ 一种手套，除大拇指外，其他四个手指在一起
眼镜 ie˩ tɕiŋ˥
伞 ɕie˩
蓑衣 so˩ ɿ˧
雨衣 ɥ˩ ɿ˧
手表 ɕy˩ piɔ˥

十四 饮食

吃饭 tɕʰieʔ˩ bie˩
早饭 tsɔ˩ bie.˩
中饭 tsəŋ˩ bie˩
夜饭 ia˥ bie˩
夜点心 ia˥ ti˩ ɕiŋ˥ 夜宵
吃点心 tɕʰieʔ˩ ti˩ ɕiŋ.˩ 正餐之间的饮食
嘴头食 tsei˥ dei˩ zə˩ 零食
饭 bie˩ 指米饭
新米饭 ɕiŋ˩ n̩˩ bie˩
陈米饭 səŋ˩ n̩˩ bie˩

米泔水 n˧ kei˥ suei˩ 淘米水
（饭）焦了 tɕiɔ˥ lə˩
（饭）馊了 ɕy˥ lə˩
锅巴 ko˥ pa˥
锅巴团子 ko˥ pa˥ dei˧ tsə˩ 锅巴做的扁圆形食品
锅巴汤 ko˥ pa˥ tʰaŋ˥ 用锅巴等熬成的汤食
粥 tsuəʔ˩
米汤 n̩˧ tʰaŋ˥
米粉 n̩˧ fəŋ˧
粽子 tsəŋ˧ tsə˩
脚粽 tɕiaʔ˩ tsəŋ˥ 粽子的一种，形状像老太太的小脚
屑 ɕiəʔ˩ 面粉
面 mi˧ 指面条
馒头 mo˧ dei˧
包子 pɔ˥ tsə˩
油条 y˧ diɔ˧
烧饼 sɔ˥ piŋ˧
饺 tɕiɔ˥ 指饺子
□心 kɔ˥ ɕiŋ˧ 饺子馅儿
汤团子 tʰaŋ˥ dei˧ tsə˩ 汤圆
饼子 piŋ˧ tsə˩ 月饼
饼干 piŋ˧ kei˥
老糕 lɔ˧ kɔ˥ 发酵用的面团
夹屑条 kaʔ˩ ɕiəʔ˩ diɔ˧ 旧时穷人家吃的食品，面粉加水搅匀，用勺子舀到开水中凝固成块状吃
屑汤 ɕiəʔ˩ tʰaŋ˥ 面粉加水煮成汤状，旧时穷人家吃的食品
雪饼 ɕiəʔ˩ piŋ˧ 面粉做的一种薄饼
麻饼 ma˧ piŋ˧ 面粉等制成的撒有芝麻的饼状食品
麻坨坨 ma˧ do˧ do˧ 一种面食，硬币大小，烤制而成，上面有芝麻
□耳刀糖 mo˧ n̩˥ tɔ˥ daŋ˧ 一种米粉等做的食品
□油饼 tɕiɔ˥ y˧ piŋ˧ 一种饼状食品
豆沙饼 dei˧ sa˧ piŋ˧
发糕 faʔ˩ kɔ˥
鸡蛋糕 tɕʰɿ˥ dei˧ kɔ˥
破絮果团子 pʰo˧ sɿ˧ ko˧ dei˧ tsə˥ 用鼠曲草（佛耳草）和大米等制成的食品，里面有红糖馅儿
□鸡子 ɕyŋ˥ tɕʰɿ˥ tsɿ˧ 公鸡蛋，一种食品，面粉加水、酱油、盐等蒸成蛋羹状吃，旧时穷人家食品
神仙汤 səŋ˧ ɕi˥ tʰaŋ˥ 用开水、酱油、盐、油等冲成的汤，旧时穷人家食品
猪肉 tsɿ˥ niə˧ （"肉"只有在表示猪的肉时声母读 [n]，一般要和"猪"连用。其他牛肉、鸡肉、人肉等等都读 [m]）
精肉 tɕiŋ˥ miə˧ 瘦肉
肥肉 bei˧ miə˧
牛肉 ny˧ miə˧
鸡肉 tɕʰɿ˥ miə˧

髈蹄 pʻaŋ˧˩ dʐ˩ 肘子
猪脚爪 tsɿ˧ tɕiaʔ˧ tsɔ˧˥
门腔 məŋ˧ tɕʻiaŋ˧ 猪舌头
下水 xa˧˥ suei˧˥ 一般指猪的内脏
猪肺 tsɿ˧ fei˧˥
猪肠子 tsɿ˧ saŋ˧ tsə˧˥
排骨 bɛ˧ kuəʔ˧˥ 总称猪肋排和猪大排
子排 tsɿ˧ bɛ˧ 猪肋排
大排 da˧˥ bɛ˧˥ 猪大排
猪嘴□ tsɿ˧ tsei˧ tɕʻy˧ 猪嘴前端突出的部分
猪血 tsɿ˧ ɕyəʔ˧˥
肫肝 tɕyŋ˧ kei˧ 鸡肫
鸡血 tɕi2˧ ɕyəʔ˧˥
鸡子 tɕɿ˧ tsɿ˧ 鸡蛋
□鸡子 o˧ tɕɿ˧ tsɿ˧˥ 毛蛋，鸡蛋在孵化过程中受到不当的温度、湿度或者是某些病菌的影响，导致鸡胚发育停止，死在蛋壳内尚未成熟的小鸡
摊鸡子 tʻie˧ tɕɿ˧ tsɿ˧˥ 摊鸡蛋
烧子 sɔ˧ tsɿ˧ 卧鸡子儿，水煮的鸡蛋，不带壳
煮鸡子 tsɿ˧ tɕʻi˧˥ tsɿ˧˥ 连壳煮的鸡蛋
炖子 taŋ˧ tsɿ˧ 蒸蛋羹
皮蛋 bɿ˧ die˧ 松花蛋
咸鸭子 ɕie˧ ŋa˧ tsɿ˧ 咸鸭蛋
碗头鱼 o˧ dei˧ ŋ˧ 鲢鱼做的一道菜，头尾俱全，不去鱼鳃和鱼鳞。这个菜是不吃的，象征着有头有尾，年年有余。一般正式宴席或给老人祝寿时才有
吃作 tɕʻiəʔ˧ tsaʔ˧ 指吃的方面
菜 tsʻɛ˧˥
素菜 sʉ˧ tsʻɛ˧˥
荤菜 fəŋ˧ tsʻɛ˧˥
咸菜 ɕie˧ tsʻɛ˧˥
吃口小菜饭 tɕʻiəʔ˧ kʻei˧ ɕiɔ˧ tsʻɛ˧˥ bie˧˥ 简单吃的，只有素菜没有荤菜的饭
豆腐 dei˧˥ u˧
胖豆腐 pʻaŋ˧˥ dei˧˥ u˧ 水豆腐，已成型还没有压干水分的豆腐
豆腐衣子 dei˧˥ u˧ ɿ˧ tsə˧ 腐竹
茶干 sa˧ kei˧ 白豆腐干儿
香干 ɕiaŋ˧ kei˧ 用酱油浸泡过的豆腐干儿
臭干 tɕʻy˧˥ kei˧˥ 臭豆腐干儿
豆腐花 dei˧˥ u˧ fa˧
豆浆 dei˧˥ tɕiaŋ˧˥
火乳 xo˧ ɿ˧˥ 豆腐乳
豆渣 dei˧˥ tsa˧˥
面筋 mi˧˥ tɕiŋ˧˥
粉丝 fəŋ˧ sɿ˧
凉粉 liaŋ˧ fəŋ˧˥
藕粉 ŋei˧ fəŋ˧˥
木耳 mə˧˥ ɿ˧˥ 指黑木耳
白木耳 bə˧˥ mə˧˥ ɿ˧˥ 银耳
海参 xɛ˧˥ səŋ˧
海带 xɛ˧˥ dɛ˧
滋味 tsɿ˧ uei˧˥

气味 tɕʰy˧˦ uei˧ 指不好闻的味道
颜色 ie˩ sə⁇˩˦
荤油 fəŋ˥ y˩˦ 指猪油
素油 sγ˧˦ y˩˦
菜籽油 tsʰɛ˧˦ tsʀ˥˩˦ y˩
麻油 ma˩ y˩˦ 芝麻油
棉籽油 mi˩ tsʀ˥˩˦ y˩
盐 i˩
粗子盐 tsʰγ˥ tsʀ˥˩˦ i˩ 粗盐
酱油 tɕiaŋ˧˦ y˩˦
酱瓣豆 tɕiaŋ˧˦ bie˩ dei˩˦ 豆瓣酱
辣□酱 la˧˩˦ u˧˦ tɕiaŋ˧ 辣椒酱
利市 li˧˦ zʀ˧ 醋
料酒 lio˧˦ tɕy˧˦
砂糖 sa˥ daŋ˩˦ 指红糖
洋糖 iaŋ˩ daŋ˩˦ 指白糖
冰糖 piŋ˥ daŋ˩˦
年糕糖 ni˩ kɔ˥ daŋ˩ 用纸包好的一块块的糖块
花生糖 fa˥ səŋ˥ daŋ˩ 大米加花生做的糖
□糖 mie˩ daŋ˩˦ 麦芽糖
作料 tsa⁇˥ lio˧
八角 pa⁇˥ kua⁇˥
桂皮 kuei˧˦ bʀ˩˦
烟 i˥
烟草 i˥ tsʰɔ˥˩ 烟叶
烟丝 i˥ sʀ˥
香烟 ɕiaŋ˥ i˩˦
大烟土 da˧˩˦ i˧˦ tsʰu˥˩ 鸦片
水烟袋 suei˥ i˥ de˩

烟灰 i˥ fei˥
媒烟纸 mei˩ i˥ tsʀ˥ 纸媒儿
茶 sa˩
茶衣 sa˩ ʀ˥ 茶叶
泡茶 pʰɔ˧˦ za˩˦
倒茶 tɔ˥ za˩˦
白酒 bə˧˦ tɕy˧˦
米酒 n˥ tɕy˧˦
酒药 tɕy˧ ia˧˦ 酒曲
作 tsa⁇˩ 指米酒发酵

十五 红白大事

提亲 dʀ˩ tɕʰiŋ˥
结亲 tɕiə⁇˥ tɕʰiŋ˥
周公 tɕy˥ kəŋ˥ 媒人，一般指男性
做周公 tso˧ tɕy˥ kəŋ˥ 做媒人
看人家 kʰei˧ niŋ˩ ka˥ 女方去男方家了解家境和男方人品相貌等
长相 tɕaŋ˩ ɕiaŋ˧
年纪 ni˩ tɕʀ˥
定人家 diŋ˧˦ niŋ˩ ka˥ 女子定婚
讲老婆 tɕiaŋ˩ lɔ˥ o˩˦ 给男孩说亲
压八字 na˧˦ pa⁇˥ zʀ˩˦ 看男女八字是否相合
定日子 diŋ˧˦ niəin˧˦ tsʀ˥ 确定结婚日期
送日子 səŋ˧ niə˧˦ tsə˥ 把结婚日期通知亲友

第四章　高淳（古柏）方言分类词汇表

拿聘金　na˩ pʰiŋ˥ tɕiŋ˥　男方给女方彩礼钱

开脸　kʰɛ˥ li˥　出嫁前，绞去女子脸上的汗毛

清担　tɕʰiŋ˥ tie˧　把所有商议好的给女方的鸡鸭鱼肉、礼金等全部送到女方家

四式礼　sɿ˥ tsʰəʔ˧ li˩　彩礼的一种，包括一对鲤鱼、鸡蛋、猪肉、鸡等，结婚前一两天送给女方

坐嫁椅　so˧ ka˥ ɿ˧　出嫁前的一种仪式，在厅堂前桌上放一盘团子（糯米等做的一种圆形食品），桌底放一个五升的斗，斗上架一把大斧，当桌上点燃香烛，门外响起爆竹时，仪式开始。待嫁新娘由"搀拜妈妈"（拜堂时负责搀扶新娘的老年妇女）搀着来到堂前，先面对堂上神像磕三个头，然后坐上椅子，双脚踏在大斧上，寓意"代代富贵"（"大斧"与"代富"同音）。两位未出嫁的女孩，站在两旁，称为陪嫁姑娘。"搀拜妈妈"上前，用五色丝线给待嫁新娘象征性地绞脸

哭嫁　kʰuaʔ˩ ka˧　一种婚俗仪式，迎娶新娘的当天，新娘坐在床头哭，一般都是诉说父母养育之恩、兄弟姊妹的深厚情谊和离别之苦，母亲也会陪哭，内容多是叮嘱女儿嫁去后要孝敬公婆，与丈夫、妯娌等和睦相处，勤俭持家等等

起床礼　tɕʰi˧ zɑŋ˩ li˩　迎亲当天，新娘坐在床头哭，男方为请新娘早点动身，要给女方红包，叫~

诈床头　tsa˧ zuɑŋ˩ dei˧　迎亲的人进入新娘家后，新娘坐在床头哭，再三催促也不肯动身，叫~，一般给了"起床礼"才会动身

发亲　faʔ˩ tɕʰiŋ˥　迎亲队伍迎娶新娘后，从女方家出发

子帕　tsɿ˥ pʰa˥　新娘出嫁时带的红布包，里面用手帕装着染红的鸡蛋、柏枝、花生等，寓意多子多福

抱轿礼　bɔ˧ ɕiɔ˧ li˩　迎亲时男方给新娘大哥的红包。旧俗新娘出嫁时，脚不能沾地，得由大哥抱着上轿或独轮车，如果没有哥哥，堂兄中的老大也可以

抱轿鸡　bɔ˧ ɕiɔ˧ tɕɿ˥　旧时女子出嫁时，有的山区坐轿子不方便，用独轮车送，一边坐新娘，另一边放隻鸡，这隻鸡叫~

头位　dei˩ uei˧　出嫁时，挑嫁妆担子最前面的人，一般是新娘的大哥，如果没有哥哥，堂兄中的老大也可以

三朝担　ɕie˥ tsɔ˥ tie˧　出嫁时装嫁妆的担子，一般由新娘的弟弟挑

接袋 tɕiəʔ˩ dɛ˧ 迎亲队伍到了男方家门口时，男方家用若干麻袋铺地，新郎踩着一个个麻袋把新娘抱进新房，寓意"一代传一代"

退轿神 tʻei˧ ɕi˩˧ sən˩˧ 迎亲队伍到了男方家附近时，男方家放鞭炮，"搀拜妈妈"手拿镶有明镜、八卦的筛子在新娘面前晃几下，叫~，意思是吓退随轿子来的煞星

洒新娘子果子 sa˧ ɕiŋ˥ niaŋ˩˧ tsə˩ ko˧ tsə˩ 一种仪式，闹洞房时把花生、糖果、香烟等洒向众人，以增添喜庆气氛

回头礼 uei˩ dei˩ l˥ 男方给来男家参加婚礼的女方的人每人一份礼物，叫~

抬老婆 de˩ lɔ˩ o˩ 男子娶亲

嫁人家 ka˧ niŋ˩ ka˧ 女子出嫁；嫁女

拉桌子 la˥ tsuaʔ˩ tsə˩ 办酒席

办酒 bie˩˧ tɕy˧

吃人情酒 tɕʻiʔ˩ zəŋ˩ ɕiŋ˩ tɕy˧ 吃喜酒

拜堂 pɛ˥ daŋ˩

新老官 ɕiŋ˥ lɔ˥ ko˥ 新郎

新娘子 ɕiŋ˥ niaŋ˩˧ tsə˩

陪嫁姑娘 bei˩ ka˧ ku˥ niaŋ˩˧ 伴娘

搀拜妈妈 tɕʻie˥ pɛ˥ ma˥ ma˥ 拜堂时负责搀扶新娘的老年妇女

谢周公 ɕia˩˧ tɕy˥ kəŋ˥ 新婚后一两天，男方家办酒席答谢媒人，新郎的长辈还要置办猪肉、鸡蛋、茶点等到媒人家登门致谢

过门 ko˥ mən˩ 女子出嫁第三天和丈夫一起回娘家

□饭 ŋa˥ bie˥ 女子出嫁第三天和丈夫一起回娘家，招待新女婿喝酒吃饭时，故意盛过量的米饭，让新女婿吃完，为难新女婿

接新亲 tɕiəʔ˩ ɕiŋ˥ tɕʻiŋ˥ 新婚的第一个春节的正月初二，新女婿去老丈人家拜年，老丈人会非常隆重地款待新女婿，叫~

改嫁 kɛ˥ ka˥

转房 tɕy˥ faŋ˩ 哥哥去世后，哥哥之妻嫁给弟弟

□亲 tʻiɔ˥ tɕʻiŋ˥ 换亲，双方各以自己的女儿嫁给对方的儿子

带童养媳 tɛ˥ dəŋ˥ iaŋ˩ ɕiəʔ˩ 领养幼女，长大后给儿子做老婆

招亲 tsɔ˥ tɕʻiŋ˥ 招上门女婿

病人 biŋ˩˧ niŋ˩ 怀孕

病伢□ biŋ˩˧ ŋa˩ lɤ˩

担肚 tie˥ du˥ 怀孕后肚子变大

担肚妈妈 tie˥ du˥ ma˥ ma˥ 孕妇

推车妈妈 tʻei˥ tsʻa˥ ma˥ ma˥ 孕妇腹部隆起，像人推着车一样

催生 tsʻuei˥ sei˥ 女儿怀孕后期，娘家置备红糖鸡蛋等和临盆所需

第四章 高淳（古柏）方言分类词汇表

用品去探视女儿

送夏 səŋ˧ xa˦ 新婚第一年的"立夏"时节，岳父岳母备好凉枕、毛扇、夏装衣料等夏令用品，送到女儿女婿家，以示关怀

脱浑身 tɕəʔ˨ uen˨ səŋ˥ 小产

养小人家 iaŋ˥ ɕiɔ˥ nin˨ ka˦ 生小孩儿

接生 tɕieʔ˨ sei˥

胞衣 pɔ˥ i˥ 胎盘

洗三澡 ɕi˦ ɕie˥ tsɔ˦ 一种旧俗，婴儿出生第三天，请"衬生妈妈"（接生婆）给婴儿洗澡，并办酒席招待亲友和"衬生妈妈"。也有第七天或第十二天洗澡的

洗十二澡 ɕi˦ səʔ˥ ɿ˥ tsɔ˦ 一种旧俗，请"衬生妈妈"在婴儿出生第十二天，给婴儿洗澡，并办酒席招待亲友和"衬生妈妈"

送子 səŋ˧ tsɿ˦ 一种旧俗，小孩儿出生后，新生儿的父亲要去亲友家报喜，告知小孩儿哪天出生，哪天给小孩儿洗澡，并约亲友来喝喜酒。一般要用手帕包五个染红的鸡蛋给亲友，寓意"五子登科"，亲戚会加上几个鸡蛋回赠，寓意"添子"，本地鸡蛋叫"子"

满月 mo˥ yə˦

坐月子 so˦ yə˦ tsɿ˦

月子窠□ yə˦ tsəʔ˨ k'o˥ ɿ˦ 坐月子期间

划周 ua˨ tɕy˥ 孩子满一岁时，置办酒席，请孩子的外公外婆、舅父舅妈等来共同庆贺

双胞胎 suaŋ˥ pɔ˥ t'ɛ˥

打胎 ta˦ t'ɛ˥

吃奶 tɕ'iʔ˨ ne˨

□奶 suəʔ˨ ne˨

生日 sei˥ nie˦

做生日 tso˧ sei˥ nie˦

做寿 tso˧ ɕy˦

寿星老头子 ɕy˦ ɕiŋ˥ lɔ˨ dei˨ tsɿ˨

丧事 saŋ˥ ɿ˦

老了 lɔ˦ lə˨ 老人去世

过背了 ko˧ pei˧ lə˨

把信 pa˦ ɕiŋ˧ 报丧

送殡 səŋ˧ piŋ˧ 奔丧

寿材 ɕy˦ zɛ˨ 棺材

脚灯 tɕiaʔ˨ təŋ˥ 放在棺材底下的长明灯

老衣 lɔ˦ i˥ 死人穿的寿衣

老鞋 lɔ˦ xɛ˨ 死人穿的鞋子

下材 xa˦ zɛ˨ 入殓

下尸 xa˦ sɿ˥

出材 tsʰəʔ˨ zɛ˨ 出殡

守灵 ɕy˦ liŋ˨ 戴孝

除孝 sʅ˨ ɕiɔ˧

孝子棍 ɕiɔ˧ tsɿ˦ kuen˧ 哭丧棒

孝帐 ɕiɔ˧ tsaŋ˧ 挂在灵堂周围的布、被面儿等

孝对 ɕiɔ˧ tei˧ 丧事中贴的对联儿

灵 liŋ˨ 老人去世后，女儿送的纸

扎的房子
草纸 tsʻɔ˧˥ tsɿ˧˥ 纸钱
孝子儿子 ɕiɔ˧˥ tsɿ˧˥ ɭ˧˥ tsɿ˧˥ 孝子
抬材子 ɜe˩ zɛ˩ tsə˧˥ 抬棺材的人
八音对 paʔ˥ iŋ˩ tei˧˥ 丧事中奏哀乐的人
大杠 da˨˩˧ kaŋ˧˥ 抬棺材的杠子
上祭 saŋ˨˩˧ tɕɿ˧˥ 下葬前女儿祭奠死者
　做饭碗 tso˧˥ bie˨˩˧ o˧˥
　做饭 tso˧˥ bie˨˩˧
出□活 tsʻə˥ tsuaʔ˥ ua˨˩˧ 下葬前死者远亲带祭品祭奠死者
坟山窠□ bəŋ˩ ɕie˩ kʻo˥ lɛ˨˩˧ 坟地
坟山 bəŋ˩ ɕie˩ 坟墓
撅碑 tɕʻie˩ pei˩ 立墓碑
挂红 kua˧˥ xəŋ˩ 立墓碑时,死者女儿和至亲带红布、绿布、鞭炮、纸钱等来祝贺
哀丧 ŋe˩ saŋ˩ 下葬前的一种仪式。死者女婿从右边掀开孝幔走到棺材左侧,用手在棺材头部拍一下,哭着喊一声死者,接着手抚棺材走到棺材尾部又拍一下,喊一声死者,然后转身到棺材右边,倒退着出来,再在棺材头部拍一下,哭着喊一声死者
倒头饭 tɔ˧˥ dei˩ bie˨˩˧ 放在棺材前的一碗圆顶饭团（从一隻碗里将饭扣进另一隻碗里做成）,饭上插着一个去壳的熟鸡蛋,俗称"倒头饭"
头七 dei˩ tɕʻiəʔ˥ 亲人死后第七天为"头七",一般要举行祭奠活动
上三朝坟 saŋ˨˩˧ ɕie˩ tsɔ˩ bəŋ˩ 死后第三天去坟上祭拜死者
满月 mo˩ yə˨˩˧ 死后一个月,家人去坟地祭拜死者。一般是上半夜去,出门敲锣四声,到了坟地,长子绕坟边走边敲锣,速度越来越快
服灵 bə˨˩˧ liŋ˨˩˧ 把纸扎的金童玉女放在灵房两边,早上和中午放一碗饭在灵房前,祭奠死者
化灵 fa˧˥ liŋ˩ 死者死后一个月或一年时,把灵房、金童玉女等在村口烧掉
上坟 saŋ˨˩˧ bəŋ˩
寄钱 tɕɿ˧˥ i˩
尸仓 sɿ˩ tsʻaŋ˩ 旧时在外面去世的人,尸体不允许回村里,在村口临时搭一个停尸的地方,叫~
理金 lɿ˩ tɕiŋ˩ 迁葬时,把尸骨安放在一个木盒里
金盒 tɕiŋ˩ xa˨˩˧ 迁葬时安放尸骨的木盒
寻死 ɕiŋ˩ sɿ˧˥ 自杀
上吊 saŋ˨˩˧ tiɔ˧˥
爬塘□去了 ba˨˩˧ daŋ˩ lɛ˩ kə˨˩˧ lə˩ 投水自尽
棉籽鬼 mi˩ tsɿ˧˥ kuei˩ 未成年死的男性

第四章　高淳（古柏）方言分类词汇表　　97

毛头鬼 mɔ˩ dei˧ kuei˦ 未成年死的女性
灶公菩萨 tsɔ˦ kəŋ˦ u˩ sa˩ 灶王爷
菩萨 u˩ sa˩
观音菩萨 ko˦ iŋ˩ u˩ sa˩
土头庙 tsʅ˦ dei˩ miɔ˦ 土地庙
关王庙 tɕye˦ uaŋ˩ miɔ˦ 关帝庙
城隍庙 səŋ˩ uaŋ˩ miɔ˦
阎王 y˩ uaŋ˩
祠堂 sʅ˩ daŋ˩
龛 kʻei˦ 佛龛
香案 ɕiaŋ˩ ŋei˦
上供 saŋ˧ kəŋ˦
蜡烛 lɑ˧ tsuəʔ˧
香 ɕiaŋ˩ 线香
香炉 ɕiaŋ˩ lu˩
烧香 sɔ˦ ɕiaŋ˩
签诗 tɕʻi˦ sʅ˩ 印有谈吉凶的诗文的纸条
求签 ɕy˩ tɕʻ˦
丢卦 ty˦ kua˦ 打卦
珓 kɔ˦
念经 ni˧ tɕiŋ˦
测字 tsʻəʔ˧ zʅ˦
看风水 kʻei˧ fəŋ˧ suei˧
算命 sei˦ miŋ˦
算命子 sei˦ miŋ˦ tsɿ˦ 算命先生
看相子 kʻeiɕiaŋ˦ tsɿ˦ 看相先生
马脚 ma˩ tɕiaʔ˦ 巫婆
上马 saŋ˧ ma˩ 巫婆做法事

十六　日常生活

穿衣裳 tɕʻy˦ i˦ zaŋ˩
脱衣裳 tʻəʔ˦ i˦ zaŋ˩
脱鞋子 tʻəʔ˦ xɜ˩ tsɿ˩
量身架 liaŋ˦ səŋ˩ ka˦ 测量身材的尺寸来做衣服
剪布 tɕi˦ pu˦ 买布
做衣裳 tso˦ i˦ zaŋ˩
贴边 tʻɕiʔ˦ pi˦
缲边 tɕʻiɔ˩ pi˦
钉纽子 tiŋ˦ ny˩ tsə˦ 钉布扣子
绣花 ɕy˦ fa˦
打补丁 ta˦ pu˩ tiŋ˧
洗衣裳 ɕʅ˦ i˦ zaŋ˩
洗一水 ɕʅ˦ iə˦ suei˦
摆 pɛ˦ 用清水漂洗
晒衣裳 sɜ˧ i˦ zaŋ˩
□眼衣裳 laŋ˧ i˦ zaŋ˩
浆衣裳 tɕiaŋ˦ i˦ zaŋ˩
着灶 sɑ˧ tsɔ˦ 生火
　着火 sɑ˧ xo˦
烧饭 sɔ˦ biɛ˦ 做饭
淘米 dɔ˩ nʅ˩
调屑 diɔ˩ ɕiʔ˦ 和面
□屑 nia˧ ɕiʔ˦ 揉面
擀面 kei˦ mi˦
蒸馒头 tsəŋ˦ mo˩ dei˩
择菜 sə˧ tsʻɜ˦
烧菜 sɔ˦ tsʻɛ˦ 做菜的总称

氽汤 tsʻei˥ tʻɑŋ˥ 做汤
开锅头饭 kʻɛ˥ ko˥ dei˧˩ bie˦ 一锅饭盛出来的第一碗饭，一般小孩子不能吃
盛饭 səŋ˨ bie˦
吃饭 tɕʻiəʔ˥ bie˦
搛菜 tɕi˥ tsʻɛ˦
舀汤 ioʔ˦ tʻɑŋ˥
拿筷子 na˦ kʻuɐ˧˩ tsə˦
绞筷子 ko˦ kʻuɐ˦ tsə˦ 形容拿筷子的姿势不正确
□不动 tsaʔ˦ pəʔ˦ dəŋ˦ 嚼不动
噎了 iə˧˩ lə˦
□饱气 kɛ˧˩ pɔ˦ tɕʻŋ˦ 打嗝儿
胀煞了 tsɑŋ˧˩ sɑ˧˩ lə˦ 吃饭撑着了
吃茶 tɕʻiəʔ˦ za˨
吃酒 tɕʻiəʔ˦ tɕy˦
起床 tɕʻŋ˦ zɑŋ˨
洗手 ɕŋ˦ ɕy˦
洗脸 ɕŋ˦ li˦
漱嘴 sŋ˥ tsei˦
刷牙齿 suaʔ˦ ŋa˨ tsŋ˥
梳头 sŋ˥ dei˨
梳顶搭 sŋ˥ tiŋ˦ taʔ˦ 梳辫子
剪指掐 tɕi˦ tsŋ˦ kʻaʔ˦ 剪指甲
挖耳屎 ua˥ n˥ sŋ˦
洗澡 ɕi˦ tsɔ˦
洗宝宝 ɕi˦ pɔ˦ pɔ˦ 儿语，给小孩儿洗澡
洗老□子 ɕŋ˦ lɔ˦ uau˥ tsə˦ 擦澡
撒尿 saʔ˦ sei˥
撒屎 saʔ˦ sŋ˦
乘凉 səŋ˨ liɑŋ˨
晒太阳 sɛ˥ tɛ˧˩ tɕiɔ˧˩
点灯盏 ti˥ təŋ˥ tɕie˥
熄灯盏 ɕiəʔ˦ təŋ˥ tɕie˥
歇□ ɕiəʔ˦ pʻie˦ 休息一会儿
冲盹 tsʻəŋ˨ təŋ˥ 打盹儿
冲□冲 tsʻəŋ˦ kuɐ˦ tsʻəŋ˦
哈口 xa˥ kʻei˦ 打哈欠
打屁风 ta˦ pʻŋ˧˩ fəŋ˧˩ 打喷嚏
困下来 kʻuəŋ˧˩ xa˦ lɛ˨ 躺下来
困□了 kʻuəŋ˦ tsɑŋ˦ lə˦ 睡着了
打呼 ta˦ fu˥
困不□ kʻuəŋ˦ pəʔ˦ tsɑŋ˦ 睡不着
困中觉 kʻuəŋ˦ tsəŋ˥ kɔ˧˩ 睡午觉
仰搭困 niɑŋ˥ taʔ˧˩ kʻuəŋ˦ 仰面睡
侧搭困 tsəʔ˦ taʔ˧˩ kʻuəŋ˦ 侧着睡
趴搭困 pa˥ taʔ˧˩ kʻuəŋ˦ 趴着睡
欠筋 tɕʻi˧˩ tɕiŋ˥ 落枕
抽筋 tɕʻy˥ tɕiŋ˥
发梦癫 faʔ˦ məŋ˧˩ ti˧˩ 做梦
讲梦话 tɕiɑŋ˦ məŋ˨ ua˦
熬夜 ŋɔ˨ ia˦
下田 xa˦ di˨ 去田里干活
收作 ɕy˥ tsaʔ˦ 收工
出去了 tsʻuəʔ˦ kʻəʔ˦ lə˦
家去了 ka˥ kʻəʔ˦ lə˦ 回家了

放街 faŋ˧˩ kɛ˩ 逛街
放马路 faŋ˧˩ ma˧˩ lu˥ 散步

十七 讼事 交际

告状 kɔ˥ zuaŋ˥
状子 suaŋ˧˩ tsʅ˥
证人 tsəŋ˧˩ niŋ˧˩
对嘴 tei˥ tsei˧ 对质
家务事 tɕia˩ u˧˩ zʅ˥
犯法 bie˥ faʔ˩
解 ke˥ 押解
收礼 ɕy˩ l̩˧˩ 受贿
送礼 səŋ˧˩ l̩˩ 行贿
杀头 saʔ˩ dei˩ 斩首
打屁股 ta˧ pʔ˩˧˩ ku˧˩ 旧时刑罚
枷 ka˩ 名词，动词
捆起来 kʰuəŋ˩ tɕʰi˩ ɜ˩
坐牢 so˧˩ lɔ˩
捺指印 na˧˩ tsʅ˩ iŋ·˩ 按手印
写纸 ɕia˩ tsʅ˩ 立字据
完税 o˩ suei˩ 纳税
租票 tsu˩ pʰi·o˧˩ 出租房子等立的字据
章 tsaŋ˩ 印，包括官方的和私人的
往来 uaŋ˩ lɜ˩˧ 来往
门三户四 məŋ˩ ɕie˧˩ u˧˩ sʅ˥ 形容需要应酬的地方多
客人 kʰəʔ˩ niŋ˧˩
小亲眷 ɕiɔ˩ tɕʰiŋ˩ tɕy˥ 亲戚当中的小孩子
折钱 tsəʔ˩ ɕi˩ 用现金送礼
受礼 ɕy˧˩ l̩˩ 收礼
人情 səŋ˩ tɕʰiŋ˧˩
送人情 səŋ˩ zəŋ˩ tɕʰiŋ˧˩ 亲戚之间送礼
请酒 tɕʰiŋ˩ tɕy˩
下帖子 xa˧˩ tʰiəʔ˩ tsə˩
待客 dɜ˧˩ kʰəʔ˩
待承 dɜ˧˩ zəŋ˧˩ 非常客气地招待
斟酒 tsəŋ˩ tɕy˩ 一般用于比较正式的场合
倒酒 tɔ˧˩ tɕy˩ 用于一般场合
上菜 saŋ˧˩ tsʻɜ˥
敬酒 tɕiŋ˩ tɕy˩
□酒 ŋa˩ tɕy˩ 勉强别人喝酒
谢谢 ɕia˧˩ ɕia˥
□□子□ tɔ˩ tɔ˩ tsə˩ dio˩ 慢慢儿走，送客时的客气话
上席 saŋ˧˩ ɕia˥ 祭祀时请鬼神入席
（他们两人）不和 pəʔ˩ xo˩
有小肠气 y˩ ɕiɔ˧ zaŋ˩ tɕʰi˥
冤家对头 y˩ tɕia˩ tei˧˩ dei˧˩
打抱不平 ta˩ bɔ˧˩ pəʔ˩ biŋ˧˩
冤枉 y˩ uaŋ˩
插嘴 tsʻaʔ˩ tsei˩
摆架子 pɛ˩ ka˧˩ tsə˥
装死 tsuaŋ˩ sʅ˩ 装傻
出洋相 tsʻuəʔ˩ iaŋ˩ ɕiaŋ˥
□脸 tʻaʔ˩ li˩ 丢脸

倚疯作邪 i˦ fəŋ˥ tsaʔ˥ ia˥ 装疯卖傻

巴结 paʔ˥ tɕiəʔ˥ 指关心别人

□麻油 lia˩ ma˥ y˦ 巴结（人）

看中 k'ei˥ tsəŋ˥ 看得起

看轻 k'ei˨ tɕ'iŋ˥ 看不起

搭伙 taʔ˥ xo˧ 合伙儿

□出去 lei˥ ts'uəʔ˥ k'ə˩ 轰出去

十八 商业 交通

招牌 tsɔ˥ bɐ˩

铺子 p'u˨ tsə˥

摆摊子 pɛ˨ t'ie˥ tsə˩

做生意 tso˨ səŋ˥ i˦

馆店 ko˨ ti˥ 饭馆

进馆店 tɕiŋ˥ ko˨ ti˥ 下馆子

借歇 tɕia˥ ɕiəʔ˥ 借宿

布店 pu˨ ti˥

百货店 pəʔ˥ xo˦ ti˥

杂货店 sa˨ xo˦ ti˥

米行 n˥ xaŋ˩ 粮店

茶馆 sa˥ ko˦

剃头匠店 t'˨ dei˩ ɕiaŋ˥ ti˥

剃头 t'˨ dei˧（后字读高降调）

剃胎头 t'˨ t'ɛ˥ dei˧ 给初生婴儿剃头

光脸 kuaŋ˥ li˩ 刮脸

光胡子 kuaŋ˥ u˩ tsə˥ 刮胡子

猪肉店 tsʅ˥ nie˦ ti˥

杀猪 saʔ˥ tsʅ˥

油坊 y˩ faŋ˥

当铺 taŋ˨ p'u˥

租房子 tsʅ˥ uaŋ˩ tsə˥

盘货 bo˩ xo˥ 盘点

柜台 kuei˨ dei˨

开价 k'ɛ˥ ka˥

还价 ye˩ ka˥

（价钱）便宜 bi˩ i˦

（价钱）贵 kuei˥

（价钱）公道 kəŋ˥ dɔ˦

扫脚货 sɔ˨ tɕia ʔ˥ xo˥ 卖剩下的货物

一把头吃下来 iə˨ pa˨ dei˥ tɕ'iəʔ˥ xa˩ lɜ˦ 包圆儿，剩下的全买了

生意兴 səŋ˥ i˦ ɕiŋ˥ 买卖好

生意淡 səŋ˥ i˦ die˥ 买卖清淡

工钱 kəŋ˥ i˩

本 pəŋ˨ 本钱

保本 pɔ˨ pəŋ˨

寻钱 ɕiŋ˩ zi˥ 赚钱

蚀本 səʔ˥ pəŋ˨

盘费 bo˩ fei˥ 路费

利 li˥ 利息

红字头来 xəŋ˩ zʅ˦ dei˥ lɜ˦ 形容运气好

差 ts'a˥（~他三元钱；~五角十元）

押金 ŋaʔ˥ tɕiŋ˥

开销 k'ɛ˥ ɕiɔ˥

俗账 kaʔ˥ tsaŋ˥ 合账

整票子 tsəŋ˧˦ p'iɔ˥˩ ts.ɿ˩ 整钱
零碎钱 liŋ˩ sei˧˦ ʑi˩ 零钱
钞票 ts'ɔ˥ p'iɔ˥˩ 纸币
铅角子 k'iɐ˥ kaʔ˦ tsə˩ 铅的硬币
铜角子 dəŋ˩ kaʔ˦ tsə˩ 铜元，中间无孔
铜钱 dəŋ˩ i˩ 铜元，中间有孔
银洋钱 niŋ˩ iaŋ˩ i˩ 银元
□ pei˥ 铜元有字的一面
麻 ma˩ 铜元无字的一面
跌□ tiəʔ˦ pei˥ 小孩子玩的一种游戏，把硬币或铜板从高处扔下来，看哪一面朝上
  跌麻 tiəʔ˦ ma˩
算盘 sei˧˦ bo˩˨
秤 ts'əŋ˥
磅秤 paŋ˦ ts'əŋ˥
秤盘 ts'əŋ˧˦ bo˩˨
秤星 ts'əŋ˧˦ ɕiŋ˧˦
秤杆子 ts'əŋ˧˦ kei˥ ts.ɿ˩
秤钩 ts'əŋ˧˦ kei˧˦
秤砣 ts'əŋ˧˦ do˩˨
旺 uaŋ˩ 称物时秤尾高
□ miɔ˩ 称物时秤尾低
平 biŋ˩ 称物时秤尾不高不低
推车 t'ei˥ ts'a˥ 独轮车
板车 pie˦ ts'a˥
摩□卡 mo˥ dəŋ k'a˦ 摩托
脚踏车 tɕiaʔ˦ da˧˦ ts'a˥ 自行车
  钢丝车 kaŋ˥ sɿ˥ ts'a˥
船 ɕy˩

枪帮船 tɕiaŋ˥ paŋ˥ ɕy˩ 专门捕捉野鸭的船
五舱船 u˩ ts'aŋ˥ ɕy˩ 有五个船舱的船
七舱船 tɕ'iəʔ˦ ts'aŋ˥ ɕy˩ 有七个船舱的船
鸭子壳 ŋa˦ tsɿ˥ k'uaʔ˦ 鸭蛋壳，本地最小的船
黄板 uaŋ˩ pie˥ 船板
篷 bəŋ˩
□子 xei˥ tsə˥ 升降船篷的滑轮
桅杆 uei˩ kei˥
舵 do˧˦
□ tsɔ˥ 划船工具
赛□ sɛ˧˦ tsɔ˥ 比赛划龙船
桨 tɕiaŋ˦ 指大一点的桨
□ miɔ˩ 小桨
篙 kɔ˥ 撑船的竹篙
跳板 t'iɔ˧˦ pie˦ 上下船用的工具
锚 mɔ˩
渡船 du˧˦ y˩˨
过渡 ko˧˦ du˧˦ 坐船过河
渡船口 du˧˦ y˩˨ k'ei˥ 渡口

十九　文化教育

学堂 fa˧˦ daŋ˩˨ 学校
上学 saŋ˧˦ ua˧˦
散学 ɕie˥ ua˧˦ 放学
躲课 to˦ k'o˧˦ 逃学

幼儿班 y˧˦ l˩˧ pie˥
私塾 sᴀ˩ suə˨
开蒙费 k·ɛ˥ məŋ˩ fei˨ 私塾学费
散假 çie˩ tçia˧˦ 放假
暑假 sᴀ˩ tçia˧˦
寒假 xei˩ tçia˧˦
请假 tç·iŋ˩ tçia˧˦
教室 tçiɔ˧˦ sə˥˨
上课 saŋ˨ k·o˥
下课 xa˨ k·o˥
黑板 xəʔ˥ pie˧˦
粉笔 fəŋ˩ piəʔ˥
黑板揩 xəʔ˥ pie˧˦ k·a˥ 板擦儿
戒尺 kɛ˧˦ ts·əʔ˥
铅笔 k·ie˩ piəʔ˥
橡皮 çiaŋ˧˦ bᴀ˧˦
描红簿子 miɔ˨ xəŋ˨ u˧˦ tsə˨
  描红本 miɔ˨ xəŋ˨ pəŋ˦
钢笔 kaŋ˩ piəʔ˥
毛笔 mɔ˨ piəʔ˥
笔帽子 piəʔ˥ mɔ˧˦ tsə˨ 保护毛笔头的
笔筒子 piəʔ˥ dəŋ˨ tsə˨
砚台 ni˧˦ dᴀ˧˦
磨墨 mo˧˦ məʔ˨
墨汁 məʔ˧˦ tsəʔ˧˦
拣笔 t·i˨ piəʔ˥
墨水 məʔ˧˦ suei˦
书包 sᴀ˩ pɔ˩
吃黑墨水的 tç·əʔ˥ xəʔ˥ məʔ˧˦
  suei˦ tsə·ɛ˩ 指读书人

识字子 səʔ˥ zᴀ˧˦ tsə˨ 识字的
不识字子 pəʔ˥ səʔ˥ zᴀ˧˦ tsə˨
念书 ni˧˦ sᴀ˦ 读书
背书 bei˧˦ sᴀ˦
考试 k·ɔ˥ sᴀ˦
满分 mo˩ fəŋ˦
零蛋 liŋ˨ die˨ 零分
发榜 faʔ˥ paŋ˦
头名状元 dei˨ miŋ˨ zuaŋ˧˦
  y˧˦
末名 ma˧˦ miŋ˧˦
毕业 piəʔ˥ nie˨
文凭 bəŋ˨ p·iŋ˨
大楷字 do˧˦ k·a˧˦ zᴀ˨
小楷字 çiɔ˩ k·a˧˦ zᴀ˨
字帖 sᴀ˧˦ t·iəʔ˧˦
写白字 çia˦ bə˧˦ zᴀ˨
倒□笔横 tɔ˧˦ suaʔ˧˦ piəʔ˥ o˨
  tçi˥ 写歪字，指写字时笔顺不正确
达了个字 t·aʔ˥ liə˧˦ kəʔ˥ zᴀ˨ 掉了个字
草稿 ts·ɔ˥ kɔ˦
誊清爽了 dəŋ˨ tç·iŋ˨ suaŋ˧˦
  lə˨ 誊清了
偏旁 p·i˨ baŋ˧˦
一点 iəʔ˥ ti˦
一横 iəʔ˥ o˨
一竖 iəʔ˥ zᴀ˧˦
一撇 iəʔ˥ p·iəʔ˥
一捺 iəʔ˥ na˨
一勾 iəʔ˥ ky˥
一提 iəʔ˥ dᴀ˨ 一挑

一划 iə˧˥ uɑ˧˩
单人旁 tie˧˥ zən˧˩ bɑŋ˩
双人旁 suɑŋ˧˥ zən˧˩ bɑŋ˩
弯弓张 ye˧˥ kəŋ˧˥ tsɑŋ˧˥
立早章 lə˧˩ tsɔ˥˩ tsɑŋ˧˥
国字框 kuəʔ˥ zɿ˧˩ k·uɑŋ˧˥ 四框栏儿
宝盖头 pɔ˥˩ kɛ˧˥ dei˧˩
脱宝盖 t·əʔ˥ pɔ˥˩ kɛ˧˥ 秃宝盖儿
竖心旁 sɿ˥˩ ɕiŋ˥˩ bɑŋ˩
反犬旁 ɕye˥˩ tɕ·y˥˩ bɑŋ˩
单耳刀 tie˧˥ ɽ˥˩ tɔ˧˥
双耳刀 suɑŋ˧˥ ɽ˥˩ tɔ˧˥
反文旁 ɕye˥˩ bən˧˥ bɑŋ˩
王字旁 uɑŋ˧˥ zɿ˥˩ bɑŋ˩ 斜玉儿
提土旁 dɿ˩ ts·ʮ˥˩ bɑŋ˩
竹字头 tsuəʔ˥ zɿ˧˩ dei˩
火字旁 xo˥˩ zɿ˧˩ bɑŋ˩
四点水 sɿ˥˩ ti˥˩ suei˥˩
三点水 ɕie˧˥ ti˥˩ suei˥˩
两点水 niɑŋ˧˥ ti˥˩ suei˥˩
病字头 biŋ˥˩ zɿ˧˩ dei˩
走之底 tsei˥˩ tsɿ˧˥ tɿ˩
绞丝旁 kɔ˥˩ sɿ˧˥ bɑŋ˩
提手 dɿ˩ ɕy˧˥
草头 ts·ɔ˥˩ dei˩

二十　文体活动

风筝 fəŋ˧˥ tsəŋ˧˥
躲老猫 to˥˩ lɔ˥˩ mo˧˥ 捉迷藏
踢毽子 t·iəʔ˥ tɕi˥˩ tsə˧˥
吃天子 tɕ·iəʔ˥ t·i˧˥ tsɿ˧˥ 抓子儿
打弹子 ta˥˩ die˥˩ tsɿ˥˩ 弹球儿
打铜壳子 ta˥˩ dəŋ˧˥ k·uəʔ˥ tsɿ˧˥ 一种儿童游戏
削瓦瓣瓣 ɕiəʔ˥ ŋɑ˧˥ bie˧˥ bie˧˥ 打水漂儿
踮田 ti˧˥ di˩ 跳房子
翻天花板 ɕye˧˥ t·i˧˥ fɑ˧˥ pie˥˩ 翻绳
打个谜儿 ta˥˩ kəʔ˥ miŋ˧˥
猜谜儿 ts·uɛ˧˥ miŋ˧˥
打跪 ta˥˩ k·uei˥˩ 一种儿童游戏
脚蹄扳扳 tɕiəʔ˥ dɿ˩ pie˧˥ pie˧˥ 一种儿童游戏，边游戏边唱儿歌
高脚马 kɔ˧˥ tɕiəʔ˥ ma˧˥ 一种小孩用的高跷。两根长棍，棍下部安两个木踏板，脚踩在踏板上，两手扶着长杆行走
扛高脚马 kɑŋ˧˥ kɔ˧˥ tɕiəʔ˥ ma˧˥ 一种儿童游戏，踩着高脚马相互撞击，看谁先倒下
□四角宝 pa˧˥ sɿ˥˩ kuəʔ˥ pɔ˧˥ 一种儿童游戏，用纸对折成长方形以后，再互相作"十"字重叠，折成四方形，大小如一块极薄的香干豆腐，这就成了一隻"四角宝"。游戏的规则是：两人将各自的四角宝随意向空中一抛，落地后正面朝上的先开始打，先游戏者奋力把自己的四角宝拍在对方四角宝附近，靠自己

打下去的四角宝的微弱风力掀翻对方地上的四角宝,这样就赢得了对方一隻四角宝,对方必须另换一隻四角宝用同样的方式赢取。如果没有掀翻对方四角宝,则互相交换着打

打四角宝 taɥ sʅɥ kuaɥ pɔɥ

□三角宝 paɥ ɕieɥ kuaɥ pɔɥ 一种儿童游戏,用纸折叠成三角形,游戏规则同"打四角宝"

打三角宝 taɥ ɕieɥ kuaɥ pɔɥ

拍洋媒子壳子 p'ɛʔɥ iɑŋɥ meiɥ tsəɥ k'uaɥ tsəɥ 一种儿童游戏。"洋媒子壳子"指火柴盒上的画片。有的地方叫"拍洋画"

牌九 bɛɥ tɕyɥ

麻将 maɥ tɕiɑŋɥ

丢色子 tyɥ səʔɥ tsʅɥ 掷色子

押宝 ŋɑʔɥ pɔɥ

打□□ taɥ tɕiɔɥ kuaɥ 牌的一种玩法,用麻将牌玩,但牌的数量比正常麻将牌少

接龙 tɕieʔɥ ləŋɥ 扑克牌的一种玩法

扳十点半 pieɥ zəɥ ti ɥ pɔɥ 扑克牌的一种玩法

算二十四点 seiɥ nɥ zəɥ sʅɥ ti ɥ 扑克牌的一种玩法

打脱手 taɥ t'əʔɥ ɕyɥ 扑克牌的一种玩法,北京同样的玩法叫"跑得快"

打八十分 taɥ pɑʔɥ zəɥ fəŋɥ 扑克牌的一种玩法,两副扑克牌的"升级"

炮仗 p'ɔɥ ts'aŋɥ 爆竹

放双响 faŋɥ suaŋɥ ɕiaŋɥ 燃放二踢脚

放烟火 faŋɥ iɥ xoɥ 放花炮

象棋 ɕiaŋɥ zʅɥ

下棋 xaɥ zʅɥ

将 tɕiaŋɥ

帅 sueɥ

士 sʅɥ

象 ɕiaŋɥ

车 tsʅɥ

马 maɥ

炮 p'ɔɥ

小鬼 ɕiɔɥ kueiɥ 指象棋中的兵和卒

拱小鬼 kəŋɥ ɕiɔɥ kueiɥ 拱卒

叉士 ts'aɥ zʅɥ 士走上来

落士 lɑɥ zʅɥ 士走下来

飞象 feiɥ ɕiaŋɥ

落象 lɑɥ ɕiaŋɥ

跳马 t'iɔɥ maɥ

出车 ts'uəʔɥ tsʅɥ

架炮 kaɥ p'ɔɥ

当顶炮 taŋɥ tiŋɥ p'ɔɥ 当头炮

将军 tɕiaŋɥ tɕyŋɥ

和棋 xoɥ zʅɥ

拔河 baɥ xoɥ

洗冷水澡 ɕiɥ nəŋɥ sueiɥ tsɔɥ 游泳

划水 uaɥ sueiɥ

钻猛子 tseiˋ məŋˉ tsəˋ 潜水

打钉跟头 ta˦ tiŋˉ keiˉ deiˋ 翻跟头

翻连□□ ɕyeˉ liˋ kəʔˋ laŋˉ 连续翻好幾个跟头

跳狮子灯 tˢˈioˋ˦ sɿˉ tsəˋ təŋˉ

跳凼湖船 tˢˈioˋ daŋˋ˦ uəˉ ɕyˋ 跑旱船（"湖"与字音对不上，但本地都写成"湖"）

跳翘骨子灯 tˢˈioˋ tɕˈioˋ kuəˋ tsəˋ təŋˉ 踩高跷

跳马灯 tˢˈioˋ˦ maˉ təŋˉ

跳财神 tˢˈioˋ zɛˋ gəzˋ

送春 səŋ˦ tsˈuəŋ˦ 春节期间的一种民俗活动

盘龙灯 boˋ ləŋˋ təŋˉ 舞龙灯

出□□车 tsˈuʔˋ liŋˋ liŋˉ tsˈaˉ 一种民俗活动

跳瓦壳子精 tˢˈioˋ˦ ŋaˋ kˈuaˋ tsəˋ tɕiŋˉ 跳河蚌灯，一种民俗活动

出菩萨 tsˈuʔˋ uˋ saˉ 流行于安徽和江苏交界一带的一种民俗活动，传说是为了纪念唐朝将军张巡

打水浒 ta˦ suei˦ fu˦ 一种民俗活动，装扮成水浒中的人物舞蹈或表演武术

跳五猖 tˢˈioˋ˦ uˉ tsˈaŋ˦ 一种民俗活动。跳五猖主要分布于南京市高淳区西南境桠溪镇、郎溪县梅渚镇、溧阳市社渚镇一带的胥河沿岸。传说是高淳胥河两岸古代村民为了纪念西汉张渤（民间称祠山大帝）开凿长兴荆溪河，引流至广德的功绩而设。"跳五猖"的道具、面具、服饰都以红、蓝、黄、黑、白五色相配，其意分别代表东、南、西、北、中五方天帝，又暗合木、火、金、水、土五行之色。跳五猖以阴阳五行学说为其架构，表演古朴、凝重，蕴含深厚的古代文化内涵，有送神（取出面具）、接神、贺神、暖神、摆坛、祈愿等有关活动

打莲湘 ta˦ liˋ ɕiaŋˉ 小孩子跳的一种舞蹈

挑花篮 tˢˈioˉ faˉ lieˉ 一种民俗活动，一般由女孩子表演

练本事 liˋ pəŋ˦ zɿˋ 学武术

有本事 yˉ pəŋ˦ zɿˋ 会武术

提线人人 dɿˋ ɕɿˋ ninˋ niŋˉ 提线木偶

目连戏 mə˦ liˉ ɕɿˉ

草台戏 tsˈoˋ dɛˋ ɕɿˉ 临时搭台唱的戏

人人头 niŋˋ niŋˉ deiˋ 画出来或捏出来的人头像

小书 ɕio˦ sɿˉ 小人书

□大把戏 uaŋˉ da˦ pa˦ ɕɿˉ 表演魔术杂技等

花脸 faˉ liˉ

武老生 u˦ loˉ səŋ˦ ①武生 ②比喻坐不住爱动的人

二十一　动作

站 ɕieˊ

蹲 təŋ˥

伏 uˊ 悄悄地蹲在一边

跌跤子 tiəʔˋ kɔ˥ tsəˉ 摔（了）跤

掼跤子 tɕyeˊ˩ kɔ˥ tsəˉ

困 kʻuəŋˊ ①睡 ②侧向跌倒

□ mi˩ 侧向跌倒，同"困②"

连困竖倒 li˩ kʻuəŋ˩ ʂɿˊ˩ tɔˉ 连着摔跌

跌冲跌爬 tiəʔˋtsʻəŋˊ tiəʔˋ baˉ 不断地摔倒又爬起来

□ tsʻeiˉ 脚受绊快速向前跌倒

□ tɕʻiˊ 头朝下跌下来

匍 bəˊ 往前跌倒

仰吊丝瓜 niɑŋ˥ tiɔˊ˩ ʂɿˉ kuaˉ 往后跌倒

□拉一掼去 tsʻɿ˥ la˥ iəˊ˩ tɕyeˊ˩ kʻəˉ˩ 形容滑倒

爬起来 ba˩ tɕʻɿ˥ lɛˉ˩

摆头 pɛˉ deiˉ 摇头

□头 təʔˋ deiˉ 点头

抬头 dɛˉ deiˉ

沉头 səŋˉ deiˉ 低头

回头 ueiˉ deiˉ

脸磨过去 li˥ moˉ koˊ˩ kʻəˉ˩ 脸转过去

睁开眼睛 tsəŋˉ kʻɛˉ ieˉ tɕiŋˉ

巴开眼睛 paˉ kʻɛˉ ieˉ tɕiŋˉ

弹眼珠子 dieˉ ieˉ tsʻɿˉ tsəˉ 瞪眼

吃眼珠子 tɕʻiʔˋ ieˉ tsʻɿˉ tsəˉ 被人瞪了一眼

眹眼睛 kɑʔˋ ieˉ tɕiŋˉ 眨眼睛

碰到 pʻəŋˊ˩ tɔˉ 遇见

看 kʻeiˊ

相 ɕiɑŋˊ 仔细看

相相 ɕiɑŋˊ˩ ɕiɑŋˊ˩ 仔细看了一看

张 tsɑŋˉ 往远处看

望 mɑŋˉ ①往远处看 ②照看 ③向

眇 soˉ 男女之间眉目传情

□眇 təʔˋ soˉ 形容眼睛左右转动，一般指小孩子眼睛灵活

□ pʻiaˉ 瞥，斜着眼睛大略看看

□ tɕyeˉ 留心看，有心看

淌眼泪 tʻɑŋˉ ieˉ lɿˉ 流眼泪

张嘴 tsɑŋˉ tseiˉ

闭嘴 pɿˊ tseiˉ

翘嘴 tɕʻiɔˊ tseiˉ 噘嘴

举手 tsɿˉ ɕyˉ

摆手 pɛˉ ɕyˉ

放手 fɑŋˉ ɕyˉ 撒手

伸手 səŋˉ ɕyˉ

动手 dəŋˉ ɕyˊ˩

拍手 pʻəʔˋ ɕyˉ

背手 peiˊ ɕyˉ 背着手儿

抱 boˊ ①用手臂围住 ②两手交叉在胸前

笼 ləŋˉ 两手交叉伸到袖筒里

第四章 高淳（古柏）方言分类词汇表

拨 paʔ˩ 拨拉
捂住 u˥ zʅ˥
　揞 ŋei˦
□屎 ti˥ sʅ˥ 把屎
□尿 ti˥ sei˥ 把尿
扶□ fu˩ la˥ 扶着
钉栗角子 tiŋ˥ liə˧˥ kuɑ˥ tsə˥ 打栗暴，用弯曲的指头敲击人头
挤锤头 tɕʅ˥ suei˦ dei˧˥ 攥起拳头
□脚 təŋ˦ tɕiɑʔ˥ 跺脚
踮脚 ti˦ tɕiɑʔ˩
高架二郎腿 kɔ˥ kɑ˦ n̩˥ lɑŋ˧˥ tʻei˦ 跷二郎腿
□ tɕya˩ 蜷曲（身体）
抖腿 ty˦ tʻei˦
踢 tʻiəʔ˩
弓腰 kəŋ˥ iɔ˥ 弯腰
伸腰 səŋ˥ iɔ˥
□背 lei˥ pei˥ 捶背
哄 xəŋ˦ 擤（鼻涕）
打□□ ta˦ pʻʅ˦ fəŋ˥ 打喷嚏
闻 bəŋ˩ 用鼻子嗅
嫌憎 i˩ tsəŋ˧˥ 厌恶
哭 kʻuəʔ˩
哭□□ kʻuəʔ˩ lʅ˩ lʅ˩ 形容小孩子一直在哭
哭□□ kʻuəʔ˥ sʅ˧˥ iŋ˥ 形容哭的神态（iŋ˥的本来读音是ɕiŋ˥）
号天打地 xɔ˩ tʻi˥ ta˦ dʅ˧˥ 嚎啕大哭
甩 sue˦ 扔

□ təʔ˩ 有目标地扔
跑 pʻɔ˥
趒 diɔ˥ 走
摆 pɛ˦ 放（在桌上）
搀（酒里~水）tɕʻie˥
□理 tɕʻiəʔ˩ lʅ˩ 收拾
拎 liŋ˥（把东西）提（起来）
拈 ni˥ 捡（起来）
揩掉 kʻɜ˥ tiɔ˧˥ 擦掉
失 səʔ˩ 丢失
寻到了 ɕiŋ˩ tɔ˥ lə˩ 找着了
囥 kʻɑŋ˥（把东西）藏（起来）
躲 to˦（人）藏（起来）
挼 do˥ 堆叠
　码 ma˥
晓得 ɕiɔ˦ təʔ˥ 知道
认得 niŋ˧˥ təʔ˧˥ 认识
认不得 niŋ˧˥ pəʔ˥ təʔ˧˥ 不认识
识字 səʔ˥ zʅ˧˥
想想 ɕiɑŋ˦ ɕiɑŋ˦
估估 ku˦ ku˧˥ 估量
猜 tsʻue˥
吃死 tɕʻiəʔ˥ sʅ˥ 料定
相信 ɕiɑŋ˥ ɕiŋ˥
起疑心 tɕʻi˦ n˩ ɕiŋ˥
打□□ ta˦ ŋ˩ təŋ˦ 犹豫
　打□□ ta˦ ŋ˩ tsʅ˥
吓得怕 xəʔ˥ təʔ˥ pʻɑ˥ 害怕
吓了 xəʔ˥ lə˩ 吓着了
着急 sɑ˧˥ tɕiəʔ˩
记挂 tɕʅ˧˥ kua˥ 挂念
巴望 pa˥ mɑŋ˥ 盼望，指望

巴不得 pa˥ pəʔ˩ təʔ˩
记□ tɕy˥ la˥ 记着
放一百二十四个心 faŋ˧ ia˥˧
　pəʔ˩ n˥˧ zə˩ sy˥ kəʔ˩ ɕiŋ˥
　比喻完全放心
忘煞了 maŋ˨ sa˥˧ lə˨ 忘记了
记（起来了）tɕy˥ 想（起来了）
眼红心热 iɛ˧ xəŋ˨ ɕiŋ˥ niə˩ 眼
　红（嫉妒）
讨厌 t'ɔ˧ i˥
恨 xəŋ˥
偏心 p'i˥ ɕiŋ˥
怄气 y˥ tɕy˥
不高兴 pəʔ˩ kɔ˥ ɕiŋ˥ 生气
（对物）爱惜 ɐʒɛ˨ ɕiəʔ˥˧
痛 t'ɐŋ˥（对小孩子）疼爱
喜欢 ɕy˥ xo˥
承谢 səŋ˨ ia˥˧ 感谢
宠 tsəŋ˧ 宠爱
惯 tɕyɛ˥ 娇惯
就 ɕy˥ 迁就
讲话 tɕiaŋ˧ ua˥ 说话
打白舌 ta˧ bə˥˧ zə˩ 聊天儿
搭话 taʔ˩ ua˥ 搭茬儿
不吱声 pəʔ˩ tsy˨ səŋ˨ 不做声
拐 kuɛ˧ 骗
抬杠 dɛ˨ kaŋ˧
回嘴 uei˨ tsei˧ 顶嘴
打架 ta˧ tɕia˥
骂 ma˥
讨骂 t'ɔ˧ ma˥ 挨骂
找蹩足 tsɔ˧ biə˥˧ tɕiaʔ˩ 找茬儿，

挑刺儿
叮嘱 tiŋ˨ tsy˥˧
嘴□□ tsei˧ lɑ˥˧ sɑ˥˧ 形容嘴碎
喊 ɕiɛ˧

二十二　位置

上头 saŋ˥˧ dei˥˨ 上面
下头 xa˥˧ dei˥˨ 下面
地下 dy˥˧ xa˧
天上 t'i˨ niaŋ˨
山上 ɕiɛ˨ niaŋ˨
路上 lu˥˧ niaŋ˥˧
街头上 kɛ˨ dei˥˧ niaŋ˨ 街上
墙头上 ɕiaŋ˨ dei˥˧ niaŋ˨ 墙上
门上 məŋ˨ niaŋ˨
台子上 dɛ˨ tsə˧ niaŋ˨ 桌上
椅子上 y˧ tsə˧ niaŋ˧
沿沿子上 i˨ i˧ tsə˧ niaŋ˨ 边沿
　上
里□ l˧ k'ei˥ 里面
外头 uɛ˥˧ dei˥˨
手□ ɕy˥˧ lɜ˨ 手里
心□ ɕiŋ˨ lɜ˨ 心里
野外头 iɑ˧ uɛ˥˧ dei˥˧
大门外头 do˥˧ məŋ˥˧ uɛ˥˧
　dei˥˨
墙外头 ɕiaŋ˨ uɛ˥˧ dei˥˨
窗公外头 ts'uaŋ˨ kəŋ˨ uɛ˥˧
　dei˥˨
车子上 ts'a˨ tsə˧ niaŋ˨

车子外头 tsʻaㄱ tsəㄩ ueㄱㅓ deiㄚ
前头 çiㄥ deiㄚ
后头 xeiㄥㄨ deiㄚ
山面前 çieㄱ miㄚㄏ iㄚ 山前
山屁股头 çieㄱ pʻㄱㄏ kuㄚ deiㄚ 山后
房子屁股头 faŋㄱ tsəㄥ pʻㄱㄏ kuㄚ deiㄚ 房后
背后 peiㄥ xeiㄥ
往子□ uaŋㄥ tsəㄥ kaʔㄏ 以前
以后 ㄱㄥ xeiㄥ
后来 xeiㄥ leㄨ
□今以后 kəʔㄥ tçiŋㄏ ㄱㄥ xeiㄥ 从今以后
东 təŋㄥ
西 çㄱㄥ
南 neiㄥ
北 pəʔㄥ
东南拐上 təŋㄥ neiㄥ kueㄥ niaŋㄚ 东南方向
东北拐上 təŋㄥ pəʔㄥ kueㄥ niaŋㄚ 东北方向
西南拐上 çㄱㄥ neiㄥ kueㄥ niaŋㄚ 西南方向
西北拐上 çㄱㄥ pəʔㄥ kueㄥ niaŋㄚ 西北方向
老车□上 lɔㄥ tsʻaㄥ doㄚ niaŋㄥ 特指西南方向（仅限于雷雨从西南方向来时说）
路边上 luㄏ piㄥ niaŋㄥ
当中 taŋㄥ tsəŋㄥ
当当中 taŋㄥ taŋㄥ tsəŋㄥ

床底下 suaŋㄥ tㄱㄏ xaㄚ
楼底下 lyㄥ tㄱㄏ xaㄚ
脚底下 tçiaʔㄥ tㄱㄏ xaㄚ
碗坨坨底 oㄏ doㄥ doㄥ tㄱㄏ 碗底
锅子底 koㄥ tsəㄥ tㄱㄏ 锅底
缸底下 kaŋㄥ tㄱㄏ xaㄚ 缸底
边上 piㄥ niaŋㄥ 旁边
四周下落 sㄱㄏ tçyㄥ xaㄏ laㄚ
眼睛跟头 ieㄥ tçiŋㄥ keiㄥ deiㄥ
哪个方□ laㄏ kəʔㄥ faŋㄥ taŋㄥ
□子地方 ㄋㄥ tsəㄥ dㄱㄏ faŋㄏ
哪块世界 laㄏ kʻuaㄥ sㄱㄥ kɛㄥ
左边 tsoㄥ piㄥ
顺手边 suəŋㄨ çyㄥ piㄏ 右边
望里去越 maŋㄏ lㄥ kʻəʔㄥ diɔㄥ 往里走
望外头越 maŋㄥ ueㄏ deiㄚ diɔㄥ 往外走
望东上越 maŋㄥ təŋㄥ niaŋㄥ diɔㄥ 往东走
望西上越 maŋㄥ çㄱㄥ niaŋㄥ diɔㄥ 往西走
越回头路 diɔㄥ ueiㄥ deiㄥ luㄥ 往回走
望前头越 maŋㄥ çiㄥ deiㄥ diɔㄥ 往前走

二十三　代词等

我 oㄥ
尔 ㄋㄥ 你

他 tʻaꓶ
我□ oꓩ┼ tɛ˧ 我们
尔□ nꓩ┼ tɛ˧ 你们
□□他们 daㄥ tɛ˧（本调不明，发音人认为和"大 daˊ"同音。变调[ㄥ]11 符合[ˊ]24 变[ㄥ]11 的规则）
我子 oꓶ tsəꓶ 我的
人家 niŋꓶ kaꓶ
大□ dɜˊㄥ sꓶˊ 大家
哪个 laˊ┼ kəʔˊㄥ 谁
个个 kəʔˊ kəʔˊㄥ 这个
个个 koˊ┼ kəʔˊㄥ 那个
个些 kəʔˊ çꓶˊ 这些
个些 koˊ┼ çꓶˊㄥ 那些
个□ kəʔˊ taʔˊㄥ 这里
　个头 kəʔˊ deiꓶㄥ 这头
个□ koˊ┼ daˊ 那里
　个头 koˊ┼ deiˊㄥ 那头
哪□ laˊ┼ daˊ 哪里
　哪头 laˊ┼ deiˊㄥ
　哪块 laˊ┼ kʻɜˊ
□□（做）kɔꓶ lɔꓶ 这么（做）
□□（做）koˊ┼ lɔˊㄥ 那么（做）
个□（高）kəʔˊ kaˊ 这么（高）
个□（高）koˊ┼ kaˊ┼ 那么（高）
□□（做）aˊㄥ niaˊ 怎么做
□□弄 aˊㄥ niaˊ nəŋꓶ 怎么办
为桩□子事 ueiꓶ tsuaŋˊ┼ nꓶˊ tsəˊ zꓶˊ 为什么
□子 nꓶˊ tsəꓶ 什么
多少 toꓶ sɔˊ┼

多（高、大、重）toꓶ
我□两家 oꓶ┼ tɛˊ┼ niaŋꓶ kaꓶ 我们俩
尔□两家 nꓶ┼ tɛˊ┼ niaŋꓶ kaꓶ 你们俩
他□两家 tʻaꓶ┼ tɛˊ┼ niaŋꓶ kaꓶ 他们俩
夫妻伙□ fuꓶ tçʻꓶꓶ xoꓶ┼ loꓶ 夫妻俩
娘□女 niaŋㄥ aʔꓶ ńꓶˊ 娘儿俩
老子儿子 lɔꓶ tsəㄥ ńꓶˊ tsəꓶ 爷儿俩
老子女儿 lɔꓶ tsəㄥ ńꓶˊ ńꓶ┼ 父女俩
爷爷子孙 iaˊ∙ńꓶ iaㄥ tsꓶꓶ səŋ˩┼ 爷孙俩
娘娘婶婶 niaŋㄥ niaŋㄥ səŋ┼ səŋ┼ 妯娌俩
姑□嫂嫂 kuꓶ uɜꓶ sɔꓶ sɔꓶ 姑嫂俩
婆婆媳妇 boㄥ boˊㄥ çiəʔꓶ uˊ┼ 婆媳俩
哥哥弟子 koꓶ koꓶ dꓶˊㄥ tsəꓶ 兄弟俩
兄弟伙□ çyŋꓶ dꓶˊ┼ xoˊ┼ loꓶ 兄弟们
姐姐妹子 tçiaˊ┼ tçiaˊ┼ meiˊㄥ tsəꓶ 姐妹俩
娘舅外甥 niaŋㄥ yˊ┼ uɜˊ┼ seiˊㄥ 舅甥俩
姑□侄子 kuꓶ uɜꓶ zˊㄥ tsəꓶ 姑侄俩

伯伯侄子 pəʔ˧ pəʔ˧ zə˧˩ tsə˧ 叔侄俩

师傅徒弟 sๅ˥ u˧˩ du˩ dๅ˧˩ 师徒俩

二十四　形容词

好 xɔ˧

□ xaʔ˧ 坏

不□ pəʔ˧ xaʔ˧ 不错

差不多 tsʻa˥ pəʔ˧ to˥

不为奇 pəʔ˧ uei˩ ๅ˥ 不怎么样

不抵事 pəʔ˧ tๅ˥ zๅ˧ 不顶事

差 tsʻa˥ 次（指人品、东西）

□ tɕia˧ 形容男女漂亮，也可指东西漂亮

丑 tɕʻy˧

丑通外国 tɕʻy˧ tʻəŋ˧˩ ue˧˩ kuaʔ˧˩ 形容特别丑

要紧 iɔ˧˩ tɕin˧

热闹 niə˧˩ nɔ˥

　热闹纷天 niə˧˩ nɔ˥ fəŋ˥ tʻi˥

牢 lɔ˩ 坚固

硬 ŋei˧

钉硬 tin˥ ŋei˧ 形容很硬

软 ny˥

稀软 ɕๅ˥ ny˥

干净 kei˥ in˧

屙糟 o˥ tsɔ˥ 脏

咸 ɕie˩

齁咸 xei˥ ɕie˩

淡（不咸）die˩

淡□□ die˧˩ tɕๅ˧˩ kuaʔ˧ a˩ 形容味道淡

香 ɕiaŋ˥

喷香 pʻəŋ˧ ɕiaŋ˥

臭 tɕʻy˧

瘟臭 uəŋ˥ tɕʻy˧ 形容很臭

酸 sei˥

□酸 tɕๅ˥ sei˥ 形容很酸

甜 di˩

鲜甜 ɕi˥ di˩

苦 kʻu˧

□苦 xaʔ˧ kʻu˧ 形容很苦

辣 la˧

风快 fəŋ˥ kʻuɜ˧ 形容刀锋利

滚 kuəŋ˧ 形容温度高

飞滚 fei˥ kuəŋ˧ 形容人体发烧

脆 tsʻei˧

松脆 səŋ˥ tsʻei˧ 形容很脆

□（粥稀）lɔ˧

干（粥稠）kei˥

稀（不密）ɕๅ˥

密 miə˧

腥 ɕin˥

□腥 xaʔ˧ ɕin˥ 形容很腥

嫩 nəŋ˧

飞嫩 fei˥ nəŋ˧ 形容很嫩

酽 ni˧ 茶浓

壮 tsuaŋ˧ 动物肥、人胖

瘦 ɕy˧ 不胖、不肥

精 tɕin˥ 指肉瘦

肥 bei˩ 指肉肥

舒服 sʮ˥ fə˩˦
难过 nie˩ ko˥
小家子气 ɕio˥ ka˥ tsə˩ tɕʮ˦ 腼腆
乖 kuɛ˩
皮 bʮ˩ 淘气，顽皮
活络 ua˦˩ la˥ ①形容脑子机灵 ②活动的，不稳固
活□ ua˦˩ t'a?˦ 形容动作灵敏
□□ fə˦ də˥ 糊涂
小气 ɕio˦ tɕʮ˦
大方 da˦˩ faŋ˩
整（鸡蛋吃~的）tsəŋ˦
浑（~身是汗）uəŋ˩
凹 ua˩
荫□ iŋ˦ dɔ˥ 凉快
齐整 ɕi˩ tsəŋ˦ 整齐
依心 ʮ˩ ɕiŋ˩ 称心
晏 ie˥ 晚、迟
多 to˩
少 sɔ˦
大 do˥
小 ɕio˦
长 saŋ˩
短 tei˦
阔 k'ua?˩ 宽
狭 xa˥ 窄
厚 xei˥
□ ɕio˩ 薄
稀□ ɕʮ˩ ɕio˩ 形容很薄
深 səŋ˩
浅 tɕ'i˦

高 kɔ˩
低 tʮ˩
矮 ŋɜ˦
正 tsəŋ˥
歪 fɜ˩
筅 tɕia˥ 斜
红 xəŋ˩
通红 t'əŋ˩ xəŋ˩
浅红 tɕi˦
蓝 lie˩
绿 lə˥
草绿 ts'ɔ˦ lə˥
浅绿 tɕ'i˦ lə˦˥
白 bə˥
雪白 ɕia?˦ bə˥
苍白 ts'aŋ˩ bə˥
灰 fei˩
黄 uaŋ˩
老黄 lɔ˦ uaŋ˩ 深黄
青 tɕ'iŋ˩
铁青 t'ia?˦ tɕ'iŋ˩
紫 tsʮ˦
黑 xə?˦
漆黑 tɕ'ia?˦ xə?˦

二十五 副词 介词等

才将 sɜ˩ tɕiaŋ˩ 刚（我~来，没赶上）
将好 tɕiaŋ˩ xɔ˦ 刚好（~十块钱）

第四章 高淳（古柏）方言分类词汇表

将将 tɕiaŋ˥ tɕiaŋ˥ 刚（不大不小，~合适）
光 kuaŋ˥ 净（~吃米，不吃面）
有□ y˥ tŋ˧˩ 有点儿（冷）
单怕 tie˥ pʻa˧˩ 也许（~要下雨）
差□□ tsʻa˥ tŋ˧˩ tŋ˧˩ 差点儿
马上 ma˥ zaŋ˧˩
趁早 tsʻəŋ˥ tsɔ˨
得□ tə˨ tsʻɛ˥ 幸亏
当面 taŋ˥ miɛ˧˩
特为 də˨˩ uei˧˩ 特意
背背 bei˨˩ pei˧˩ 背地里（不要~说）
一□ iə˨˩ zəŋ˨˩ 一块儿（咱们~去）
就便 ɕy˨˩ bi˧˩ 顺便
□□□ pa˨ ŋ˥ dɔ˨ 故意
□□ uei˨˩ tɕʻiaʔ˨˩ 实在（这人~好）
拢共 ləŋ˥ kəŋ˧˩ 总共
吃白 tɕʻiaʔ˨ bə˧˩ 白吃
白踏空 bə˨˩ dɑ˨˩ kʻəŋ˧˩ 白跑一趟
偏偏子 pʻi˥ pʻi˥ tsɿ˨ 偏（你不叫我去，我~要去）
瞎 xɑʔ˨ 胡（~搞，~说）
先 ɕi˥（你~走，我随后就来）
开先头 kʻɛ˥ ɕi˥ dei˨ 先（他~不知道，后来才听人说的）
另外 liŋ˨ uɤ˧˩
讨 tʻɔ˨ 被（~狗咬了一口）
把 pa˧˩

拿 na˨ 把（~门关上）
对 tei˧˩（你~他好，他就~你好）
对□ tei˧˩ la˧˩ 对着
到 tɔ˧˩（~哪儿去，~哪天为止，扔~水里）
来 lɤ˧˩ 在（~哪儿住）
从 səŋ˨
自从 sɿ˧˩ zəŋ˨˩
依 ŋ˥ 照（~我看不算错）
用 yŋ˧˩ 使（你~毛笔写）
顺□ suaŋ˨˩ la˧˩ 顺着
朝（后头看看）sɔ˨
帮 paŋ˥ 替，给（你~我写封信，~大家办事）
帮我 paŋ˥ o˨ 给我（虚用，加重语气，你~吃干净这碗饭）
同 dəŋ˨ 和（这个~那个一样）
问 bəŋ˧˩（~他借一本书）
拿…叫 na…tɕio˥ 管…叫（有些地方管山药叫白薯）
拿…当 na…taŋ˧˩（拿麦秸当柴烧）
自小 sɿ˨˩ ɕio˧ 从小
望外头 uaŋ˥ uɤ˧ dei˨˩（老王钱多，不~拿）
□□ faʔ˨ tɕiŋ˧˩ 放在单音形容词后面表示程度深，如"快、好、硬 软、长、短、苦、辣、高、矮"等等

二十六　量词

把 pa˧ 椅子、米
张 tsɑŋ˥ 椅子、桌子、白臼（石臼）
块 kʻuɛ˥ 奖章、手巾、肉
本 pəŋ˧ 书
笔 piəʔ˧ 款
皮 bɿ˩ 一~马：一匹马；一~砖：一块砖
条 diɔ˩ 牛、猪、河、手巾
封 fəŋ˥ 信
副 fu˥ 药、眼镜、心事
味 uei˥ 药
个 kəʔ˥ 人、客人、帽子
桩 tsɑŋ˥ 事
枝 tsɿ˥ 花
餐 tɕʻie˥ 饭
顿 təŋ˥ 饭
□ u˥ 一~黄蟹：一隻螃蟹；一~车：一辆车
撮 tsɑʔ˥ 一~香：一小把儿线香
隻 tsəʔ˥ 手
盏 tɕie˥ 灯
桌 tsuaʔ˥ 酒席
场 sɑŋ˩ 雨、戏
床 suaŋ˩ 被子
身 səŋ˩ 棉衣
支 tsɿ˥ 枪、笔
棵 kʻo˥ 树

粒 l˥ 米
家 ka˥ 铺子、人家
架 tɕia˥ 飞机
间 kie˥ 屋子
□ lu˥ 一~房子：一座房子
件 ɕi˥ 衣裳
行 xɑŋ˥ 字
番 ɕye˥ 好心
面 mi˥ 旗、墙
盘 bo˩ 棋
□ tsʻɑʔ˥ 一~棋：一步棋
门 məŋ˩ 亲事
刀 tɔ˥ 纸
沓 taʔ˥ 纸
缸 kɑŋ˥ 水
碗 o˧ 饭
杯 pei˥ 茶
包 pɔ˥ 花生
卷 tɕy˧ 纸
担 tie˥ 米
挂 kua˥ 鞭炮、粽子（十个）
句 tsɿ˥ 话
双 suɑŋ˥ 鞋
对 tei˥ 花瓶
套 tʻɔ˥ 书
种 tsəŋ˧ 虫子
□ faʔ˥ 一~人：一批人；一~货：一批货
帮 pɑŋ˥ 人
□ ta˥ 大拇指与中指张开的长度
甩庹 suɛ˧ tʻɑ˧ 两臂平伸两手伸直的长度

停 diŋ˩ 一~砖：堆在一起的两百块砖
茎 tsʻo˧ 一~：一截儿（白薯）
□ xei˧ 一~脸：一张脸
□ təŋ˥ 一~墙：一面墙；一~坟：一座坟
□ tɑʔ˩ 一~涎沫：一口痰
□ xɑʔ˩ 一~茶：一口茶
□ pa˥ 一~头：（剃了）一次头
扇 ɕi˧ 一~网：一张网
堂 daŋ˩ 一~官司：一场官司
□ ŋa˧ 一~西瓜：一瓣西瓜
票 pʻiɔ˧ 一~布：（买）一块布；一~生意
挼 do˧ 叠（碗）
眼 ie˩ 一~柜子：一个柜子；一~井
座 so˧ 山

二十七　方言地名

淳溪 suəŋ˩ tɕʻ˩
砖墙 tɕy˩ iaŋ˩
保胜 pɔ˦ səŋ˦
狮树 sʅ˦ ʮ˧
丹湖 tie˦ u˩
沧溪 tsʻaŋ˦ tɕʻ˩
薛城 ɕiəʔ˦ zəŋ˩
凤山 bəŋ˦ ɕie˦
双塔 suaŋ˩ tʻɑʔ˦
古柏 ku˦ pəʔ˦
漆桥 tɕʻiʔ˦ ɕi˩

固城 ku˦ zəŋ˩
漕塘 sɔ˩ daŋ˩
东坝 təŋ˦ pa˦
青山 tɕʻiŋ˦ ɕie˩
下坝 xa˦ pa˦
定埠 diŋ˦ u˦
永宁 yŋ˦ liŋ˩
顾陇 ku˦ ləŋ˩
韩村 xei˩ tsʻəŋ˩
戴家城 tɛ˦ ka˦ zəŋ˩
许家 sʅ˦ ka˦
武家咀 fu˦ ka˦ tsei˦
唐倩圩 daŋ˩ tɕʻi˦ ʮ˩
翔凤岗 ɕiaŋ˩ bəŋ˦ kaŋ˩
下顾家 xa˦ ku˦ ka˦
黄家 uaŋ˩ ka˩
贾郎头 ka˦ laŋ˩ dei˩
竹丝巷 tsuəʔ˩ sʅ˩ xaŋ˩
野林村 ia˦ liŋ˩ tsʻəŋ˩
骆村 la˦ tsʻəŋ˦
卫村 uei˦ tsʻəŋ˦
棠梨港 daŋ˩ li˩ kaŋ˦
游山头 y˩ ɕie˩ dei˩
溧山 lə˦ ɕie˦
遮军山 tsa˩ tɕyŋ˩ ɕie˩
大山头 do˦ ɕie˦ dei˩
尖山 tɕi˩ ɕie˩
小山 ɕiɔ˦ ɕie˦
禅林山 ɕi˩ liŋ˩ ɕie˩
小茅山 ɕiɔ˦ cɯ˩ ɕie˩
大花山 do˦ fa˦ ɕie˦
小花山 ɕiɔ˦ fa˦ ɕie˦

九龙山 tɕy˧˥ ləŋ˨ ɕie˥
木竹山 mə˧˩ tsuaʔ˥ ɕie˥
马鞍山 ma˥ ŋei˥ ɕie˥
大金山 do˧˩ tɕiŋ˧˥ ɕie˧˩
小金山 ɕiɔ˧˥ tɕiŋ˧˥ ɕie˥
蒋山 tɕiaŋ˧˥ ɕie˧˥
秀山 ɕy˧˩ ɕie˧˩
荆山 tɕiŋ˥ ɕie˥
状元山 saŋ˧˩ y˨ ɕie˥
种桃山 tsəŋ˧˩ dɔ˨ ɕie˥
花奔山 fa˥ pəŋ˨ ɕie˥
军山 tɕyŋ˥ ɕie˥
蛇山 sa˨ ɕie˥
凤凰山 bəŋ˧˩ uaŋ˨ ɕie˥
望牛墩 maŋ˧˩ ny˨ təŋ˥
水阳江 suei˧˥ iaŋ˨ tɕiaŋ˥

运粮河 yŋ˧˩ liaŋ˨ xo˨
官溪河 ko˥ tɕ'i˨ xo˨
港口河 kaŋ˧˥ k'ei˧˥ xo˨
漆桥河 tɕiaʔ˥ iɔ˨ xo˨
胥河 sʅ˥ xo˨
漕塘河 tsʻɔ˨ daŋ˨ xo˨
沛桥河 p'ei˧˥ iɔ˨ xo˨
桠溪河 ia˥ tɕ'i˥ xo˨
陈家河 səŋ˨ ka˧˩ xo˨
固城湖 ku˧˩ zəŋ˧˩ u˨
　小南湖 ɕiɔ˧˥ nei˨ u˧˩
石臼湖 sə˧˩ y˧˩ u˨
　北湖 pəʔ˥ u˨
丹阳湖 tei˥ iaŋ˨ u˨
　西莲湖 ɕi˥ li˨ u˨

第五章　高淳（古柏）方言语法概说

一　高淳（古柏）方言主要语法特点

1. 被动式用"讨"或"把"。例如：
①碗讨打破了 o˧ tʰɔ˧ ta˦ pʼo˧ lə˩ 碗被打破了
②碗把打破了 o˧ pa˦ ta˦ pʼo˧ lə˩ 碗被打破了
③碗讨他打破了 o˧ tʰɔ˧ tʼa˩ ta˦ pʼo˧ lə˩ 碗被他打破了
④碗把他打破了 o˧ pa˦ tʼa˩ ta˦ pʼo˧ lə˩ 碗被他打破了

2. 表"给予"用"把"。例如：
①把本书我 pa˦ pəŋ˦ sʮ˧ o˩ 给我一本书
②他把□我一本书 tʼa˩ pa˦ lɑ˧˩ pəŋ˦ sʮ˧ o˩ 他给了我一本书

3. "动词+得"带宾语和可能补语，肯定形式是"V 得 O C"，否定形式是"V 不 O C"或"VO 不 C"。例如：
①打得他过 ta˦ tə˥ tʼa˩ ko˧ 能打过他
②打不他过 ta˦ pə˥ tʼa˩ ko˧ 打不过他
③打他不过 ta˦ tʼa˩ pə˥ ko˧ 打不过他

4. 普通话"在+方位词短语"结构，高淳（古柏）方言用"来+方位词短语"表示，其中动词"来"读阴去。例如：
①他来哪头吃子饭 tʼa˩ lɛ˧ la˧˦ dei˧˩ tɕʼi˥ tsə˧ bie˧ 他在哪儿吃的饭？
②他是来我家来里吃子饭 tʼa˩ zə˦ lɛ˧ o˩ ka˧ lɛ˧˩ tɕʼi˥ səˑ bie˧

5. 反复问句用"可 VP"式，"可"字促化，读不送气的入声。例如：
①我可该来 o˩ kə˥ kɛ˧˦ lɛ˩ 我应不应该来？
②可有饭□ kə˥ y˧ bie˧˦ lɑ˧ 还有饭没有？

③尔可到北京去 n˩ kəʔ˩ tɔ˩ pəʔ˩ tɕiŋ˦ kʻə˧ 你去不去北京？
④他可晓得 tʻa˩ kəʔ˩ ɕiɔ˦ təʔ˩ 他知道不知道？

6. 高淳（古柏）方言与普通话名词性的"的"字结构相当的成分有"□[lɔ˧/lɔ˧/lə˧]"和"子[tsə˧/tsə˧]"两个，例如：

男□ nei˩ lɔ˧ 男的　　　　　高□ kɔ˧ lɔ˧ 高的
女□ n̩˦ lɔ˧ 女的　　　　　　矮□ ŋɛ˦ lɔ˧ 矮的
黑□ xəʔ˩ lɔ˧ 黑的　　　　　硬□ ŋei˧ lɔ˧ 硬的
白□ bə˧ lɔ˧ 白的　　　　　　软□ ny˦ lɔ˧ 软的
红□ xəŋ˧ lɔ˧ 红的　　　　　老□ lɔ˦ lɔ˧ 老的
绿□ lə˧ lɔ˧ 绿的　　　　　　小□ ɕiɔ˦ lə˧ 小的
长□ sɑŋ˧ lɔ˧ 长的　　　　　灰色□ fei˧ səʔ˩ lɔ˧ 灰色的
短□ tei˦ lə˧ 短的
我子 oŋ˦ tsə˧ 我的　　　　　用子 yŋ˧ tsə˧ 用的
他子 tʻa˦ tsə˧ 他的　　　　　前头子 ɕi˧ dei˩ tsə˧ 前头的
张三子 tsɑŋ˧ ɕie˧ tsə˧ 张三的　后头子 xei˧ dei˩ tsə˧ 后头的
吃子 tɕʻiəʔ˩ tsə˧ 吃的

与普通话形容词性的"的"字结构相当的成分，用"子[tsə˧]"。例如：轻轻子 tɕʻiŋ˧ tɕʻiŋ˧ tsə˧ 轻轻的，□□子 tʻɔ˧ tʻɔ˧ tsə˧ 慢慢的。

与普通话副词性的"的"字结构相当的成分，用"□[lɔ˧]"。例如：真□真的不轻 tsəŋ˧ lɔ˧ pəʔ˩ tɕʻiŋ˧。

"□[lɔ˧/lɔ˧]"还可以在单音形容词或动词后，表示某种状态，例如：

斜□ ɕia˩ lɔ˧ 斜着　　　　　竖□ sɿ˧ lɔ˧ 竖着
正□ tsəŋ˦ lɔ˧ 正着　　　　　横□ o˩ lɔ˧ 横着

二 高淳（古柏）方言的"ABB"式

"ABB"式是由一个单音节形容词、名词性或动词性加重迭的词缀"BB"构成，整个结构形容人或事物的状态或性质。举例如下（也包括少量四字格词语）：

呆惰惰 ŋɛ˩ do˧ do˧ 形容头脑反应慢，动作不灵活

第五章 高淳（古柏）方言语法概说

矮□□ ŋe˧ taʔ˩ taʔ˩ 形容个子矮矮的
矮短短 ŋe˧ tei˧ tei˧ 形容个子矮矮的
矮不□ ŋe˧ pəʔ˩ lo˥ so˩ 形容个子矮
矮不多□ ŋe˧ pəʔ˩ to˥ lo˥ 形容个子矮
安稳稳 ŋei˥ uən˧˥uən˧˥ 安安稳稳的样子
白洋洋 bə˩ iaŋ˧˥ iaŋ˥ 形容雪白的样子
白□□ bə˩ ʐ˧˥ ʐ˥ 多指汤菜颜色、滋味寡淡
白浪浪 bə˩ laŋ˧˥ laŋ˥ 形容水面白茫茫一片
白鼓鼓 bə˩ ku˧˥ ku˥ 因受水浸泡而颜色发白
扁爬爬 pi˧ ba˥ ba˥ 多指物品扁而微凹
扁□□ pi˧ sɿ˥ sɿ˥ 形容物品受压变成扁平的样子
瘪凹凹 piəʔ˩ ua˥ ua˧˥ 形容干瘪
瘪荡荡 piəʔ˩ daŋ˧˥ daŋ˧˥ 形容干瘪
瘪奔奔 piəʔ˩ taʔ˧˥ taʔ˧˥ 形容干瘪
笔立立 piəʔ˩ liə˧˥ liə˧˥ 笔直的样子
冰□□ piŋ˥ do˥ do˥ 形容冰凉舒适的感觉
冰□□ piŋ˥ iai˧˥ iai˧˥ 形容冰凉舒适的感觉
长条条 saŋ˩ dio˥ dio˩ 形容长长的
长□□ saŋ˩ i˥ ci˥ 形容长长的
长拖拖 saŋ˩ tʻo˥ tʻo˥ （绳索等）细长的样子
长□□ saŋ˩ xa˥ xa˧˥ 形容个子高而瘦
蠢巴巴 tsʻuəŋ˧ pa˥ pa˧ ①形容物品不精致 ②形容过分率直而不
　　　　　　　　　　　　委婉，不注意礼貌
丑巴巴 tɕʻy˧ pa˥ pa˥ 形容丑陋的样子
脆洋洋 tsʻei˥ iai˧˥ iai˥ 形容食品松脆适口
馋好好 ɕie˩ xɔ˧˥ xɔ˧˥ ①见到他人吃东西自己也想吃 ②心痒痒的，
　　　　　　　　　　　　想去做某事
潮洇洇 sɔ˩ iŋ˧˥ iŋ˥ 形容潮湿
潮□□ sɔ˩ kaʔ˧˥ kaʔ˩ 形容潮湿
潮□□ sɔ˩ tɕʐ˥ tɕʐ˥ 形容潮湿
潮□□ sɔ˩ məŋ˥ məŋ˥ 形容潮湿
□歪歪 sɿ˩ fɜ˥ fɜ˥ 形容油嫩

慈□□ sɿ˩ dɛ˩ dɛ˩ 形容神态相貌温和
刺□□ tsʻɿ˧˦ kaʔ˥˩ kaʔ˩ 形容寻衅滋事的样子
刺戳戳 tsʻɿ˧˦ tsʻuaʔ˥˩ tsʻuaʔ˩ ①形容身上刺痒痒的 ②形容寻衅滋事的样子
稠□□ ɕy˩ dɛ˩ dɛ˩ 形容流质食物粘稠度大
粗壮壮 tsʻɿ˥ tsuaŋ˧˦ tsuaŋ˩ 形容粗壮的样子
粗□□ tsʻɿ˥ xa˧˦ xa˩ 形容食品粗糙不适口
□落落 tiəʔ˩ la˧˦ la˩ 形容目光注视不动的样子
大□□ do˩ pʻəʔ˥˩ pʻəʔ˩ 形容衣服宽松
大卖卖 do˩ mɜ˩ mɜ˩ 形容充大辈儿的样子
呆兮兮 tɛ˥ ɕɿ˥ ɕɿ˥ ①形容脸上表情死板 ②发愣的样子
淡微微 die˧˦ uei˩ uei˩ 形容食品淡而适口
淡稀稀 die˧˦ ɕɿ˧˦ ɕɿ˩ 形容味道淡
淡几刮落 die˧˦ tɕɿ˧˦ kuaʔ˧˦ la˧ 形容菜淡而无味
短抹抹 tei˧ ma˧˦ ma˧ 形容短小
短翘翘 tei˧ tɕʻio˧˦ tɕʻio˧ 形容短而适中
低翘翘 tɿ˥ tɕʻio˥ tɕʻio˥ 形容建筑物矮小
低塌塌 tɿ˥ tʻaʔ˥ tʻaʔ˩ 形容建筑物矮小
屌翘翘 tio˧ tɕʻio˧˦ tɕʻio˩ 形容故意摆谱，不屑于做某事的样子
饿□□ o˧˦ xa˧˦ xa˩ 饥饿的样子
恶厉厉 ua˧˦ lɿ˧ lɿ˩ 形容向别人讨要东西过于露骨的样子
泛□□ ɕye˧˦ də˩ də˩ 形容胃中难受欲吐的样子
方正正 faŋ˥ tsəŋ˧˦ tsəŋ˩ 形容方方正正的样子
高□□ kɔ˥ ŋɜ˩ ŋɜ˩ 形容地势高而干爽
高爽爽 kɔ˥ saŋ˥ saŋ˧˦ 形容地势高而干爽
高□□ kɔ˥ nei˧˦ nei˩ 形容东西放得很高的样子
高架架 kɔ˥ ka˧˦ ka˩ 形容东西放得很高的样子
□□□ kəʔ˩ liŋ˧˦ liŋ˩ 形容人性格严厉，相貌逼人，使人敬畏
乖笃笃 kuɛ˥ təʔ˩ təʔ˩ 形容乖乖的
光标标 kuaŋ˥ pio˧˦ pio˥ 形容表面话说得动听
光洞洞 kuaŋ˥ dəŋ˧˦ dəŋ˩ ①形容空无一物 ②形容财产等完全失去

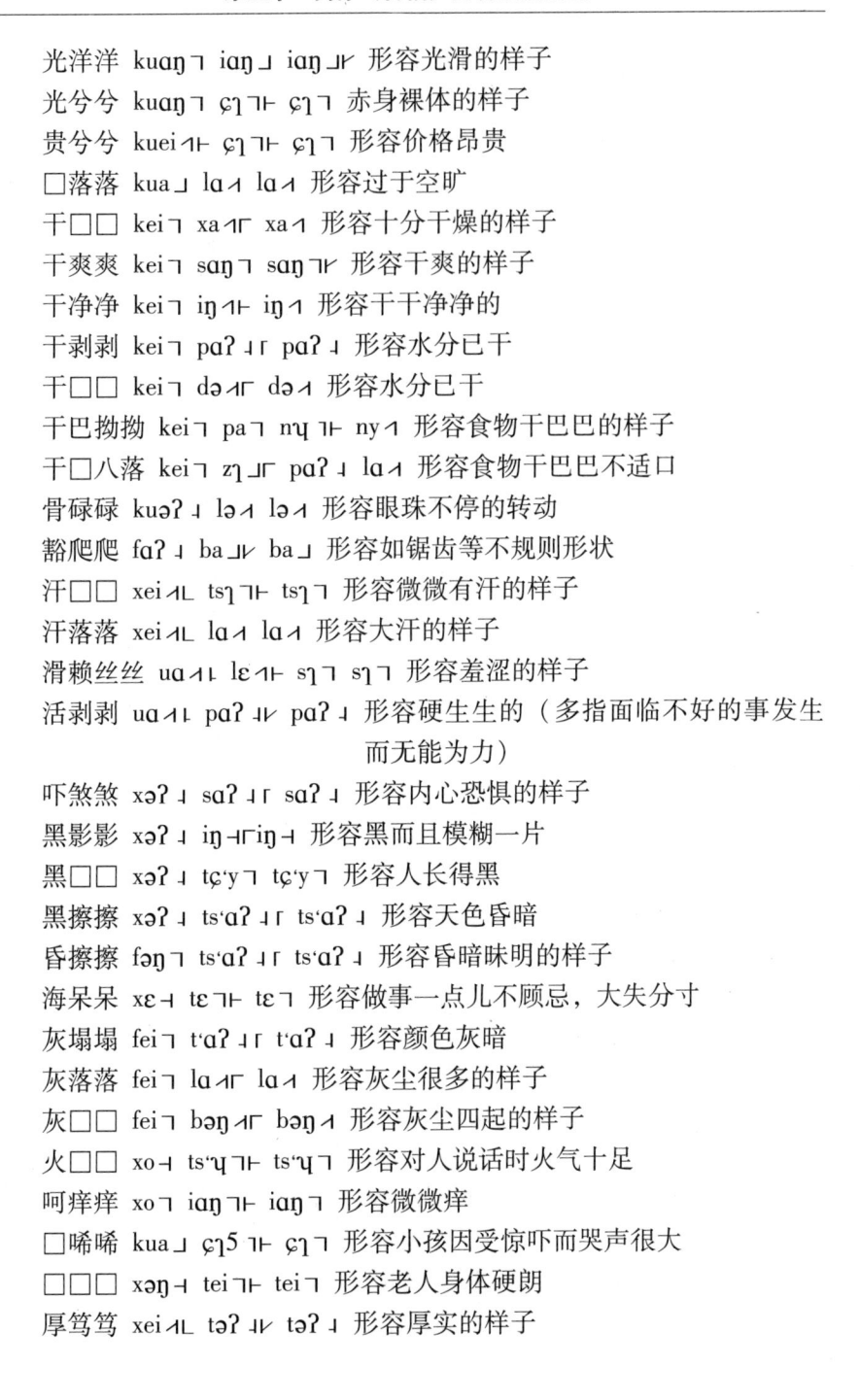

光洋洋 kuaŋ˥ iɑŋ˥ iɑŋ˩˧ 形容光滑的样子
光兮兮 kuaŋ˥ ɕʅ˥ ɕʅ˥ 赤身裸体的样子
贵兮兮 kuei˧˥ ɕʅ˥ ɕʅ˥ 形容价格昂贵
□落落 kua˩ la˩ la˩ 形容过于空旷
干□□ kei˥ xa˥ xa˩ 形容十分干燥的样子
干爽爽 kei˥ sɑŋ˥ sɑŋ˩˧ 形容干爽的样子
干净净 kei˥ iŋ˧˥ iŋ˥ 形容干干净净的
干剥剥 kei˥ pɑʔ˥ pɑʔ˩ 形容水分已干
干□□ kei˥ də˥ də˩ 形容水分已干
干巴拗拗 kei˥ pa˥ ny˧˥ ny˩ 形容食物干巴巴的样子
干□八落 kei˥ ʐʅ˥ pɑʔ˥ la˩ 形容食物干巴巴不适口
骨碌碌 kuəʔ˩ lə˩ lə˩ 形容眼珠不停的转动
豁爬爬 fɑʔ˩ ba˩˧ ba˩ 形容如锯齿等不规则形状
汗□□ xei˧˥ tsʅ˥ tsʅ˥ 形容微微有汗的样子
汗落落 xei˧˥ la˩ la˩ 形容大汗的样子
滑赖丝丝 ua˧˥ lɛ˧˥ sʅ˥ sʅ˥ 形容羞涩的样子
活剥剥 ua˧˥ pɑʔ˩˧ pɑʔ˩ 形容硬生生的（多指面临不好的事发生而无能为力）
吓煞煞 xəʔ˩ sɑ˥ sɑ˩ 形容内心恐惧的样子
黑影影 xəʔ˩ iŋ˧iŋ˧ 形容黑而且模糊一片
黑□□ xəʔ˩ tɕˑy˥ tɕˑy˥ 形容人长得黑
黑擦擦 xəʔ˩ tsʽɑʔ˩ tsʽɑʔ˩ 形容天色昏暗
昏擦擦 fəŋ˥ tsʽɑʔ˩ tsʽɑʔ˩ 形容昏暗昧明的样子
海呆呆 xɛ˧ tɛ˧ tɛ˥ 形容做事一点儿不顾忌，大失分寸
灰塌塌 fei˥ tʽɑʔ˩ tʽɑʔ˩ 形容颜色灰暗
灰落落 fei˥ la˩ la˩ 形容灰尘很多的样子
灰□□ fei˥ bəŋ˧˥ bəŋ˩ 形容灰尘四起的样子
火□□ xo˧ tsʽʅ˥ tsʽʅ˥ 形容对人说话时火气十足
呵痒痒 xo˥ iɑŋ˧˥ iɑŋ˥ 形容微微痒
□唏唏 kua˩ ɕʅ5˧˥ ɕʅ˥ 形容小孩因受惊吓而哭声很大
□□□ xəŋ˧ tei˧˥ tei˥ 形容老人身体硬朗
厚笃笃 xei˧˥ tɑʔ˩˧ tɑʔ˩ 形容厚实的样子

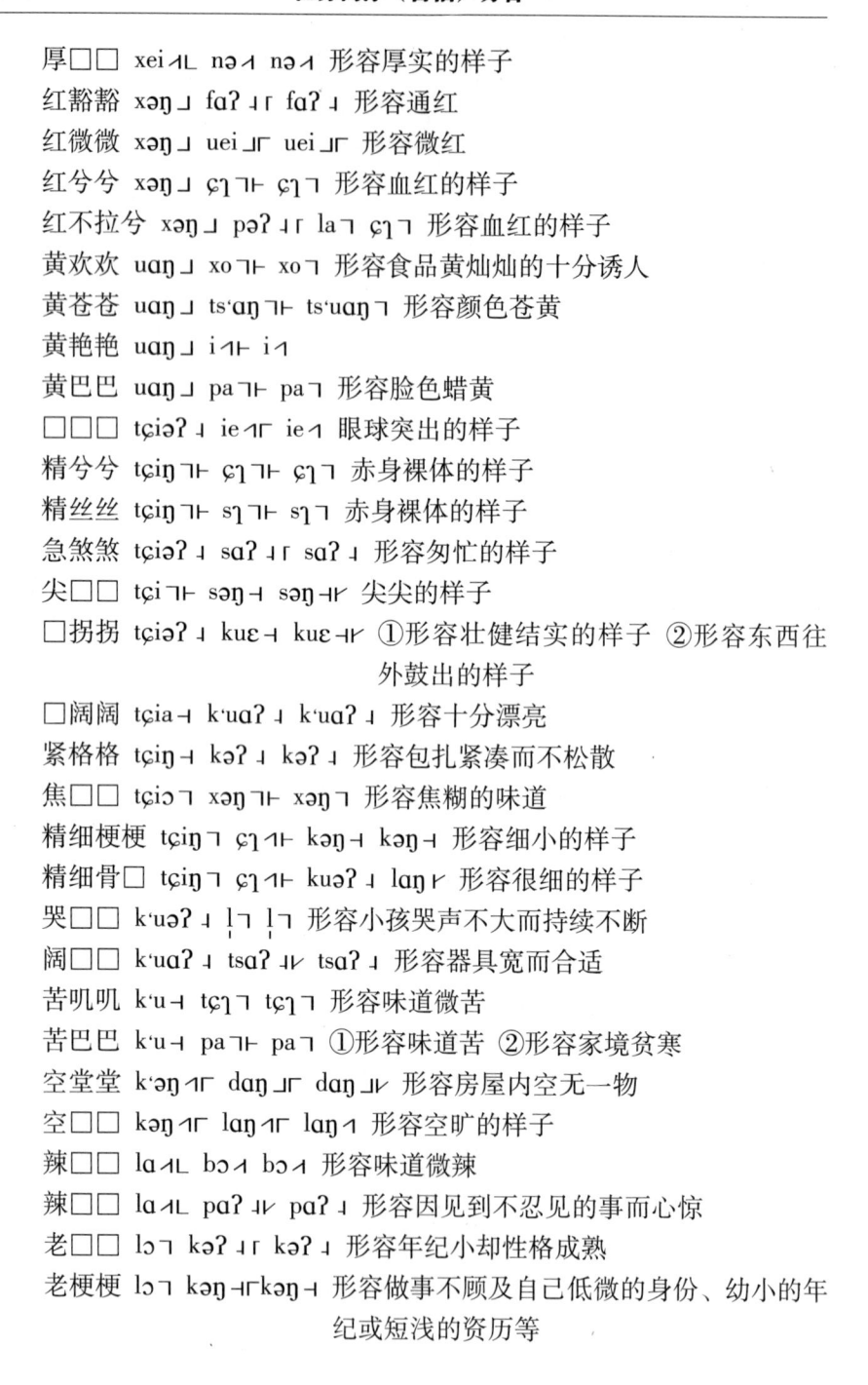

厚□□ xei˧˩ nə˨ nə˨ 形容厚实的样子
红豁豁 xoŋ˩ faʔ˧˩ faʔ˧˩ 形容通红
红微微 xoŋ˩ uei˧˩ uei˧˩ 形容微红
红兮兮 xoŋ˩ ɕʅ˧˩ ɕʅ˧˩ 形容血红的样子
红不拉兮 xoŋ˩ pəʔ˧˩ laʔ˩ ɕʅ˩ 形容血红的样子
黄欢欢 uaŋ˩ xo˧˩ xo˩ 形容食品黄灿灿的十分诱人
黄苍苍 uaŋ˩ tsʻaŋ˧˩ tsʻuaŋ˩ 形容颜色苍黄
黄艳艳 uaŋ˩ i˧˩ i˩
黄巴巴 uaŋ˩ pa˧˩ pa˩ 形容脸色蜡黄
□□□ tɕiəʔ˩ ie˧˩ ie˨ 眼球突出的样子
精兮兮 tɕiŋ˧˩ ɕʅ˧˩ ɕʅ˩ 赤身裸体的样子
精丝丝 tɕiŋ˧˩ sʅ˧˩ sʅ˩ 赤身裸体的样子
急煞煞 tɕiəʔ˩ saʔ˧˩ saʔ˩ 形容匆忙的样子
尖□□ tɕi˧˩ ɡəŋ˨ ɡəŋ˧˩ 尖尖的样子
□拐拐 tɕiəʔ˧˩ kuɛ˨ kuɛ˧˩ ①形容壮健结实的样子 ②形容东西往外鼓出的样子
□阔阔 tɕia˨ kʻuaʔ˧˩ kʻuaʔ˩ 形容十分漂亮
紧格格 tɕiŋ˨ kəʔ˩ kəʔ˩ 形容包扎紧凑而不松散
焦□□ tɕio˩ xəŋ˧˩ xəŋ˩ 形容焦糊的味道
精细梗梗 tɕiŋ˩ ɕʅ˧˩ kəŋ˨ kəŋ˨ 形容细小的样子
精细骨□ tɕiŋ˩ ɕʅ˧˩ kuəʔ˩ laŋ˨ 形容很细的样子
哭□□ kʻueʔ˩ l̥˩ l̥˩ 形容小孩哭声不大而持续不断
阔□□ kʻuaʔ˩ tsaʔ˧˩ tsaʔ˩ 形容器具宽而合适
苦叽叽 kʻu˨ tɕʅ˩ tɕʅ˩ 形容味道微苦
苦巴巴 kʻu˨ pa˧˩ pa˩ ①形容味道苦 ②形容家境贫寒
空堂堂 kʻəŋ˧˩ daŋ˧˩ daŋ˧˩ 形容房屋内空无一物
空□□ kəŋ˧˩ laŋ˧˩ laŋ˩ 形容空旷的样子
辣□□ la˧˩ bɔ˨ bɔ˨ 形容味道微辣
辣□□ la˧˩ paʔ˧˩ paʔ˩ 形容因见到不忍见的事而心惊
老□□ lɔ˩ kəʔ˧˩ kəʔ˩ 形容年纪小却性格成熟
老梗梗 lɔ˩ kəŋ˧˩ kəŋ˨ 形容做事不顾及自己低微的身份、幼小的年纪或短浅的资历等

第五章 高淳（古柏）方言语法概说

老屄屄 lɔ˧ pj˧˩ pj˧ 形容做事不顾及自己低微的身份、幼小的年纪或短浅的资历等

老筋巴哈 lɔ˧ tɕiŋ˧˩ pa˧ xa˥ ①形容菜太老 ②同"老梗梗"

老巴巴 lɔ˧ pa˧ pa˧ ①形容老而不嫩 ②同"老梗梗"

烂兮兮 lie˥˩ ɕʅ˧˩ ɕʅ˥ 形容稀烂的样子

烂□□ lie˥˩ ņ˩ ņ˥ ①形容食品稀烂 ②形容人脾气温和

烂□□ lie˥˩ ʐʅ˩ ʐʅ˥ 形容做事不紧迫

凉□□ liaŋ˩ dɔ˩ dɔ˩ 形容凉快的样子

绿沉沉 lə˩ zəɿ˩ zəɿ˥ 形容碧绿的样子

乱搞搞 lei˧ kɔ˧ kɔ˧ 形容搅混在一起，乱糟糟的样子

乱□□□ lei˧ lɤ˩ ɕiə˧ xəŋ˥ 形容杂乱

冷兮兮 nəŋ˧ ɕʅ˧˩ ɕʅ˥ 形容微冷的感觉

冷缩缩 nəŋ˧ suaʔ˩ suaʔ˥ 因冷而缩手缩脚的样子

亮□□ liaŋ˧ xa˧ xa˥ 形容蔽光性不好，漏光

亮霍霍 liaŋ˧ faʔ˩ faʔ˥ 形容闪亮的样子

亮旺旺 liaŋ˧ uaŋ˧ uaŋ˩ 形容闪亮的样子

麻□□ ma˥ xa˧ xa˥ 天微明的样子

麻□□ ma˥ lo˧ lo˩ 突出物摸上去麻痒的感觉

麻□□ ma˥ kaʔ˩ kaʔ˥ 形容因受惊吓而内心恐惧

明堂堂 miŋ˥ daŋ˧ daŋ˩ 明明白白的（多用于接着发生了不好的事情的语境）

明□□ miŋ˥ paʔ˧ paʔ˥ 明明白白的（多用于接着发生了不好的事情的语境）

毛□□ mɔ˥ lo˧ lo˩ 形容很毛糙

毛拉拉 mɔ˥ la˧ la˥ 形容很毛糙

毛□拉乌 mɔ˥ lɤ˩ la˥ u˥ 形容很毛糙

蛮呼呼 mie˥ fu˧ fu˥ 形容身体结实

蛮扎扎 mie˥ tsaʔ˩ tsaʔ˥ 形容身体结实

满□□ mo˥ ta˧ ta˥ 形容堆得很满

木夯夯 mə˥ xɑŋ˧ xɑŋ˥ 形容做事失分寸

木墩墩 mə2˩ təŋ˧ təŋ˥ 形容手脚粗笨

木□□ mə˥ kua˧ kua˧ 形容面无表情

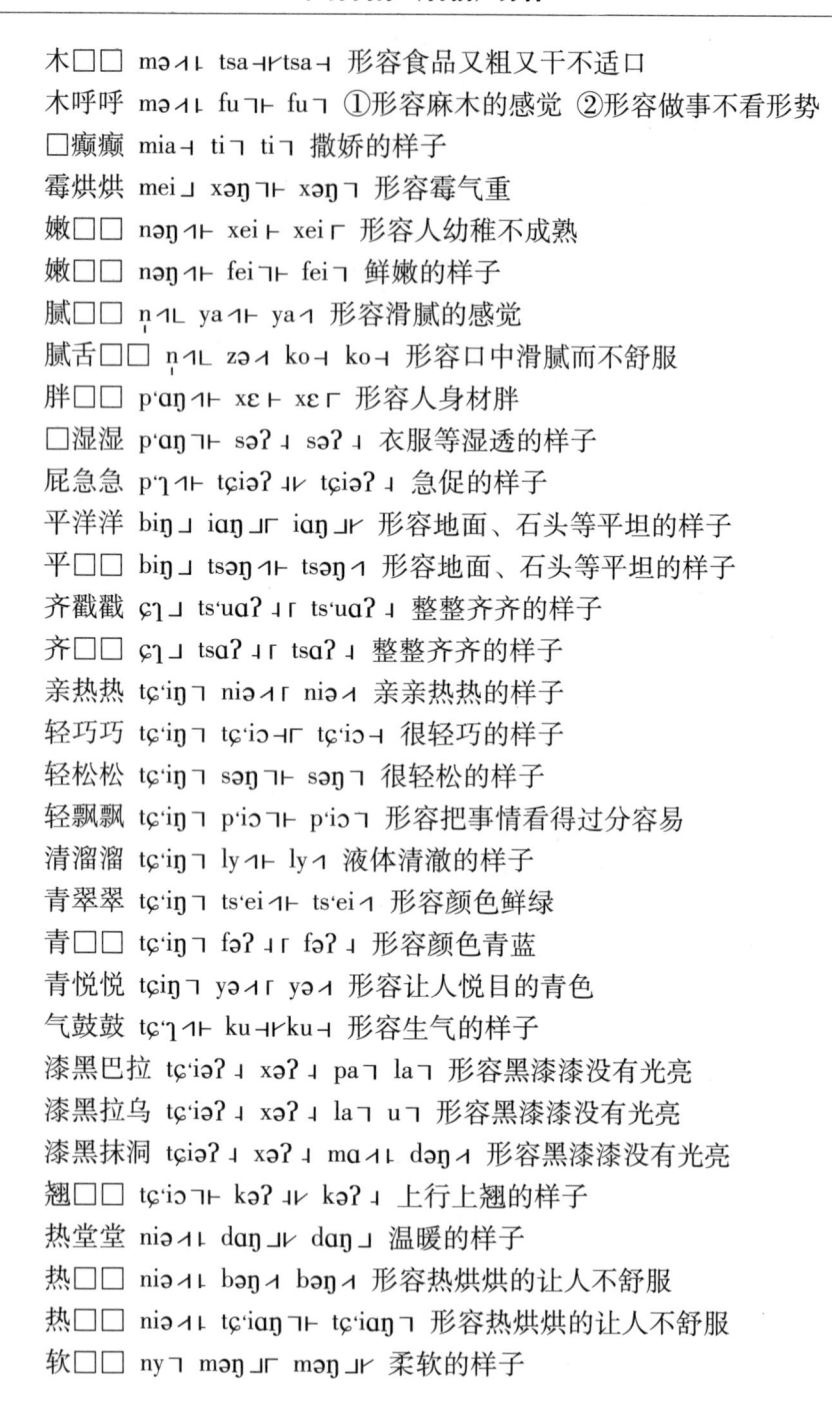

木□□ mə˦˩ tsa˧˩˧tsa˧ 形容食品又粗又干不适口
木呼呼 mə˦˩ fu˧˩ fu˧ ①形容麻木的感觉 ②形容做事不看形势
□癫癫 mia˧ ti˧ ti˧ 撒娇的样子
霉烘烘 mei˩ xəŋ˧˩ xəŋ˧ 形容霉气重
嫩□□ nəŋ˧˩˧ xei˧ xei˧ 形容人幼稚不成熟
嫩□□ nəŋ˧˩˧ fei˧ fei˧ 鲜嫩的样子
腻□□ n̩˧˥ ya˧˩ ya˧ 形容滑腻的感觉
腻舌□□ n̩˧˥ zɿ˥ ko˧ ko˧ 形容口中滑腻而不舒服
胖□□ pʻɑŋ˧˩˧ xɛ˧ xɛ˧ 形容人身材胖
□湿湿 pʻɿ˧˩˧ səʔ˧ səʔ˧ 衣服等湿透的样子
屁急急 pʻɿ˧˩ tɕiəʔ˧˥ tɕiəʔ˧ 急促的样子
平洋洋 biŋ˩ iɑŋ˧˥ iɑŋ˧˥ 形容地面、石头等平坦的样子
平□□ biŋ˩ tsəŋ˧˩ tsəŋ˧ 形容地面、石头等平坦的样子
齐戳戳 ɕɿ˩ tsʻuɑʔ˩ tsʻuɑʔ˩ 整整齐齐的样子
齐□□ ɕɿ˩ tsɑʔ˩ tsɑʔ˩ 整整齐齐的样子
亲热热 tɕʻiŋ˧ niə˧˩ niə˩ 亲亲热热的样子
轻巧巧 tɕʻiŋ˧ tɕʻiɔ˧˩ tɕʻiɔ˧ 很轻巧的样子
轻松松 tɕʻiŋ˧ səŋ˧˩ səŋ˧ 很轻松的样子
轻飘飘 tɕʻiŋ˧ pʻiɔ˧˩ pʻiɔ˧ 形容把事情看得过分容易
清溜溜 tɕʻiŋ˧ ly˧˩ ly˧ 液体清澈的样子
青翠翠 tɕʻiŋ˧ tsʻei˧˩ tsʻei˧ 形容颜色鲜绿
青□□ tɕʻiŋ˧ fəʔ˧ fəʔ˧ 形容颜色青蓝
青悦悦 tɕiŋ˧ yə˧˩ yə˧ 形容让人悦目的青色
气鼓鼓 tɕʻɿ˧˩ ku˧˩ ku˧ 形容生气的样子
漆黑巴拉 tɕʻiəʔ˧ xəʔ˧ pa˧ la˧ 形容黑漆漆没有光亮
漆黑拉乌 tɕʻiəʔ˧ xəʔ˧ la˧ u˧ 形容黑漆漆没有光亮
漆黑抹洞 tɕiəʔ˧ xəʔ˧ mɑ˧˩ dəŋ˩ 形容黑漆漆没有光亮
翘□□ tɕʻiɔ˧˩ kəʔ˧˥ kəʔ˧ 上行上翘的样子
热堂堂 niə˧˩ dɑŋ˧˥ dɑŋ˩ 温暖的样子
热□□ niə˧˩ bəŋ˩ bəŋ˩ 形容热烘烘的让人不舒服
热□□ niə˧˩ tɕiɑŋ˧˩ tɕiɑŋ˧ 形容热烘烘的让人不舒服
软□□ ny˩ məŋ˧˥ məŋ˧˩ 柔软的样子

第五章 高淳（古柏）方言语法概说

软烘烘 nyㄱ xəŋㄱㄴ xəŋㄴ 松软的样子
软□□ nyㄱ pʻㄴ pʻㄴ 形容软而无力
肉墩墩 miəㄥ təŋㄱㄴ təŋㄴ 形容体胖
肉拐拐 miəㄥ kuɐㄱㄴ kuɐㄴ 形容肌肉发达
肉麻麻 miəㄥ maㄱㄴ maㄴ ①看到污秽的东西感到不舒服 ②由轻佻的或虚伪的言语、举动所引起的不舒服
撒落落 saʔㄴ lɑㄥ lɑㄥ 形容面积开阔
□墩墩 səʔㄴ təŋㄱㄴ təŋㄴ 畏畏缩缩的样子
生□□ seiㄱ bɔㄥ bɔㄥ 形容面生，不熟悉
杀落落 saʔㄴ lɑㄥ lɑㄥ 形容话语严厉
沙□□ saㄱ lㄐ lㄐ 因（衣服、鞋）夹有沙砾而使人不舒服
□□□ saㄱ pʻㄱㄴ pʻㄴ 形容说话口气大而不当或做事不顾及别人感受
□阔阔 saㄱ kʻuaʔㄴ kʻuaʔㄴ 形容说话口气大而不当
爽□□ saŋㄴ lə2ㄥ ləㄥ 形容干爽
骚□□ sɔㄱ tɕʻɿㄱㄴ tɕʻɿㄴ 形容女人淫荡
骚□□ sɔㄱ kaʔㄥ kaʔㄴ 形容女人淫荡
死洋洋 sɿㄱ iaŋㄥ iaŋㄥ 形容呆板不灵活
死□□ sɿㄱ kaㄥ kaㄥ 形容颜色灰暗，不起眼
撕□□ sɿㄱ lɛㄥ lɛㄥ 疼痛如撕裂的感觉
酥□□ sɿㄱ xeiㄱㄴ xeiㄴ 形容食品松软可口
舒服服 sɿㄱ fəㄥ fəㄥ 舒舒服服的样子
湿□□ səʔㄴ kaʔㄥ kaʔㄴ 潮湿的样子
水□□ sueiㄴ tsaʔㄥ tsaʔㄴ 形容水分多
水烘烘 sueiㄴ xəŋㄱㄴ xəŋㄱ 形容果品因变质而发出轻微馊味
水□□ sueiㄴ pʻɔㄱㄴ pʻɔㄴ 形容爱说大话，爱吹牛
水滴滴 sueiㄴ tiəʔㄴ tiəʔㄴ 形容颜色碧绿
馊烘烘 ɕyㄱ xəŋㄱㄴ xəŋㄱ 食品变质发出的气味
酸叽叽 ɕyㄱ tɕʻɿㄱㄴ tɕʻɿㄱ 形容微酸
酸□□ ɕyㄱ kəŋㄴ kəŋㄴ 形容微酸
松拍拍 səŋㄱ pʻəʔㄥ pʻəʔㄴ 形容宽松、松软的样子
深斗斗 səŋㄱ tyㄴ tyㄱㄴ 形容器皿等很深

水晃晃 suei˧ faŋ˧˦ faŋ˧˩ 形容水多、水大、水满
瘦哈哈 ɕy˧˦ xa˧˩ xa˧ 形容人瘦高
瘦丝丝 ɕy˧˦ sʅ˧˩ sʅ˧ 形容人有点瘦
瘦细巴拉 ɕy˧˦ ɕʅ˧˦ pa˧ la˧ 形容身体细瘦
瘦不拉□ ɕy˧˦ pəʔ˧ la˧ xa˨ 形容身体很瘦
甜洋洋 di˨ iaŋ˨˦ iaŋ˨ 形容微甜
甜甘甘 di˨ kei˧ kei˧ 形容微甜
甜□□ di˨ ya˧˦ ya˧ 形容甜腻不适口
甜腻腻 di˨ n̩˧˦ n̩˨ 形容（微笑）甜蜜动人
急□□ de˨˦ xɜ˧ xɜ˧˦ 形容脾气温和、办事缺乏紧迫感
土巴巴 tsʻ ɿ˧ pa˧˦ pa˧ 形容土气
团箍箍 dei˨ ku˧˦ ku˧ 形容圆圆的
晚打拉□ mie˨ ta˧ la˧ sa˨ 形容天色很晚
稳扎扎 uəŋ˨ tsaʔ˧ tsaʔ˧ 形容做事稳重
温堂堂 uəŋ˧ daŋ˨˦ daŋ˨˦ 形容微热
乌漆漆 u˧ ˧˦ tɕʻiəʔ˧˦ tɕʻiəʔ˧ 形容颜色乌黑
乌□□ u˧ ŋɜ˧˦ ŋɜ˧ 形容颜色乌黑
乌紫紫 u˧ tsʅ˧˦tsʅ˧ 形容颜色青紫
乌□□ u˧ ɕy˧˦ ɕy˧ 形容水中鱼群呈乌黑色
乌焦巴根 u˧˦ tɕio˧ pa˧ kəŋ˧ 形容焦糊的样子
雾腾腾 u˧˦ dəŋ˨˦ dəŋ˨ 形容模糊不清
弯曲曲 ye˨ tɕʻyəʔ˧ tɕʻyəʔ˧ 弯弯曲曲的样子
稀瘦巴哈 ɕʅ˧ ɕy˧˦ pa˧ xa˧ 形容身体很瘦
稀瘦骨□ ɕʅ˧˦ ɕy˧˦ kuə˧ laŋ˨ 形容身体很瘦
稀巴巴 ɕʅ˧˦ pa˧˦ pa˧ 形容次数稀少
稀落落 ɕʅ˧˦ la˧˦ la˧˦ 形容零星的，不密
稀巴拉哈 ɕʅ˧˦ pa˧ la˧ xa˨ 稀疏的样子
鲜洋洋 ɕi˧ iaŋ˨˦ iaŋ˨ 形容味道鲜美
鲜笃笃 ɕi˧ təʔ˧ təʔ˧ 多形容汤菜味道鲜美
细翘翘 ɕʅ˧˦ tɕʻio˧˦ tɕʻio˧ 形容细长适中
细洋洋 ɕʅ˧˦ iaŋ˧˦ iaŋ˧ ①形容（绳索、棍棒等）细长 ②细小的样子

第五章 高淳（古柏）方言语法概说

咸□□ ɕie˩ die˧˩ die˩ 形容微咸而适口
咸笃笃 ɕie˩ təʔ˩˩ təʔ˩ 形容咸而适口
屑细梗梗 ɕiəʔ˩ ɿ˩ kəŋ˩ kəŋ˧ 细小的样子
笑哼哼 ɕiɔ˧˩ xəŋ˧˩ xəŋ˧˩ 形容外表伪善的样子
兴癫癫 ɕiŋ˧˩ ti˧˩ ti˩ 为表面现象而过分高兴
新刮刮 ɕiŋ˩ kuaʔ˩˩ kuaʔ˩ 崭新的样子
新崭崭 ɕiŋ˩ tɕie˧˩tɕie˩ 崭新的样子
新鲜□□ ɕiŋ˩ ɕi˩ paʔ˩ paʔ˩ 形容十分新鲜
凶巴巴 ɕyŋ˩ pa˧˩ pa˩ 小气的样子
小气巴拉 ɕiɔ˧ tɕ'i˧˩ pa˧˩ la˩ 小气的样子
小翘翘 ɕiɔ˧ tɕ'iɔ˧˩tɕ'iɔ˩ 形容小而适中
狭条条 xa˧˩ diɔ˧˩ diɔ˩ 狭长的样子
□片片 ɕiɔ˩ p'i˩ p'i˩ 很薄的样子
险哼哼 ɕi˧ xəŋ˧˩ xəŋ˩ 危险的样子
血糊里拉 ɕyəʔ˩ xu˩ lɿ˩ la˩ 鲜血流淌的样子
压扎扎 ŋaʔ˩ tsaʔ˩˩ tsaʔ˩ 多形容斤两足或分量重
□死八干 ie˧ ɿ˧ paʔ˩ kei˧˩ 形容颜色阴暗不明
洋坦坦 iaŋ˩ t'ie˧˩t'ie˧ 形容心里坦荡不着急
酽□□ ni˧˩ aʔ˩˧ taʔ˩ 多形容汁水浓
酽笃笃 ni˧˩ təʔ˩˧ təʔ˩ 多形容汁水浓
厌癫癫 i˧˩ lɛ˩ lɛ˩ 看到或接触到污秽的东西而感到不舒服
雨筛筛 ɥ˩ sɛ˧˩ sɛ˩ 形容雨纷纷落下的样子
痒呵呵 iaŋ˩ xo˧˩ xo˩ 身体因受刺激而痒痒
痒丝丝 iaŋ˩ ɿ˧˩ ɿ˩ 形容微痒
痒爬爬 iaŋ˩ ba˧˩ ba˩ ①形容如有小虫在肌肤上爬动的感觉 ②形容心痒
匀□□ yŋ˩ təŋ˧˩ təŋ˩ 形容稀烂的样子
圆箍箍 y˩ ku˧ ku˩ 形容圆滚滚的样子
荫□□ iŋ˩ dɔ˩˧ dɔ˩ 形容阴凉
荫□□ iŋ˧˩ dɔ˩˧ dɔ˩ 形容十分凉快
荫丝丝 iŋ˧˩ ɿ˧˩ ɿ˩ 形容微冷
硬卷卷 ŋei˧˩ tɕy˧˩tɕy˩ 形容食品硬而适口

硬骨骨 ŋei˧˦ kuɐʔ˧˨ kuɐʔ˥ 多指食品硬而不适口
硬□□ ŋei˧˦ tɕ'iaŋ˧˦ tɕ'iaŋ˥ 形容硬而感到不舒适
硬扎扎 ŋei˧˦ tsaʔ˧˨ tsaʔ˥ 形容东西坚硬或性格坚强
硬阔阔 ŋei˧˦ k'uɐʔ˧˨ k'uɐʔ˥ 多形容纸张厚而硬实
硬捏捏 ŋei˧˦ niə˩ niə˩ 硬生生的
硬剥剥 ŋei˧˦ pɑʔ˧˨ pɑʔ˥ 硬生生的
油嫩嫩 y˩ nəŋ˧˦ nəŋ˥ 形容嫩而多油，多指食品适口
油拖拖 y˩ t'o˩ t'o˩ 形容食品油多而适口
油里拉乌 y˩ l˥ lɑ˧˦ u˥ 形容油渍斑斑
油□拉乌 y˩ ts˥ lɑ˧˦ u˥ 形容油渍斑斑
炸辣辣 tsa˧˦ lɑ˩ lɑ˩ 形容阳光强烈，温度高
杂咕咚隆 sɑ˧˨ ku˧˦ tŋei˧˦ ləŋ˥ 杂七杂八的样子
崭刮刮 tɕie˧˦ kuɐʔ˥ kuɐʔ˥ 崭新的样子
脏兮兮 tsaŋ˥ ɕi˧˦ ɕi˥ 物品肮脏的样子
脏巴巴 tsaŋ˥ pa˧˦ pa˥ ①同"脏兮兮"②非正大光明的
□巴巴 tɕi˥ pa˧˦ pa˥ 黏糊糊的样子
胀木木 tsaŋ˧˦ mə˩ mə˩ 形容肚子发胀失去知觉
壮□□ tsaŋ˧˦ p'əŋ˧˦ p'əŋ˥ 粗壮的样子
重□□ səŋ˧˨ tsəŋ˧˦ tsəŋ˥ 形容分量多或重量大
直扛扛 sə˧˦ kaŋ˧˨ kaŋ˥ 形容人或动物死后直挺挺的样子
作孽巴巴 tsaʔ˥ niein˧˦ pa˧˦ pa˥ 形容可怜的样子

三　高淳（古柏）方言的"A 零 A 落"式

"A 零 A 落"式中的"A"代表单音形容词，整个结构形容人或事物的状态或性质。一些单音动词、个别单音名词也可以进入这种格式。举例如下：

倒零倒落 to˧˦ liŋ˥ to˧˦ lɑ˩ 建筑物破败欲倒的样子
夹零夹落 kaʔ˥ liŋ˥ kaʔ˥ lɑ˩ 拥挤的样子
挂零挂落 kua˧˦ liŋ˥ kua˧˦ lɑ˩ 破碎、细长或肮脏的东西从高处挂下来

第五章　高淳（古柏）方言语法概说

翘零翘落 tɕiɔ˧˥ liŋ˧˩ tɕiɔ˧˥ lɑ˧˥　地面等高低不平的样子

吵零吵落 tsʻɔ˧˥ liŋ˧˩ tsʻɔ˧˥ lɑ˧˥　吵吵闹闹的样子

骂零骂落 ma˧˥ liŋ˧˩ ma˧˥ lɑ˧˥　形容骂声不断

戗零戗落 tɕʻiɑŋ˥ liŋ˧˩ tɕʻiɑŋ˥ lɑ˧˥　形容蛮横嚣张

散零散落 ɕie˥ liŋ˩ ɕie˥ lɑ˧˥　形容东西松散

碎零碎落 sei˧˥ liŋ˧˩ sei˧˥ lɑ˧˥　形容东西零碎细小

□零□落 pʻʅ˥ liŋ˧˩ pʻʅ˥ lɑ˧˥　液体从器物边沿往下滴落的样子

泼零泼落 pʻaʔ˥ liŋ˧˩ pʻaʔ˥ lɑ˧˥　液体从器物中大量泼出的样子

滞零滞落 tʅ˧˥ liŋ˧˩ tʅ˧˥ lɑ˧˥　液体一点点滴下来的样子

粘零粘落 tɕi˥ liŋ˥ tɕi˥ lɑ˧˥　黏糊糊的样子

搞零搞落 kɔ˥ liŋ˩ kɔ˥ lɑ˧˥　搅混在一起理不清的样子

哭零哭落 kʻuɤʔ˥ liŋ˧˩ kʻuɤʔ˥ lɑ˧˥　哭哭啼啼的样子

挡零挡落 taŋ˧˥ liŋ˧˩ taŋ˧˥ lɑ˧˥　碍手碍脚的样子

皱零皱落 tɕy˧˥ liŋ˧˩ tɕy˧˥ lɑ˧˥　皱巴巴的样子

破零破落 pʻo˧˥ liŋ˧˩ pʻo˧˥ lɑ˧˥　破旧的样子

土零土落 tsʻʅ˥ liŋ˩ tsʻʅ˥ lɑ˧˥　土里土气的样子

死零死落 sʅ˥ liŋ˩ sʅ˥ lɑ˧˥　很死板的样子

锈零锈落 ɕy˧˥ liŋ˧˩ ɕy˧˥ lɑ˧˥　锈迹斑斑的样子

汗零汗落 xei˦˩ liŋ˧˩ xei˦˩ lɑ˧˥　形容汗水很多的样子

麻零麻落 ma˩ liŋ˧˩ ma˧˩ lɑ˧˥　形容麻酥酥的感觉

尖零尖落 tɕi˥ liŋ˧˩ tɕi˥ lɑ˧˥　形容爱占小便宜

刺零刺落 tsʻʅ˧˥ liŋ˧˩ tsʻʅ˧˥ lɑ˧˥　形容受不得规矩，极易生事

瘦零瘦落 ɕy˧˥ liŋ˧˩ ɕy˧˥ lɑ˧˥　形容很瘦的样子

痒零痒落 iaŋ˥ liŋ˧˩ iaŋ˥ lɑ˧˥　①形容身上痒痒　②形容心痒

焦零焦落 tɕiɔ˥ liŋ˧˩ tɕiɔ˥ lɑ˧˥　焦糊糊的样子

狭零狭落 xa˦˩ liŋ˧˩ xa˥ lɑ˧˥　狭窄的样子

骚零骚落 sɔ˥ liŋ˧˩ sɔ˥ lɑ˧˥　女子淫荡的样子

笑零笑落 ɕiɔ˧˥ liŋ˧˩ ɕiɔ˧˥ lɑ˧˥　笑眯眯的样子

脱零脱落 tʻəʔ˥ liŋ˧˩ tʻəʔ˥ lɑ˧˥　形容小东西、雨点等不时往下掉的样子

绊零绊落 pʻie˧˥ liŋ˧˩ pʻie˧˥ lɑ˧˥　形容地面东西绊脚的样子

四 高淳（古柏）方言与数字有关的词语

七高八低 tɕʻiəʔ˩ kɔ˥ paʔ˩ tŋ˥ 高低不平貌
七奇八怪 tɕʻiəʔ˩ ɕŋ˩ paʔ˩ kuɛ˩ 令人感到十分奇怪
七拱八翘 tɕʻiəʔ˩ kəŋ˦˧ paʔ˩ tɕʻiɔ˩ 形容内部不团结
七说八道 tɕʻiəʔ˩ suəʔ˩˥ paʔ˩ dɔ˩ 胡说
七弯八绕 tɕʻiəʔ˩ yɛ˥ paʔ˩ niɔ˩ 形容行进的路十分曲折
七长八短 tɕʻiəʔ˩ zaŋ˥ paʔ˩ tei˩ 长短不齐的样子
七手八脚 tɕʻiəʔ˩ ɕy˦ paʔ˩ tɕia ʔ˩ 形容人多手杂，动作纷乱
七荤八素 tɕʻiəʔ˩ fəŋ˥ paʔ˩ sɿ˩ 形容头脑昏乱
七操八弹 tɕʻiəʔ˩ tsɔ˩ paʔ˩ die˩ 形容故意捣蛋
七东八样 tɕʻiəʔ˩ təŋ˥ paʔ˩ iaŋ˩ 形容杂乱
七张八李 tɕʻiəʔ˩ tsaŋ˥ paʔ˩ l̩˥ 形容聊天扯得太远
七和八搅 tɕʻiəʔ˩ o˦˧ paʔ˩ kɔ˥ 形容杂乱放置或把事情搅浑
七齐八不齐 tɕʻiəʔ˩ l̩˥ paʔ˩ pəʔ˩ l̩˥ 形容凌乱，不整齐
七□八□ tɕʻiəʔ˩ pʻl̩˥ paʔ˩ mo˩ 形容胡扯
七生世，八朝代 tɕʻiəʔ˩ səŋ˦˧ sɿ˦˧, paʔ˩ zɔ˥ dɛ˦˧ 形容时间久远或程度深
七个张，八个李 tɕʻiəʔ˩ kəʔ˩ tsaŋ˥, paʔ˩ kəʔ˩ l̩˥ 同"七张八李"
七牵牵，八拉拉 tɕʻiəʔ˩ tɕʻi˦˧ tɕʻi˦˧, paʔ˩ la˦ la˥ 形容牵扯太多，太远
七轱辘贩牛，八轱辘贩马 tɕʻiəʔ˩ ku˦ lu˥ ɕye˩ ny˥, paʔ˩ ku˦ lu˥ ɕye˩ ma˥ 形容不务正业或无固定职业
弯七绕八 yɛ˥ tɕʻiəʔ˩ niɔ˩ paʔ˩ ①形容行进的路十分曲折 ②形容物品弯曲
横七竖八 o˥ tɕʻiəʔ˩ zɿ˩ paʔ˩ 形容凌乱
赶七赶八 kei˦ tɕʻiəʔ˩ kei˦ paʔ˩ 形容匆忙
三起三落 ɕiɛ˦ tɕʻŋ˦˧ɕiɛ˦˧ la˩ 比喻多次
年三夜四 ni˩ ɕiɛ˥ ia˥ sɿ˥ 指岁末

第五章　高淳（古柏）方言语法概说

推三阻四 tʰei˥ ɕie˥ tsʅ˦ sʅ˧
门三户四 məŋ˩ ɕie˥ u˧˦ sʅ˧ 指各方面的应酬
吆五喝六 iɔ˥ u˥ xə˥ lə˩ 形容大摆排场或大耍威风
三发两着 ɕie˥ faʔ˥ niaŋ˥ tsaʔ˩ 形容速度快
□三□四 lo˩ ɕie˥ kuaʔ˩ sʅ˧ 形容说话啰嗦
□三跨五 ly˩ ɕie˥ kʰua˧˦ ŋ̍˩ 形容喜欢说大话的人
屙□八糟 o˥ lɤ˥ pa˥ tsɔ˥ 形容混乱而肮脏
糊□八涂 u˩ lɤ˥ paʔ˩ du˩ 形容糊涂
半九不成五 po˧˦ tɕy˥ pəʔ˩ zəŋ˩ u˩ 形容事情没做完
三五三十一 ɕie˥ ŋ˥ ɕie˥ zeʔ˩ ieʔ˩ 形容一唱一和
调三不着两 diɔ˧˦ ɕie˥ pəʔ˩ tsaʔ˩ niaŋ˥ 形容做事情过分随意

五　高淳（古柏）方言语法例句

1. kəʔ˩ tsʅ˧ ua˥ yŋ˧˦ ʱkɔ˥ zuəŋ˩˩ ua ɑ˧˦ niɑ˥ tɕiaŋ˦ faʔ˩
　 个 这　句　话　用　高　淳　话　□　□怎么　讲说　□
　 tɕiŋ˦?
　 □？（□[faʔ˩]□[tɕiŋ˦]是当地方言的常用副词，一般用在疑问句或否定句中，常跟在动词或形容词后，起加强语气的作用）

2. o˥ kəʔ˩ kɛ˧˦ lɛ˩?
　 我　可　该　来　我应不应该来？

3. ŋ̍˥ kəʔ˩ nəŋ˩ lɛ˩?
　 尔你　可　能　来　你能不能来？

4. kəʔ˩ y˥ bie˧˦ la˦?
　 可　有　饭　□　还有饭没有？

5. ŋ̍˥ kei˦ tɔ˧˦ ko˥ pəʔ˩ tɕiŋ˧˦?
　 尔你　□　到　过　北　京　你有没有到过北京？

　 ŋ̍˥ kəʔ˩ tɔ˦ pəʔ˩ tɕiŋ˧˦ kʰə˦?
　 尔你　可　到　北　京　去　你去不去北京？

6. tʰa˥ kəʔ˩ ɕiɔ˦ tɛʔ˩?
　 他　可　晓　得　他知道不知道？

7. n̩˥ kəʔ˩ niŋ˧˩ təʔ˩˧?
   (这个字) 尔你 可 认 得 (这个字)你认得不认得?

8. n̩˥ kəʔ˩ tɕiŋ˧˩ təʔ˩˧?
   尔你 可 记 得 你还记得不记得?

9. o˥ tei˧˩ tʻa˥ pəʔ˩ tɕi˧
   我 对 他 不 起 我对不起他
   o˥ tei˧˩ pəʔ˩ tʻa˥ tɕi˧
   我 对 不 他 起 我对不起他

10. ta˧˩ təʔ˩ tʻa˥ ko˧
    打 得 他 过 能打过他

11. ta˧˩ tʻa˥ pəʔ˩ ko˧
    打 他 不 过 打不过他
    ta˧˩ pəʔ˩ tʻa˥ ko˧
    打 不 过 他 打不过他

12. n̩˥ dio˧˩ ɕi˧˩ dei˥
    尔你 越走 前 头 你前面走

13. o˥ dəŋ˩ tʻa˥ tɕiaŋ˧ ko˧
    我 同 他 讲 过 我跟他说过

14. kəʔ˩ kəʔ˩˧ do˧, ko˧˩ kəʔ˩ ɕio˥, kəʔ˩ niaŋ˥ kəʔ˩ təŋ˥
    个这 个 大, 个那 个 小, 个这 两 个 东
    ɕi˥ la˧˩ kəʔ˩ xo˧ tʂ̩˥
    西 哪 个 好 □好点儿?

15. kəʔ˩ kəʔ˩˧ pi˧ ko˧˩ kəʔ˩ xo˧
    个这 个 比 个那 个 好

16. ko˧˩ kəʔ˩ mei˧ kəʔ˩ kəʔ˩ xo˧
    个那 个 □没 个这 个 好

17. kəʔ˩ ɕi˥ uaŋ˥ tso˥ mei˧˩ ko˧˩ ɕi˧˩ uaŋ˥ tso˥ xo˧
    个这 些 房 子 □没 个那 些 房 子 好

18. kəʔ˩ kəʔ˩ kəʔ˩ y˥ ko˧˩ kəʔ˩ do˧?
    个这 个 可 有 个那 个 大 这个有那个大没有?

19. ko˥ ko˥ dəŋ˩ dʐ̩˧˩ tsə˥ iə˧˩ iaŋ˧˩ ko˥
    哥 哥 同和 弟 子弟弟 一 样 高

第五章 高淳（古柏）方言语法概说

20. dį˧˩ tsə˥ kəŋ˧˩ faʔ˧˩ pį˩ ko˥ ko˥ kɔ˩
    弟 子弟弟 更 发 比 哥 哥 高 弟弟比哥哥更高

21. o˥ pį˩ t'a˥ pəʔ˩ zaŋ˥
    我 比 他 不 上 我比不上他

    o˥ pį˩ pəʔ˩ t'a˥ zaŋ˥
    我 比 不 他 上 我比不上他

23. o˥ kəŋ˥ t'a˥ mei˥ faʔ˩ tsʅ˥ pį˩
    我 跟 他 □没 法 子 比

24. kəʔ˩ ɕi˥ ɕio˥ niŋ˩ ka˧˩ dəŋ˩ xei˩ tsɛ˩ iə˧˩ iaŋ˧˩, tɔ˧˩
    个这 些 小 人 家小孩儿 同 猴 子 一 样， 到
    tsʻʅ˩ xɑʔ˩ ba˩
    处 瞎 爬

25. ņ˥ kuei˥ ɕiŋ˥? o˥ ɕiŋ˩ uaŋ˥
    尔你 贵 姓？ 我 姓 王

26. ņ˥ ɕiŋ˥ uaŋ˥, o˥ a˥ ɕiŋ˥ uaŋ˥, o˥ tɛ˥ niaŋ˥ niŋ˥ tö˥
    尔你 姓 王， 我 啊 姓 王， □□咱们 两 人 都
    ɕiŋ˥ uaŋ˥
    姓 王

27. la˧˩ kəʔ˩?
    （有人敲门） 哪 个 谁啊？

28. lɔ˥ tsaŋ˥ nia˧˩? lɔ˥ tsaŋ˥ tsəŋ˧˩ taŋ˧˩
    老 张 □呢？老 张 正 当 强调应该出来而又还没出来
    xa˩ lɛ˧˩ ka˥ lɛ˧˩
    还 来在 家 来 老张还在家里

29. t'a˥ lɛ˧˩ dei˥ nəŋ˥ ņ˥ tsə˩? t'a˥ lɛ˧˩ dei˥ tɕʻei˩ bie˥
    他 来 头正在 弄 □ □干什么？他 来 头正在 吃 饭

30. t'a˥ xa˩ mei˥ tɕʻei˩ tə˩ zʅ˥
    他 还 □没 吃 得 □ 他还没吃完吗？

31. tsəŋ˧˩ taŋ˥ xa˩ mei˥ nia˥, tsɛ˧˩ y˥ kie˥ iə˧˩
    正 当表示强调，无实义 还 □没 □呢， 再 有 □ 一
    tsaʔ˩ tsa˩ tɕ'ei˩ zʅ˧˩ lə˩
    □ □ 吃 □ 了 再有一会儿就吃完了

32. tʻa˧˩ tɕiɔ˧˥ ɕy˧˥ diɔ˩, ko˧ uei˩ tsʔ˧˩ kə˧˩ ka˧˥ po˧˩ tʻi˧˥
    他 叫 说 就 趆走，□为 □怎么 个 □这么 半 天
    xa˩ mei˧˥ diɔ˩ niɑ˧˥?
    还 □没 趆走 □呢?

33. tʻa˧˩ lə˧˥˧ ko˧˥ lə˧˥ dəŋ˩ iə˧˥ kə˧˩ bəŋ˩ y˧ tɕiaŋ˧ ua˧˥
    他 来在 个 来那里 同 一 个 朋 友 讲 话

34. ṇ˧ tɔ˧˥ la˧˥ dei˩ kʻə˧˥? o˧ kɛ˧˥ dei˧˥ niɑŋ kʻə˧˥
    尔你 到 哪 头 去? 我 街 头 上 去 我上街去

35. ṇ˧ nəŋ˧˥ ṇ˧˥ tsa˩ kʻə˧˥? o˧ mɐ˧˥ tsʻɛ˧˩ kʻə˧˥
    尔你 弄 □ □干什么 去? 我 买 菜 去

36. xɔ˧ xɔ˧ tsə˩ ɛst˩cx˩ diɔ˩, pie˧˥ pʻɔ˧˥
    好 好 子好好的 趆走，□不要 跑

37. ṇ˧˥ dəŋ˩ tʻa˩ tɕiaŋ˧
    尔你 同 他 讲 你告诉他

38. ṇ˧ tei˧˥ tʻa˧˥ tɕiaŋ˧
    尔你 对 他 讲说

39. a˧˥˧ niɑ˧˥ nəŋ˧˥ faʔ˧ tɕiŋ˧˥ niɑ˧˥?
    □ □ 弄 □ □ □ 怎么办呢?

40. pə˧˩ zɿ˧˥ ko˧˥ lɔ˧˥ nəŋ˧˥ faʔ˧ tɕiŋ˧˥, sɿ˧˥˧ iɔ˧˥ dəŋ˩ kɛ˧˥
    不 是 个 □ 弄那么办 □ □，是 要 同 跟 □
    iə˧˥ iɑŋ˧˥ nəŋ˧˥
    一 样 弄 是要跟这一样办

41. iɔ˧˥ to˧ sɔ˧˥ tsəɿ˧˥ kei˧˥ niɑ˧˥?
    要 多 少 才 够 □呢?

42. iə˧˥ tɕiaŋ˧ iə˧˥ to˧, iə˧˥ diɔ˩ iə˧˥ y˧
    一 说 一 多越说越多，一 □走 一 远 越走越远

43. tʻa˩ kəŋ˩ ni˧˥ to˧ sɔ˧˥ ni˧˥ tɕɿ˧˥?
    他 今 年 多 少 年 纪?

44. kə˧˩ kə˧˩ təŋ˧ ɕi˧˥ y˧ to˧ sɔ˧˥ zəŋ˧˥ niɑ˧˥?
    个这 个 东 西 有 多 少 重 □呢?

45. pa˧ pəŋ˧ sɿ˧ o˧
    把 本 书 我 给我一本书

46. tɕiɔ˧˥ ta˥ kʻuɛ˥ tʂ˧˥ lɤ˩ ɕiŋ˩ lo˩
    叫 他 快 □快点 来 寻找 我

47. kei˧˥ sɔ˥ tʂ˩ tɕiŋ˥ tʻa˥ lɤ˩
    赶 □赶快 请 他 来

48. mei˧˥ tɕye˥ ɕi˩
    □没 关 系

49. lɤ˩ bəŋ˩ bəŋ˩ ɦe̞˩ kəʔ˥ tsʐ˩ fa˥ kəʔ˩ ɕiaŋ˩ʔ ɕiaŋ˩ tsʔ˩
    来 闻 闻 个 这 枝 花 可 香 香不香？ 香 得
    xəŋ˩, kəʔ˩ zɤ˥ʔ
    很， 可 是是不是？

50. ŋ˩ zə˧˥ tɕia˩ ɕi˧˥ ez˩ Li˩ a˩ zɤ˧˥ tɕi˩ʔ za˩ʔ
    尔你 是 吃 香 烟 还 是 吃 茶？

51. i˥ ia˥ xɔ˧˥, za˩ a˩ xɔ˧˥, o˩ to˥ pəʔ˩ ɕi˩ xo˩
    烟 也 好， 茶 也 好， 我 都 不 喜 欢

52. ŋ˥ səŋ˩ tɕia˧˥ ŋ˩ to˩ kʻən˧˥ kʻuən˧˥
    医 生 叫 尔你 多 困 困多睡一会儿

53. tɕi˩ʔ ɕiaŋ˧˥ li˩ tɕi˩ʔ za˩ to˩ pəʔ˩ tsəŋ˩ yŋ˧˥
    吃 香 烟 吃 茶 都 不 中 用不行

54. pəʔ˩ tsɔ˥ lə˩, kʻuɛ˥ tʂ˧˥ kʻə˧˥ ua˧˥
    不 早 了， 快 □快点 去 □语气词

55. kəʔ˥ tsʔ˥ ɕʐ˩ xa˧˥ tsɔ˥ niŋ˥, təŋ˧˥ tsʔ˧˥ tsɛ˩ kʻɤ˩
    个 □ 些这会儿 还 早 □呢， 等 □等会儿 再 去
    kəʔ˩ xo˧˥ʔ
    可 好 等会儿再去好吧？

56. tɕiə˩ʔ la˧˥ bie˧˥ tsɛ˧˥ kʻɤ˧˥ kəʔ˩ xɔ˩ʔ
    吃 □吃了 饭 再 去 可 好好不好？

57. tɕiə˩ʔ la˧˥ bie˧˥ tsɛ˧˥ kʻɤ˧˥ ɕy˩ lɤ˩ pəʔ˩ tʂ˩ lə˩
    吃 □吃了 饭 再 去 就 来 不 及 了

58. pəʔ˩ ko˥ ŋ˧˥ kʻɤ˧˥ pəʔ˩ kʻɤ, ɕyɛ˧˥ tsəŋ˧˥ o˩ zə˧˥ iɔ˥ kʻɤ˧˥
    不 管 尔你 去 不 去， 反 正 我 是 要 去
    tsə˧˥
    子的

59. o˧ fei˧ k'ə˧˩ pəʔ˩ k'o˧
    我 非 去 不 可

60. o˩ tɛ˥ pi˩ dio˩ pi˩ tɕiaŋ˧
    我 □咱们 边 越走 边 讲说

61. tɕiaŋ˧ lɑ˩ iə˩˥ pi˥, y˧ tɕiaŋ˧ lɑ˩ iə˩˥ pi˥
    讲 □ 一 遍, 又 讲 □ 一 遍 说了一遍，又说了一遍

62. kɛ˥˩ təŋ˧ ɕi˧ xɔ˩ zɛ˩˥ xɔ˩, ɕy˥ zɛ˥ tɛ˩ kuei˥ lɑ˩
    □这 东 西 好 是 好, 就 是 太 贵 □了

63. kɛ˥˩ təŋ˧ ɕi˧ kuei˥ zɛ˩˥ kuei˥, lɔ˩
    □这 东 西 贵 是 贵, 牢 这东西贵是贵,可是结实

64. t'a˧ lɛ˥ la˩ dei˩˥ tɕ'iəʔ˩ tsə˩ bie˥?
    他 来 在 哪 头 吃 子 饭 他在哪儿吃的饭?

65. t'a˧ zə˩˥ lɛ˥˩ o˧ ka˧ lɛ˩ tɕ'iəʔ˩ tsə˩ bie˥
    他 是 来 在 我 家 来里 吃 子 的 饭

66. na˩ kəʔ˥ o˩ bie˥ tɕ'iəʔ˩ lə˧!
    拿 个 这 碗 饭 吃 了 吃了这碗饭!

67. lɑ˥˩ y˩ lə˧
    落 雨 了 下雨了

68. y˩ pəʔ˩ lɑ˥˩ lə˧, t'i˧ ɕi˥ ɕiŋ˧ lə˩
    雨 不 落 了, 天 要 晴 了

69. ie˥˩ lɑ˥ ɕy˥ pəʔ˩ xɔ˩ lə˩, o˧ tɛ˥ k'uɛ˥˩ t˧ dio˩
    晏 □迟了 就 不 好 了, 我 □咱们 快 □快点 越

    ua˧
    □走吧

70. t'a˧ tɛ˥ tɕiaŋ˧ xɔ˧ lɛ˥˩ dei˩˥ tɕiaŋ˧ ua˥
    他 □他们 将 好 来 头 讲 话 他们正在说着话呢

71. dɛ˩ tsə˩ niaŋ˧ faŋ˧ lɑ˥ iə˥˩ o˧ suei˧
    台 子 上 放 □ 一 碗 水 桌上放着一碗水

72. so˥˩ dei˩˥ tɕ'iəʔ˩ xɔ˧, a˩˥ zə˥˩ ɕie˥˩ dei˩˥ tɕ'iəʔ˩ xɔ˧?
    坐 头 吃 好, 还 是 站 头 吃 好
    坐着吃好还是站着吃好?

soㄱL taʔ˩∨ tɕ'iəʔ˩ xɔㄱ, a˩∨ zəㄱL ɕieㄱL taʔ˩∨ tɕ'iəʔ˩ xɔㄱ?
  坐   □ 吃   好, 还   是 站   □ 吃   好
  坐着吃好还是站着吃好？

73. ɕieㄱL dei˩∨, lu˦ niaŋ˥ ɕiɔ˥ ɕiŋㄱ ʈʂ¨ɿㄱ
    站   □, 路   上   小   心   □ 站着！路上小心点
    ɕieㄱL taʔ˩∨, lu˦ niaŋ˥ ɕiɔ˥ ɕiŋㄱ ʈʂ¨ɿㄱ
    站   □, 路   上   小   心   □ 站着！路上小心点

74. k'uəŋ˦ tsaŋ˦ ləㄱ。   ts'uεㄱ tɔㄱ ləㄱ。
    困   □   了睡着了。 猜   到 了猜着了。

75. ɕyㄱL liaŋㄱ lə.ɿ
    受   凉   了着凉了

76. pəʔ˩ iɔㄱ sa˦ tɕiəʔ˩, t'ɔㄱ t'ɔㄱ tsəㄱ   lɜㄱ
    不   要   着   急,   □   □   子慢慢儿地 来

77. kəʔ˩ ɕɿㄱ koㄱ tsə.ɿ kəʔ˩ tɕ'iəʔ˩ təʔ˦ㄱ?
    个   些   果   子   可   吃   得 这些果子吃得吃不得？

78. kieㄱ zəㄱL sʮㄱL lɔㄱ∨, tɕ'iəʔ˩ təʔ˦ㄱ。koㄱ zəㄱL sei
    □   是   熟   □这是熟的, 吃   得。 个   是   生
    lɔㄱ, tɕ'iəʔ˩ pəʔ˩ təʔ˦
    □那是生的, 吃   不   得

79. oㄱ na˩ təʔ˩ dəŋㄱ, t'a˩ na˩ pəʔ˩ dəŋㄱ
    我 拿   得   动,   他 拿 不   动

80. tsəŋㄱ ləㄱ pəʔ˩ tɕ'iŋㄱ, səŋㄱL la˩ li˩ oㄱ toㄱ na˩ pəʔ˩
    真   □真的 不 轻,   重   □重得 连 我 都 拿 不
    dəŋㄱL ləㄱ
    动   了

81. t'aㄱ ɕy˦ tɕ'iɔㄱ, ua˦ lə.ɿ xɔㄱ k'ei˦ təʔ˦ xəŋㄱ
    他   手   巧,   画   了   好   看   得   很画得很好看

82. t'a˦ maŋㄱ təʔ˦ xəŋㄱ, maŋㄱ la˩ li˩ bieㄱ toㄱ maŋㄱ səʔ˩
    他   忙   得   很,   忙   □忙得 连 饭   都   忘   失忘记
    tɕ'iəʔ˩ lə.ɿ
    吃   了

83. pie˧ dio˨ lə˩,   ɕy˧˩ o˨ ka˧ lɛ˧˩ ua˧
    □   趓 了不要走了， 住 我 家 来 □住我家里吧

84. kʻei˧˥ sʐ˨ tsə˧   kʻei˧˥ sʐ, kʻei˧˥ pɔ˧˥ tsə˧   kʻei˧˥
    看   书 子看书的   看   书， 看   报   子看报的 看
    pɔ˧, ɕia˧˥ zʐ˧ tsə˧   ɕia˧˥ zʐ˧
    报， 写   字 子写字的   写   字

85. io˧ tɕiaŋ˧ tʻa˧ tsə˩ xɔ˧ ua˩, pəʔ˩ io˧ tɕiaŋ˧ tʻa˧ tsə˩ xa˧˥ ua˧
    要 讲   他 子他的 好 话， 不 要 讲   他 子 □
    话坏话

86. saŋ˧˥ tsʻʐ˧ la˧˥ kəʔ˧˥ tɕʻiŋ˧˥ tsə˩ kʻəʔ˩? sə˧˥ o˧ tɕiŋ˧
    上   次   哪   个   请   子请的   客？ 是 我 请
    tsə˩
    子请的

87. n̩˧ zə˧˥ la˧˥ ni˨ tsə˧ lɛ˧ tsə˩?
    尔你 是 哪   年 子 来 子来的？

88. o˧ zə˧˥ ɕi˧ ni˨ tɔ˧˥ tsə˩ pəʔ˩ tɕiŋ˧
    我 是   前 年 到   子到的 北   京

89. bə˧˥ lo˧˥ zə˧˥ n̩˨ tsə˧, xəŋ˧ lo˧ zə˧˥ o˧ tsə˧
    白   □   是   尔你 子， 红   □ 是   我 子 白的是你的，红的
    是我的

90. tɕʻiŋ˧ tɕʻiŋ˧ tsə˧   faŋ˧ xa˧˥ lɛ˧
    轻   轻   子轻轻地 放   下   来

91. kie˧ zə˧˥ o˧ tsə˧ sʐ˨
    这   是   我 子我的 书

92. o˧ tʻɔ˧ ta˧ pʻo˧ lə˩
    碗 讨   打 破 了碗被打破了
    o˧ pa˧ ta˧ pʻo˧ lə˩
    碗 把   打 破   了碗被打破了

93. o˧ tʻɔ˧ tʻa˧ ta˧ pʻo˧ lə˩
    碗 讨   他   打 破   了碗被他打破了

	oˀ pa˧ tʰa˧ ta˧ pʰoˀ lə˧
	碗 把 他 打 破 了 碗被他打破了

94. bie˧ tʰɔ˧ tɕʰiəʔ˦ tiɔ˧ lə˧
　　饭 讨 吃 掉 了 饭被吃了
　　bie˧ pa˧ tɕʰiəʔ˦ tiɔ˧ lə˧
　　饭 把 吃 掉 了 饭被吃了

95. bie˧ tʰɔ˧ oˀ tɕʰiəʔ˦ tiɔ˧ lə˧
　　饭 讨 我 吃 掉 了 饭被我吃了
　　bie˧ pa˧ oˀ tɕʰiəʔ˦ tiɔ˧ lə˧
　　饭 把 我 吃 掉 了 饭被我吃了

96. oˀ tʰɔ˧ ta˧ lə˧ iəʔ˦ təŋˀ
　　我 讨 打 了 一 顿 我被打了一顿
　　oˀ pa˧ ta˧ lə˧ iəʔ˦ təŋˀ
　　我 把 打 了 一 顿 我被打了一顿

97. oˀ tʰɔ˧ tʰa˧ ta˧ lə˧ iəʔ˦ təŋˀ
　　我 讨 他 打 了 一 顿 我被他打了一顿
　　oˀ pa˧ tʰa˧ ta˧ lə˧ iəʔ˦ təŋˀ
　　我 把 他 打 了 一 顿 我被他打了一顿

98. tʰa˧ na˨ oˀ ta˧ lə˧ iəʔ˦ təŋˀ
　　他 拿 我 打 了 一 顿 他把我打了一顿

99. na˨ sʅ˧ pa˧ oˀ
　　拿 书 把 我 把书给我

100. na˨ bie˧ paŋ˨ oˀ tɕʰiəʔ˦ kei˧ iŋ˦ lɑ˧
　　拿 饭 帮 我 吃 干 净 □把饭给我吃干净

第六章　高淳（古柏）方言语料标音举例

一　儿歌

1. 脚蹄扳扳

tɕiaʔ˧˩ dʐ˥˧ tɕiaʔ˧˩ dʐ˥˧ pie˧ pie˧,
　脚　蹄　脚　蹄　扳　扳，
pie˧ tɔ˧ nei˧˩ ɕie˧,
　扳　到　南　山，
nei˧˩ ɕie˧ pɔ˧ pei˧ , ny˧˩ dei˧˩ ma˧ mi˧,
　南　山　宝　贝，牛　头　马　面，
tʻɑŋ˧ ko˧　　　　suaʔ˧˩ tɕiaʔ˧˩,
　汤　锅本地小孩常取名"汤锅"　缩　　脚，
tɕiaʔ˧˩ dɑ˥˧ kəŋ˧ tɕi˧,
　脚　踏　弓　箭，
tɕi˧ da˥˧ iɑ˥˧, tɕʻi˧ pʻo˧ lo˧˩,
　见　大　爷，敲　□　□膝盖，
pʻo˧ lo˧˩　dei˧˩ niɑŋ˧ tsəŋ˧ ɕiɔ˥˧ mɐ˥˧,
　□　□膝盖头　□上　种　荞　麦，
ɕiɔ˧˩ mə˥˧ kʻɜ fa˧ iʔ˥˧ pʻiʔ˥˧ bɐ˧,
　荞　麦　开　花　一　片　白，
ŋei˧˩ dei˧˩ kʻɜ˧ fa˧ tsʻɿ˧ xəŋ˧ sɐʔ˧˩,
　豌　豆　开　花　紫　红　色，
tɕiŋ˧ iə˥˧ tɕiŋ˧, tsʻəʔ˧˩ iə˥˧ tsʻəʔ˧˩,
　惊　一　惊，促　一　促，

第六章　高淳（古柏）方言语料标音举例

la˧ iə˧˩ kəʔ˩ ɕiɔ˧ kuei˧ lie˧ iə˧˩ tsəʔ˩,
哪　一　个　小　鬼　烂　一　隻，
lie˧ kəʔ˩ tsəʔ˩, y˧ pəʔ˩ zə˧˩,
烂□这　隻，又　不　是，
lie˧ ko˧˩ tsəʔ˩, tsəŋ˧˩ zə˧。
烂□那　隻，　正　是。

2. 泥巴团子搓搓

n̩˩ ma˧ dei˩ tsəʔ˩ tsʻo˧ tsʻo˧,
泥　巴　团　子　搓　搓，
l̩˩ dei˩ təŋ˩ kəʔ˩ ko˧˩ ko˧,
里　头　蹲　个　哥　哥，
ko˧ ko˧ tsʻuəʔ˩ lɛ˩ sua˧ sua˧,
哥　哥　出　来　耍　耍，
l̩˩ dei˩ təŋ˩ kəʔ˩ tɕia˧ tɕia˧,
里　头　蹲　个　姐　姐，
tɕia˧ tɕia˧ tsʻuəʔ˩ lɛ˩ tsʻɑŋ˧˩ tsʻɑŋ˧,
姐　姐　出　来　唱　唱，
l̩˩ dei˩ təŋ˩ kəʔ˩ kaŋ˧˩ kaŋ˧,
里　头　蹲　个　□　□蜻蜓，
kaŋ˧˩ kaŋ˧ tsʻuəʔ˩ lɛ˩ fei˧˩ fei˧,
　□　□蜻蜓　出　来　飞　飞，
l̩˩ dei˩ təŋ˩ kəʔ˩ u˧˩ kuei˧,
里　头　蹲　个　乌　龟，
u˧˩ kuei˧ tsʻuəʔ˩ lɛ˩ ba˩ ba˩,
乌　龟　出　来　爬　爬，
l̩˩ dei˩ təŋ˩ kəʔ˩ ia˩ ia˩,
里　头　蹲　个　爷　爷，
ia˩ ia˩ tsʻuəʔ˩ lɛ˩ ʦʻɛ˩ tsʻɛ˧,
爷　爷　出　来　买　菜，

li˧˩ dei˨ tən˨ kəʔ˦ lɔ˥ tʻɛ˥。
里 头 蹲 个 老 太。

lɔ˥ tʻɛ˥ dei˨ ȵiaŋ˨ ɕie˨ mi˧˥ ku˦,
老 太 头 □上 三 面 鼓,

iə˧˥ ku˦ ta˦ tɔ˧˥ liŋ˨ kuəʔ˦˦ fu˦。
一 鼓 打 到 宁 国 府南京。

3. 月亮粑粑亮堂堂

yə˧˥ liaŋ˥ pa˥ pa˥ liaŋ˧˥ daŋ˨˩˨ daŋ˨,
月 亮 粑 粑 亮 堂 堂,

tsɔ˥ tɕi˥ ka˥ o˨ ɕi˧˥ zaŋ˨,
照 见 家 婆外婆 洗 衣 裳,

i˥ zaŋ˨ ɕi˧˥ la˦ bə˧˥ iaŋ˨˩˨ iaŋ˨,
衣 裳 洗 □洗的 白 洋 洋,

səŋ˥ ɕiɔ˦ ko˥, saŋ˧˥ fa˧˥ daŋ˨˩˨,
送 小 哥, 上 学 堂,

fa˧˥ daŋ˨ kɔ˥, ta˦ pa˦ tɔ˥,
学 堂 高, 打 把 刀,

tɔ˥ y˥ kʻuaŋ˥, sɿ˨ kəŋ˥ tsʻɛ˥,
刀 又 快, 治宰,切 根 菜,

tsʻɛ˧˥ y˥ zaŋ˨, ȵi˨ tŋ˥ daŋ˨,
菜 又 长, 拈捡 □点 糖,

daŋ˨ y˥ di˨, ȵi˨ tŋ˥ i˥,
糖 又 甜, 拈 □点 盐,

i˨ y˥ ɕie˨, ȵi˨ tŋ˥ lie˨,
盐 又 咸, 拈 □点 蓝,

lie˨ y˥ ɕɿ˥, sɑʔ˦ tsəʔ˦ tɕɿ˥,
蓝 又 稀, 杀 隻 鸡,

tɕɿ˥ y˥ tɕiɔ˥, lɔ˥ ma˥ ma˥ xɑʔ˦ la˧˥
鸡 又 叫, 老 妈 妈奶奶 吓 □得

suaŋ˥ tɕiaʔ˦ tʻiɔ˥。
双 脚 跳。

4. 麻雀子鸽芦柴

ma˩ tɕiaʔ˩ tsə˩, kʰie˥ lu˩ zɛ˩˥,
麻 雀 子, 鸽叫 芦 柴芦苇,

kʰei˦˨ tɕi˦˨ təŋ˥ pi˥ tɕia˥ tɕia˥
看 见 东 边 姐 姐

səŋ˥ za˦˨ ŋɛ˥
送 茶 来,

səŋ˦˨ tsə˥ n̩˩ tsə˥ za˦˨?
送 □的 □ □什么 茶?

səŋ˦˨ tsəʔ˩ tɕʰiŋ˥ dei˩˥ za˦˨?
送 □的 青 豆 茶,

n̩˩ tsəʔ˩ tɕʰiŋ˥, ma˩ pu˦˨ tɕʰiŋ˥,
□ □什么 青, 麻 布 青,

n̩˩ tsə˥ ma˩, sʅ˦˨ ma˩,
□ □什么 麻, 苎 麻,

n̩˩ tsə˥ sʅ˥, ŋɔ˥ tsɔ˥ zʅ˥,
□ □什么 树与"苎"同音, □ 糟身上的污垢 树,

n̩˩ tsəʔ˩ ŋɔ˥, xɛ˥ tʅ˥,
□ □什么 □, 鞋 底 □,

n̩˩ tsə˥ xɛ˥, ɕiaŋ˥,
□ □什么 鞋, 香 鞋,

n̩˩ tsəʔ˩ ɕiaŋ˥, ɕi˦˨ ɕiaŋ˦˨,
□ □什么 香, 麝 香,

n̩˩ tsə˥ ɕi˥, kɔ˥ ŋeuz˦˨ ɕi˥,
□ □什么 县与"麝"同音, 高 淳 县,

n̩˩ tsəʔ˩ kɔ˥, kɔ˥ dɔ˦˨ xɔ˥,
□ □什么 高, 高 稻 蒿,

n̩˩ tsə˥ dɔ˥, ɕi˥ dɔ˦˨,
□ □什么 稻, 籼 稻,

n̩˧ tsəʔ˧ ɕi˥, səŋ˧ ɕi˥,
　□□什么 仙，神 仙，

n̩˧ tsə˥ səŋ˥，　　　ku˦˧ zəŋ˧˥，
　□□什么 城与"神"同音，固　城，

n̩˧ tsə˥ ku˦，　　　ta˦ fa˥ ku˦，
　□□什么 鼓与"固"的变调同音，打 花 鼓，

n̩˧ tsəʔ˧ fa˥, fa˥ tsɜ˦˧ kua˥，
　□□什么 花，花 菜 瓜，

pa˦ n̩˧˩ tɕ'iəʔ˧ ɭə˥ ɕiɔ˦˧ xa˥˧ xa˥。
把给 你 吃 了 笑 哈 哈。

5. 牵磨拉磨

tɕ'i˥ ka˥ mo˧, la˥ ka˥ mo˧,
　牵 家 磨，拉 家 磨，

la˥ səʔ˧ t'iəʔ˧ pa˥ pa˥，
　拉 屑面粉 贴 粑 粑面粉做的食品，

pa˥ pa˥ y˥ pɑʔ˧ dei˧˥ do˧，
　粑 粑 有 钵 头 大，

ly˥ kəʔ˧ pa˥ pa˥ səŋ˦˧ sɜ˦˧ lo˧˥，
　留 个 粑 粑 送 筛 箩，

sɜ˦˧ lo˧˥ ma˥ ma˥ pəʔ˧ lɛ˦˧ ka˥,
　筛 箩 妈 妈奶奶 不 □在 家，

sɜ˦˧ lo˧˥ ia˥ ia˧˥ to˥ lɑ˥ məŋ˧˥ xɜ˦˧ lɛ˥ ta˦ xa˦˧ xa˥,
　筛 箩 爷 爷 躲□在 门 □ □门后面 打 哈 哈，

xa˥ xa˥ xa˥ xa˥ xa˥ xa˥。
　哈 哈 哈 哈 哈 哈通过大人的笑逗小孩儿笑。

6. 鸦雀尾巴拖拖长

ŋɑ˥ tɕ'iɑ˥ tsʅ˥ n̩˧˩ pa˥ t'o˦˧ t'o˧ zɑŋ˧,
　鸦 雀 子 尾 巴 拖 拖 长，

第六章　高淳（古柏）方言语料标音举例

t'o˧ dɔ˦˥ t'o˧ n̩˧ iaŋ˧ ku˦ niaŋ˧˩,
　拖　稻　拖　米　养　姑　娘，

n̩˧˩ ka˧ tsəʔ˧˩ ku˦ niaŋ˧˩ iɑi˧ təʔ˧˩ tei˦,
　尔你 家 □的　姑　娘　养　得　短，

o˧ ka˧ tsəʔ˧˩ ku˦ niaŋ˧˩ iɑi˧ təʔ˧˩ zaŋ˧,
　我　家 □的　姑　娘　养　得　长，

ŋe˦ tçiaʔ˩ o˧, ka˧ bəŋ˦˥ uaŋ˧˩,
　矮　脚　婆，嫁　凤　凰，

bəŋ˦˥ uaŋ˧ fei˧, ka˦ çi˦ sei˧,
　凤　凰　飞，嫁　先　生，

çi˦ sei˧ niaŋ˧ tsə˧ ts'eu?˩ lɜ˧ səŋ˦ səŋ˧ tɜ˧,
　先　生　娘　子　出　来　松　松　带，

səŋ˧ dei˦ niaŋ˧ kəŋ˧ tçiŋ˦ sɿ˧ tɛ˧,
　松　断　两　根　金　丝　带，

tçiŋ˦ sɿ˧ tɛ˧ niəŋ˧ ɕi˩ teiʔ˩ tei˧ ŋo˧,
　金　丝　带 □上　一　对　鹅，

fei˦ lɛ˧ fei˧ k'ə˧ ta˦ tç'y˧ tç'y˧,
　飞　来　飞　去　打　圈　圈，

kəʔ˩ pi˧ ŋa˧ niə˦ kaʔ˧˩ sɔ˦,
　□这　边　伢　□　□男孩们　少，

ko˦ pi˦ mei˦ dei˧ kaʔ˧˩ to˧,
　□那　边　妹　头　□女孩们　多，

t'o˧ kəʔ˧˩ ka˦ lɜ˧ sɔ˦ sɔ˧ ko˧,
　拖　个　家　来　烧　烧　锅，

tçiɔ˦ t'a˦ sɔ˦ sɔ˧ ko˧,
　叫　她　烧　烧　锅，

t'a˧ na˧ tç'i˦ xo˦ ts'a˦ ta˦ tsɔ˧ kəŋ˧,
　她　拿　起　火　叉　打　灶　公，

tçiɔ˦ t'a˦ sɔ˦ sɔ˧ dʅ˧,
　叫　她　扫　扫　地，

t'a˧ na˧ tç'i˦ sɔ˦ pa˦ ma˦ t'i˧ dʅ˧,
　她　拿　起　扫　把　骂　天　地，

tɕiɔ˧˦ tʻa˧˦ bo˩ kaŋ˩ lɛ˩˦ liaŋ˩ liaŋ˩ n̩˥˩,
叫 她 盘 缸 来 量 量 米,

tʻa˥ pie˥ tɔ˦ o˥ kaŋ˧˦ tɕiə˩˦ sei˧˦ n̩˥˩,
她 扳 倒 盘 缸 吃 生 米,

tɕiɔ˧˦ tʻa˧˦ suei˦ u˦ niaŋ˩ dɔ˩ dɔ˩ n̩˥˩,
叫 她 水 埠 □水边淘米洗衣服的地方 淘 淘 米,

tʻa˥ na˩ n̩˥˩ tɔ˥ tio˧˦ lɑ˦ tsaŋ˩ tɕie˧˦ n̩˥˩,
她 拿 米 倒 掉 □了 张 捕 鲨 鱼,

tɕiɔ˧˦ tʻa˧˦ tsʻɜ˧˦ y˩ lɛ˩˦ kʻaʔ˩ kən˩ tsʻəŋ˥,
叫 她 菜 园 来 里 掐 根 葱,

tʻa˥ pie˥ tɔ˦ y˥ məŋ˩˦ kʻuəŋ˧˦ tɔ˥ tsəŋ˥,
她 扳 倒 园 门 困 到 中睡到中午,

tɕiɔ˧˦ tʻa˧˦ uə˦ dei˩ niaŋ˩ tsʻɜ˩ nei˩ kua˥,
叫 她 屋 头 □上 采 南 瓜,

tʻa˥ ba˩ lɑ˩ uɑŋ˩ tsə˦ dei˩ niaŋ˩ maŋ˦ niaŋ˩ ka˥,
她 爬 □在 房 子 头 □上 望 娘 家,

tɕiɔ˧˦ tʻa˧˦ kuaʔ˩ niaŋ˩ ua˦ kʻuəŋ˦ zɜ˩,
叫 她 阁 □楼上 □从高处搬下来 捆 柴,

tʻa˥ to˦ lɑ˩ kuaʔ˦ niaŋ˩ ɕy˧˦ fa˥ xɜ˩。
她 躲 □在 阁 □楼上 绣 花 鞋。

7. 采野菱

do˦ tɕiaʔ˩ bəŋ˩˦, ɕiɔ˦ tɕiaʔ˩ bəŋ˩,
大 脚 盆, 小 脚 盆,

ɕye˧˦ ɕye˦ ko˧˦ lɛ˩ tsʻɜ˩ ia˥ liŋ˩˦,
翻 翻 过 来 采 野 菱,

ia˥ liŋ˩˦ miə˦, tɕi˥ tsei˥ paʔ˩,
野 菱 肉, 粘 嘴 □嘴巴,

ia˥ liŋ˩˦ kʻuaʔ˩, pa˥ xo˦ paʔ˩,
野 菱 壳, 扒 火 钵把野菱壳放在火钵里,上面铺上锯末慢慢烧,取暖,

ɕiɔ˦ nei˩ u˩ lɜ˥ kei˥ paʔ˩ paʔ˩。
小 南 湖本地固城湖习惯称小南湖 □里 干 □ □干巴巴。

8. 王妈妈开门

uɑŋ˩ ma˩ ma˩ kʻɛ˩ məŋ˩,
王　妈　妈奶奶 开　门,

kʻɛ˩ məŋ˩ tso˥ ⁿ˥ tsə˥,
开　门　做　□　□什么,

kʻɛ˩ məŋ˩ tɕiɑ˥ tsaʔ˩ tɔ˩,
开　门　借　斫　刀,

tɕiɑ˥ tsaʔ˩ tɔ˩ tso˥ ⁿ˥ tsə˥,　pʻo˥ miə˥,
借　斫　刀　做　□　□什么,　破　篾,

pʻo˥ miə˥ tso˥ ⁿ˥ tsə˥,
破　篾　做　□　□什么,

ta˧ tsəŋ˧˩ ɕiŋ˧˩,
打　蒸　芯一种蒸具,

ta˧ tsəŋ˧˩ ɕiŋ˧˩ tso˥ ⁿ˥ tsə˥,
打　蒸　芯　做　□　□什么,

tsəŋ˩ dei˩ tsə˩,
蒸　团　子一种大米制的食品,

tsəŋ˩ dei˩ tsə˩ tso˥ ⁿ˥ tsə˥,
蒸　团　子　做　□　□什么,

tɔ˧˩ ka˩ o˩˧ ka˩ kʻə˧˩,
到　家　婆外婆 家　去,

ka˩ o˩˧ ka˩ lɛ˥ la˧˩ dei˩,
家　婆　家　来在 哪　头,

lɛ˥ tʻi˩ pi˩ ɕiŋ˥˧ dei˥˧,
来在 天　边　尽　头,

ɑ˥˧ niɑ˥ zɑŋ˥˧ kʻə˧˩ tɕiŋ˥,
□　□怎么 上　去　□,

ɕie˩ u˥˧ ɕi˩ tsʻa˩ ɕi˩ zɑŋ˥ kʻə˧˩,
三　部　摇　车　摇　上　去,

ɑ˥˧ niɑ˥ xa˥˧ lɛ˩ tɕiŋ˥,
□　□怎么 下　来　□,

ɕieꜛ kəŋꜛ sʅꜛ ɕiꜛ tioꜛ xaꜛ lɛꜛ,
　三　根　丝　线　吊　下　来，

tɛꜛ tsəꜛ n̩ꜛ tsəꜛ,
　带　□的　□　□什么，

tɛꜛ tsəꜛ y ꜛ ieꜛ l̩ꜛ tsəꜛ,
　带　□的　圆　眼　李　子，

paꜛ tʅꜛ oꜛ zaŋꜛ zaŋꜛ,
　把给□点 我　尝　尝，

paꜛ meiꜛ deiꜛ kaʔꜛ ŋaꜛ niaꜛ kaʔꜛ tɕʻiaŋꜛ tɕʻiəʔꜛ tioꜛ
　把被　妹　头　□女孩们　伢 □　□男孩们　抢　吃　掉
ləꜛ,
了，

kʻuaʔꜛ niaꜛ, kʻuaʔꜛ məwꜛ sɔꜛ ləꜛ feiꜛ lə·ꜛ,
　壳　□呢，　壳　么　烧　了　灰　了，

feiꜛ niaꜛ, feiꜛ məwꜛ ŋaꜛ lə·ꜛ diꜛ lə·ꜛ,
　灰　□呢，　灰　么　□施肥　了　田　了，

diꜛ niaꜛ,
　田　□呢，

diꜛ məwꜛ mɛꜛ laꜛ ɕiꜛ lə·ꜛ,
　田　么　卖　了　钱　了，

ɕiꜛ niaꜛ,
　钱　□呢，

ɕiꜛ məwꜛ dɛꜛ laꜛ ɕioꜛ ɕioꜛ ɕiŋꜛ niaŋꜛ tsəꜛ ləꜛ,
　钱　么　抬娶 了　小　小　新　娘　子　了，

ɕiŋꜛ niaŋꜛ tsəꜛ niaꜛ,
　新　娘　子　呢，

ɕiŋꜛ niaŋꜛ tsəꜛ tɔꜛ tɔꜛ seiꜛ tʻəŋꜛ tʻəʔꜛ,
　新　娘　子　倒　倒　尿　桶　脱掉，

sʅꜛ kɔꜛ lɛꜛ ieꜛ saʔꜛ ləꜛ,
　屎　窖　来里 淹　煞死　了，

n̩ꜛ tsəꜛ koꜛ zɛꜛ,
　□　□什么　棺　材，

第六章　高淳（古柏）方言语料标音举例

uaŋ˩ n̩˩ ma˩ ko˥ zɛ˩,
　黄　泥　巴　棺　材,

n̩˩ tsə˩ kɛ˥,
　□　□什么　盖,

bə˥ lo˩ o˥ tŋ˥ ta?˩˥ kɛ˥,
　白　萝　卜　蒂　搭蒂子　盖,

n̩˩ tsə˩ tsʻuei˩ la˥˩ ua˥,
　□　□什么　吹　喇　□喇叭,

sŋ˧ tsʻaŋ˧˩ iŋ˩ tsʻuei˩ la˥˩ ua˥,
　屎　苍　蝇　吹　喇　□喇叭,

n̩˩ tsə˩ dɛ˩ ko˥˩ zɛ˩,
　□　□什么　抬　棺　材,

ma˩ iŋ˩ tsə˩ dɛ˩ ko˥˩ zɛ˩,
　蚂　蝇　子蚂蚁　抬　棺　材,

tsaŋ˥ la˥ la˥˩ dei˩˥,
　葬　□在　哪　头,

tsaŋ˥ la˥˩ fa˥ y˩ le˩,
　葬　□在　花　园　来里,

tɛ˥ o˥ kʻei˥˩ kʻei˥˩ kʻə˥˩ sɛ˥,
　带　我　看　看　去　□语气词,

ko˥˩ mə˩ n̩˩ kʻei˩ sɔ˥˩ kʻei˩ məŋ˩ sɛ˥。
　□那　么　尔你　赶　□赶快　开　门　□语气词。

二　谚语

1. niaŋ˩ tsʻuəŋ˩ ka?˩ iə˥˩ təŋ˩, taŋ˩ nəŋ˩ to˥ pə?˩ nəŋ˩
　　两　春　夹　一　冬, 当　冷　都　不　冷

2. n̩˥˩ pa?˩ yə˥˩ tʻi˩ ɕiɔ˧ ku˩ niaŋ˩ li˩
　　二　八　月　天, 小　姑　娘　脸

3. lɔ˥ ny˩ lɔ˩ mam˥, nie˩ ko˧˦ n˧˥ yə˧˦ pa‿˥
   老 牛 老 马, 难 过 二 月 八

4. çie˧˦ yə˧ le˩ cɔ˩ fa˩ suei˧, sɿ˧˦ yə˧˦ le˩ mei˧˦ iɑŋ˧
   三 月 来里 桃 花 水, 四 月 来里 没 秧
   suei˧
   水

5. tçin˧ min˩ ici˥ min˩ pə‿˥ tə˥ min, kuəʔ˥ y˩ ici˥ y˩
   清 明 要 明 不 得 明, 谷 雨 要 雨
   pəʔ˥ tə˥ y˩
   不 得 雨

6. liɑ˧˦ xa˧ zə˧˦ ti˧˦ li˩ cɔ˩ çiɑŋ˧
   立 夏 十 天 连 交连枷 响 (比喻麦子成熟了)

7. Li˩ uɑŋ˩ mei˩ mei˧˦ xɔ˧ ti˩, mie˧˦ niɑŋ˩ mei˧˦ xɔ˧ uɑn˩
   黄 梅 没 好 天, 晚 娘 没 好 言

8. tçʰiʔ˥ lɑ˩ çiɑ˥ tsɿ˥ mi˩, bɔ˧˦ ti˧˦ tei˧ iə˧˦ çi˧
   吃 了 夏 至 面, 白 天 短 一 线

9. tən˧ iə˧˦ tən˧, sɑn˩ iə˧˦ ts'ən˩
   冬 一 冬指冬至, 长 一 寸

10. lə˧˦ yə˩ lə˩, suei˧ dei˧˦ uə˩
    六 月 六, 水 断 屋六月六后,梅雨就要来了

11. çiɔ˧ sɿ˧ da˧˦ sɿ˧˦, nie˧˦ saʔ˧˦ lɔ˩ tsʰɿ˧
    小 暑 大 暑, 热 煞热死老 鼠

12. tçʰy˧ le˩ zə˧˦ ti˩ fə˩, fə˧˦ le˩ zə˧˦ ti˩ tçʰy˧
    秋 来里 十 天 伏, 伏 来里 十 天 秋

13. lɑ˧˦ tə˥ tsʰɔ˩, pəʔ˥ səʔ˥ tsʰɔ˩
    落 得 早, 不 湿 草早上下的雨一般都不大

14. yə˧˦ liɑŋ˩ tsɑn˩ mɔ˩, y˩ y˩ tʰɔ˩ tʰɔ˩
    月 亮 长 毛, 有 雨 涛 涛

15. tsʰuən˩ nən˩ y˩ tɔ˩ kua˧
    春 冷 如 刀 剐

16. bɔ˧˦ y˩ kəʔ˥ di˩ kei˧
    暴 雨 隔 田 埂

第六章　高淳（古柏）方言语料标音举例

17. tɕy˧ ɕiŋ˩ da˧ u˧˥ iŋ˩, tɕy˧ iŋ˩ da˧ u˧˥ ɕiŋ˩
    久　晴　大　雾　阴，久　阴　大　雾　晴

18. tsʻuəŋ˩ u˧˥ y˩, ɕia˩ u˧ nia˧, tɕʻy˩ u˩ liaŋ˩ fəŋ˩, təŋ˩ u˩
    春　雾　雨，夏　雾　热，秋　雾　凉　风，冬　雾
    ɕiəʔ˩
    雪

19. təŋ˩ faʔ˧˥ faʔ˩, ɕɿ˩ faʔ˧˥ faʔ˩, iə˧ ia˧ ko˧˥ le˧˥ kei˩
    冬　霍　霍，西　霍　霍指闪电，一　夜　过　来　干
    paʔ˧˥ paʔ˩, nei˩ faʔ˧˥ faʔ˩, pəʔ˩ faʔ˧˥ faʔ˩, iə˧ ia˧
    剥　剥，南　霍　霍，北　霍　霍，一　夜
    ko˧˥ le˧˥ sɔ˩ kaʔ˧˥ kaʔ˩
    过　来　潮　□　□（形容天会下雨）

20. niŋ˩ pʻa˧˥ lɔ˩ lɛ˩ ɕyŋ˩, dɔ˩ pʻa˧˥ ia˧˥ təŋ˧˥ fəŋ˩
    人　怕　老　来　穷，稻　怕　夜　东　风

21. iaŋ˩ tsɿ˩ pəʔ˩ ɕiŋ˩ ɕi˩, uei˩ dei˩ kʻei˧˥ kʻei˩ di˩
    养　猪　不　寻　钱赚钱，回　头　看　看　田猪粪肥对
    农业的重要性

22. ta˩ tɕia˧˥ pʻo˩ sɿ˩, tsəŋ˩ mɛ˩ pʻo˩ tsɿ˩
    打　架　拚　死，种　麦　拚　子

23. sɿ˩ dei˩ kuɛ˩ niaŋ˩ sei˩ tɕiŋ˩ diɔ˩
    锄　头　拐指锄头　上　生　金　条勤劳能致富

24. iə˧ tʻi˩ iə˧˥ kəʔ˧ bɔ˧, so˧˥ la˧˥ ka˧˥ le˩ ɕy˩ uaŋ˩
    一　天　一　个　暴，坐　□坐在　家　来家里　收　黄
    dɔ˩
    稻

25. tɕiŋ˩ kaŋ˩ tsʻa˩ suei˩ pəʔ˩ dəʔ˩ uaŋ˩ pʻaŋ˧˥ tsɿ˩
    金　刚指力气大的人　车　水，不　敌　黄　胖　子
    lei˩ kei˩
    擂　埂修筑田埂使不漏水

26. kʻuɛ˧˥ ɕy˩ pəʔ˩ dəʔ˧ paŋ˩ ɕy˩
    快　手　不　敌　帮　手人多力量大

27. yŋ˩ tə˧˥ tsɔ˩ pəʔ˥ tsʰuʔ˥ tsʰɔ˩
    耘　得　早，　不　　出　草

28. tsəŋ˧ mə˩ tsəŋ˧ tɔ˧ ɕiɔ˧ ɕiaʔ˥, tsəʔ˥ xɔ˧ tɕiəʔ˥ xɔ˧
    种　麦　种　到　小　　雪，　□　好 只 好　吃　□点
    tsʰɔ˧ ɕiəʔ˥
    炒　屑 大麦磨碎了炒着吃，一般是喂猪的

29. ɕiɔ˧ sʅ˧ pəʔ˥ tɕi˧ niə˩ dei˨, da˩ sʅ˧ sɛ˧ pʰo˩ səʔ˥
    小　暑　不　见　日　头，　大　暑　晒　破　石
    dei˨
    头

30. tsɔ˧ ɕia˩ mie˩ ɕia˩, kei˧ dei˧ tsʰɔ˩ ŋa˩
    早　霞　晚　霞，　干　断　草　芽

31. tʰi˧ niəŋ˧ li˩ n̩˩ pie˧, məŋ˩ tsɔ˧ sɛ˧ dɔ˩ pəʔ˥ yŋ˩ ɕye˧
    天　上　鲤　鱼　斑，　明　朝　晒　稻　不　用　翻

32. tɕʰi˧ niə˩ tɕi˧, pəʔ˥ niə˩ ŋa˩, ləʔ˥ zə˩ tʰi˧ tsə˩ ŋo˧
    千　日　鸡，百　日　鸭，六　十　天　子的鹅
    tʰo˧ tsuəʔ˥ lɛ˩ saʔ˥
    拖　出　来　杀

33. sə˩ maŋ˩ tɕy˧ maŋ˩ kʰəŋ˩, iə˩ maŋ˩ ɕy˧ zəŋ˩ kəŋ˧
    十　网　九　网　空，　一　网　就　成　功

34. ɕiɔ˧ dəŋ˩ lɛ˩ tʰo˧ pəʔ˥ tsʰuʔ˥ do˩ xɛ˧ lɛ˩
    小　洞　来里 拖　不　　出　大　蟹　来

35. tsʰuəŋ˧ li˩ tɕʰy˧ kuei˧, ɕia˩ li˩ təŋ˩ tɕiəʔ˥
    春　鲇　秋　鳜，　夏　鲤　冬　鲫

36. iə˩ kəʔ˥ lo˩ pʰo˩ iə˩ kəʔ˥ daŋ˩
    一　个　萝　卜　一　个　凼坑

37. iə˩ kəʔ˥ lu˧ sʅ˧ kʰei˧ iə˩ kəʔ˥ di˧ tɕʰyəʔ˥
    一　个　鹭　鸶　看　一　个　田　缺

38. iə˩ məŋ˩ pəʔ˥ tɔ˧ iə˩ məŋ˩ xeʔ˥
    一　门　不　到　一　门　黑 不是内行不知道其中的诀窍

39. iə˩ kəʔ˥ sʅ˧ u˩ iə˩ paʔ˥ tsʰəʔ˥
    一　个　师　傅　一　把　尺 每个师傅都有独到的方法和诀窍

第六章 高淳（古柏）方言语料标音举例

40. ɕie꜒ dɛ꜒ tso꜕꜖ ko꜔꜕, pəʔ꜖ nən꜖ tɕ'iŋ꜒ sʅ꜒ mie꜕꜖ ɕiaŋ꜒
    三　代　做　官，　不　能　轻　师　慢　匠

41. t'i꜒ xa꜒꜓ dʐ꜒꜓ iə꜒ k'u꜒, ts'ei꜖ ɕy꜖ ta꜔ t'iə꜖ mo꜒ dei꜒꜓ u꜒
    天　下　第　一　苦，　撑　船　打　铁　磨　豆　腐

42. ɕiŋ꜖ ɕy꜖ p'ɔ꜒ ma꜒ ɕie꜒ fəŋ꜖ miŋ꜒
    行　船　跑　马　三　分　命 比喻危险

43. ɕi꜒ tɕiŋ꜕꜖ ɕie꜒ mən꜒꜖ uei꜖ do꜒
    先　进　山　门　为　大

44. ŋ꜖ suei꜖ iaŋ꜕꜓ sʅ꜓ ts'꜔ueŋ꜒꜓ mə꜒꜓ iɐŋ꜒ sʅ꜓ ueŋ꜒꜓
    泥　水　匠　住　草　屋，　木　匠　住　倒　屋

45. ua꜒꜓ iaŋ꜒ ua꜒꜓ təʔ꜒꜓ ts'eu꜒, tiɔ꜖ iɐŋ꜒꜓ tiɔ꜖ təʔ꜔ k'uə꜒
    画　匠　画　得　出，　雕　匠　雕　得　哭

46. faŋ꜒ ni꜒꜖ pəʔ꜖ o꜒꜓ saʔ꜒꜓ ɕy꜒ ni꜒꜓ niŋ꜖
    荒　年　不　饿　煞　手　艺　人

47. tso꜕꜖ xaŋ꜒꜓ y꜒꜓ xaŋ꜒꜓
    做　行　怨　行

48. tei꜔ t'iəʔ꜖ iaŋ꜒꜓, zaŋ꜖ mə꜒꜓ iɐŋ꜒
    短　铁　匠，　长　木　匠

49. iə꜒꜖ fəŋ꜖ ka꜕꜖ i꜒꜓ iə꜒꜓ fəŋ꜒꜓ xo꜒
    一　分　价　钱　一　分　货

50. paʔ꜖ paʔ꜖ ɕi꜖, paʔ꜖ paʔ꜖ xo꜒
    八　八　钱，　八　八　货 一分钱一分货

51. k'ɛ꜒ ti꜒꜓ yŋ꜖ i꜒꜖ ɕy꜒ ti꜔ nie꜖
    开　店　容　易　守　店　难

52. tsəʔ꜖ y꜒ ts'o꜕꜖ mɛ꜒, mei꜒꜓ y꜒ ts'o꜕꜖ mɛ꜒
    □　有 只 有　错　买，　□　有 没 有　错　卖

53. mɛ꜒ pəʔ꜖꜓ ɕiŋ꜒꜓ tsəʔ꜖꜓ bi꜒꜖, tɕ'iəʔ꜖ pəʔ꜖ ɕiŋ꜒꜓ tsəʔ꜖
    买　不　尽　子的　便　宜，　吃　不　尽　子的
    k'uei꜒
    亏

54. xo꜒ pʅ꜔ ɕie꜒ ka꜕꜖ pəʔ꜖ tɕiəʔ꜖ k'uei꜒
    货　比　三　家　不　吃　亏

55. xo˦˧ tɔ˦˧ dɿ˧˥ dei˧˩ sɿ˧˩
    货 到 地 头 死

56. dəŋ˧˥ zɿ˧ ma˧ faŋ˧, tɕiɔ˦˧ zɿ˧ ma˧˥ tsuei˥
    钝 市滞销的货物 莫 放, 俏 市 莫 追

57. mo˦˧ tʻi˥ tʻɔ˧ ka˧, sa˧˥ dɿ˧ ye˧˩ ɕi˧˩
    漫 天 讨 价, 着 地 还 钱

58. iə˦˧ tso˦˧ ko˥, n̩˧ ta˧ tʻiəʔ˧, pəʔ˧ y˧˩ laŋ˧˩ tsəŋ˧ ma˧˥
    一 做 官, 二 打 铁, 不 如 郎 中 摸
    məɯ˦˧ ɕiəʔ˧˩
    脉   息

59. kɔ˥ zuaŋ˧˩ niŋ˧˩ ɕie˥ tʻi˥ kʻei˦˧ pəʔ˧ tɕi˦˧ y˧˩ ɕie˧˩ dei˧˩
    高 淳 人 三 天 看 不 见 游 山 头
    ɕy˧˥ iɔ˦˧ kʻuə˧
    就 要 哭游山是本地最高的山，泛指故乡

60. tɕiəʔ˧ lə˧ pəʔ˧ ɕiŋ˧˩ ɕi˧˩, ɕiŋ˧˩ ɕi˧˩ pəʔ˧ tɕi˦˧ lə˧
    吃 力 不 寻 钱赚钱, 寻 钱 不 吃 力

61. tsʻɛ˥ o˧ lɔ˧ lɔ˧ pie˥ tsɿ˧ sɿ˧˩ tsʻe˧˩ lə˧˥ lə˧˥ tɕʻɿ˧˩
    菜 碗 来在 老 板 子的 橱 子 来里, 力 气 来在
    zaŋ˧˩ kəŋ˧˩ tsə˧˩ bɿ˧˩ fu˧ lɛ˧˥
    长 工 子的 皮 肤 来里

62. ɕyŋ˧˩ pəʔ˧ taʔ˧ fu˧, ɕy˧˩ pəʔ˧ taʔ˧ pu˧
    穷 不 搭 富, 绸 不 搭 布

63. ɕie˧˥ taʔ˧ tsə˥ u˧˩ sa˥ ɕie˧ iə˦˧ sɿ˥, so˦˧ taʔ˧ tsə˧
    站 □ 子站着的菩萨 站 一 世, 坐 □ 子坐着的
    u˧˩ sa˥ so˥ iə˦˧ sɿ˥
    菩 萨 坐 一   世形容命中注定

64. tɕʻi˦˧ l̩˥ tso˦˧ ko˥ du˧˩ kəʔ˧ miŋ˧˩
    千 里 做 官 图 个 名

65. do˦˧ lɔ˦˧ fɛ˧ fɛ˧ tsei˧, ɕiɔ˦˧ lɔ˧ pʻɔ˧ dei˦˧ tʻei˧
    大 □大的 歪 歪 嘴, 小 □小的 跑 断 腿

66. ɕiaŋ˧˩ xa˦˧ sɿ˦˧ tsə˧˩ ɕiaŋ˦˧ xa˦˧ tʻi˥, tɔ˦˧ lə˧˩ zəŋ˧˩ lɛ˧˥
    乡 下 狮 子 乡 下 跳, 到 了 城 里

第六章　高淳（古柏）方言语料标音举例

niaㄱ niŋ⌐ ɕiɔㄥ
惹　人　笑

67. lɔㄒ fuΓ xaㄔ ɕieㄥ aㄒ iɔㄥ pɛㄒ pɛㄥ tsʻɿㄥ dʐㄥ
    老　虎　下　山　□也　要　拜　拜　土　地

68. sɑʔㄧ niŋ⌐ faŋ⌐ xoㄧ niㄧ ninㄥ sɛㄥ, ɕyㄒ ɕiɔㄥ puㄧ luㄥ ɕiɑㄒ
    杀　人　放　火　年　年　在，修　桥　补　路　绝
    xeiㄔ dɛㄥ
    后　代

69. tsɑʔㄧ iɔㄥ koㄒ sɿΓ yŋ⌐, tsɑʔㄧ iɔㄥ sɿΓ kəʔㄧ niŋ⌐
    □如果 要　官　司　赢，□只　要　死　个　人

70. ŋㄥ yㄥ ㄱ tsəㄧ səŋ⌐ ɕiΓ faʔㄧ, oㄥ yㄥ oㄥ tsəㄧ kueiㄒ uaㄥ
    尔你 有 尔 子你的 神　仙　法，我　有 我 子我的 鬼　画
    u⌐
    符

71. uan⌐ xɛㄧ baㄧ oㄧ lɔΓ, kɑʔㄧ uaŋ⌐ kɑʔㄧ məŋ⌐ dɔㄒ
    黄　蟹 螃蟹 爬　横　□横的，各　玩　各　门　道

72. ɕi⌐ tɔㄒ kəŋΓ zɿㄔ liɔΓ
    钱　到　公　事　了

73. tsuɑㄧ tɔㄒ tsəΓ pəʔㄧ faŋ⌐, pʻɔㄧ tiɔㄒ tsəΓ pəʔㄧ maŋㄥ
    捉　到　子捉到的 不　放，跑　掉　子跑掉的 不　望

74. uaŋㄧ tɿㄔ miㄒ iㄔ tsəʔㄧ pʻaㄒ ɕieㄥ kəʔㄧ nəŋ⌐ tiㄧ tsəㄧ
    皇　帝　面　前　□只　怕　三　个　冷　点 子三人
    成虎

75. ŋeiㄒ tsʻɿㄥ tʻoㄧ tɕʻiɔΓ koㄥ, nyΓ tsʻɿㄥ auㄒ iɑㄒ tɕʻiɔΓ
    硬　处　拖　锹　过，软　处　挖　一　锹欺软怕硬

76. sɛ⌐ iɔㄥ faʔㄧ, sɿㄒ tsʻɿㄥ kuɑʔㄧ
    财　要　发，四　处　刮

77. oㄧ taㄧ koㄒ sɿΓ sɿㄔ keiΓ di⌐
    横　打　官　司　竖　耕　田

78. taŋㄒ dʐㄔ tsəㄥ uㄥ tɕiɔΓ pəʔㄧ laㄥ
    当　地 子的 胡　椒　不　辣

79. iə˧˩ ts'əŋ˧ pəʔ˩ lɔ˩, bie˧˥ zaŋ˧ u˩ yŋ˧
    一　寸　不　牢，万　丈　无　用

80. ɕie˧ sei˧˥ diŋ˧ paʔ˩ zɑ˥
    三　岁　定　八　十

81. tsɿ˧˥ səŋ˧˩. y˧ l̩˦ ɕiaʔ˩ t'ɛ˧˥ kəŋ˥
    子　孙　有　理　削　太　公

82. tsəʔ˩ tɕi˧˥ kɔ˧ ko˧˥ tsaŋ˧　to˩ tɕ'y˧ pu˧, pəʔ˩ tɕi˧ ŋɛ˧
    □只　见　高　个　□高个子 多　穿　布，不　见　矮
    ko˧˥ tsaŋ˧˩. sɔ˥ ciɔ˥ lu˧
    个　□矮个子 少　路　□走

83. xɔ˧ zɿ˧ pəʔ˩ lɛ˧ maŋ˧ tsəŋ˧ ts'ɿ˥
    好　事　不　来在 忙　中　取

84. ts'ɿ˧˥ k'aŋ˧ lɛ˧˥ tsa˧ pəʔ˩ ts'ueʔ˩ y˧ lɛ˥
    粗　糠　来里 榨　不　出　油　来

85. se˩ tsuaŋ˧˥ niaŋ˩ pɔ˧　se˩, ts'ɿ˧˥ tsuaŋ˧˥ niaŋ˩ pɔ˧ ts'ɿ˥
    柴　桩　上　暴长出 柴，刺　桩　上　暴　刺
    龙生龙，凤生凤

86. u˩ sa˩ ts'uəʔ˩ la˧ ua˧˥ iaŋ˧ ɕy˧
    菩　萨　出　□在　画　匠　手

87. ɕiŋ˧˥ ku˩ ma˧ t'əŋ˥ tsɿ˩ ɕie˩ t'i˧ ɕiŋ˧
    新　箍　马　桶　子　三　日　新

88. pəʔ˩ uei˧ ua˧ suei˧˥ kuɛ˧ uei˧ ts'ɔ˩ pie˧ tiɔ˧
    不　会　划　水　怪　荸　草　绊　屌男阴

89. lo˩ lɛ˩ kie˧ fa˧, iə˧˥ kie˧ iə˧ ts'a˩
    箩　来里 拣　花，一　拣　一　差越拣越差

90. uaŋ˩ ny˩ tɕi˥ la˥ sɿ˧˥ xa˥ iə˧˥ iaŋ˩ lɔ˩
    黄　牛　系　□在 树　下　一　样　老

91. lɔ˩ o˩ zaŋ˧˥ ts'ɿ˥ lɑ˦ɕiɔ˥ zaŋ˧˥ iə˧˥ iaŋ˧ tsɔ˧˥ tsɛ˥
    老　和　尚　死　□了，小　和　尚　一　样　做　斋

92. iɔ˥ tɕ'iəʔ˩ lɛŋ˩ mie˩ sɿ˧˥ xɛ˥
    要　吃　龙　肉　自　下　海

第六章　高淳（古柏）方言语料标音举例

93. ie˥ ko˦˧ tɕʻi˥ pi˧ pə↗ də↙ ɕy˧ ko˦˧ iə˦˥ pi˧
　　眼　过　千　遍　不　敌　手　过　一　遍

94. lu˩ kuə↗ tsə˩ pə↗ zaŋ˧ lu˧, to˥ ʂɜ˩ tɕʻɿ˧ pi˧ lo˧
　　驴　骨　子驴子　不　上　路，多　筛敲 几　遍　锣

95. pə↗ kʻɜ˥ kʻei˥ tsə˩　kei˧ tsə˩ ŋɔ˥ sa↗ ɿ˥ niŋ˩
　　不　开　口　子不会叫的　狗　子　咬　煞死　人

96. tɕʻi˥ kʻo˥ mɔ˩ tsuə↗ ɿ˩ sei˩ bɛ˩ tɕy˧
　　千　棵　毛　竹　随　簰　转

97. sa˦ pə↗ tə↗ tɕiŋ˩ die˦˥ tsɿ˦˥, ta˦ pə↗ tɔ˥ tɕʻiɔ˧ y˦˥
　　舍　不　得　金　弹　子，打　不　到　巧　鸳
　　iaŋ˩
　　鸯

98. ŋɛ˦ tsɿ˩ ŋɛ˦, iə˦˥ du˦˥ tsɿ˥ kuɜ˧
　　矮　子　矮， 一　肚　子　拐─肚子主意

99. xa˥ tsə˩ pə↗ tʻiɔ˥ pə↗ kʻuɛ˩ dei˩
　　虾　子　不　跳　不　空　头指死了。比喻自己作死

100. ɕyŋ˩ pə↗ sə↗ tsɿ˥, fu˦˧ pə↗ ti˩ kuaŋ˩
　　穷　不　失　志，富　不　癫　狂

101. n̩˥ iaŋ˩ tə↗ tʻa˧ ɕiɔ˦, tʻa˧ iaŋ˩ tə↗ n̩˥ lɔ˩
　　尔你 养　得　他　小， 他　养　得　尔你 老

102. ɕi˧ pʻo˧ ia˦˥ ɕiaŋ˦ ɕiaŋ˦ baŋ˩ niŋ˩, xei˦˥ pʻo˥ ia˦˥
　　前　半　夜　想　想　旁　人，后　半　夜
　　ɕiaŋ˦ ɕiaŋ˦ ʐɿ˦˥ ka˦˥
　　想　想　自　家

103. y˩ kə↗ tɿ˥　tsɿ˦ tsə˩, sɜ˦˥ tɕʻi↗ kə↗ tɿ˥　ɕia˦˧
　　有　个 □这点儿 肚　子，才　吃　个　□这点儿 泻
　　ia˧
　　药

104. tie˦ do˦ sɜ˩ y˥ kɔ˥ ko˥ tso˧
　　胆　大　才　有　高　官　做

105. saŋ˦˥ tə↗ tsɿ˧ pa↗ zaŋ˩, sa↗ tə↗ lɔ˩ tsə˩ niaŋ˩
　　上　得　赌　博　场，杀　得　老　子　娘

106. iəɿ˧˩ li˧˩ tsʅ˧˦ ma˩ da˧˩ sʅ˧˦ ɕiaŋ˧˩
　　　一　粒　芝　麻　大　□大家　香

107. y˧ zʅ˧ nie˩ mo˩ sʅ˧ liŋ˩
　　　有　事　难　瞒　四　邻

108. lɔ˩ y˧ lɔ˩ bo˩, sɔ˧˦ y˧ sɔ˧˦ bo˩, lo˩ tsʅ˩ ɕiŋ˩ ŋa˩
　　　老　有　老　伴，少　有　少　伴，螺　蛳　寻　瓦
　　kʻuaʔ˧˩ tsə˩ tso˧ bo˩
　　　壳　　子蚌　做　伴

109. iəɿ˧˩ niŋ˩ pəʔ˦ tɕʻiəʔ˦ tɕy˦, niaŋ˩ niŋ˩ pəʔ˦ tsʅ˦ pa˦
　　　一　人　不　吃　酒，两　人　不　赌　博

110. sə˧˦ tsʻʅ˧˦ ɕiaŋ˩ ma˩ tɕy˦ tsʻʅ˧˦ yŋ˩, i˧˦ tɕʻiaʔ˦ tsə˩
　　　十　次　相　骂　九　次　赢，燕　雀　子
　　tso˧˦ kʻo˦ pəʔ˦ zaŋ˧˩ məŋ˩
　　　做　窠　不　上　门

111. ɕie˧ kəʔ˦ zəŋ˩ tei˦, ɕio˦ tsə˦ tɕʻiəʔ˦ kʻuei˧
　　　三　个　成　堆，小　子小的 吃　亏

112. ɕie˧ tsʻəŋ˧˦ i˦ tsə˩ 　 ȵy˩ xɤ˧ səŋ˩
　　　三　寸　涎　子指喉咙 如　海　深吃东西能把人吃垮

113. tsʻɛ˧˦ y˩ lʅ˩ iaŋ˩ lɔ˩ fu˩
　　　菜　园　来　里　养　老　虎小孩子长大了不听大人话

114. y˧ ɕiaŋ˧˦ niŋ˩ pʻa˦ iɔ˦ ku˧ tsa˩, ɕie˧ ɕiaŋ˩ niŋ˧˦ pʻa˦
　　　圩　乡　人　怕　腰　鼓　炸，山　乡　人　怕
　　lie˩ zʅ˩ y˩
　　　拦　时　雨夏至后第一天下的雨叫"拦时雨"，这天下了雨预示着要干旱。夏至以后的15天中，如果最中间的那一天下了雨，预示着今年雨水会特别多，圩堤会决口

115. ma˧˩ ia˧˦ tsə˦ pʻəŋ˧˦ tɔ˦ tɕʻʅ˦ tsɔ˦
　　　摸　夜　子的 碰　到　起　早　子的

116. fu˧˩ lie˧˦ 　 tʅ˧ xa˧˦. kʻa˧ xəʔ˦ ŋy˩
　　　□　　篮竹制器具 底　下　抲　黑　鱼悄悄地塞给（某人）。比喻给人好处不让外人知道

117. ɕyŋ˩ tsɔ˧˦ məŋ˧˦, fu˦ suei˩ kaŋ˧˦
　　　穷　灶　门，富　水　缸

第六章　高淳（古柏）方言语料标音举例

118. sei˧˥ t'əŋ˧˩ 　　　　　do˧˥ tsə˩ ie˧, do˧˥ do˨ do˧˥
　　□　桶绕线用具，竹制，空心　大　子的　眼，稻 □稻箩 大
　　tsə˩ fəŋ˧˩
　　子的 风

119. ɕiaŋ˧˩ ɜɔ˧˥ xəŋ˧˥ tɔ˧˥ kex˧˥ tsʰɛ˧˩
　　强　盗　狠　到　解　差比喻小孩子比大人还狠；求人者比被求者还狠

120. faŋ˧˩ ni˨ o˧˥ pəʔ˩ ɻ̩˩ ɕy˧ ŋ˧˩ nin˨
　　荒　年　饿　不　死　手　艺　人

121. li˨ faŋ˧˩ saŋ˧˥ fəʔ˩,　bie˧˥ tsə˩ pəʔ˩
　　□　□　□　福享福，鼻　子　朝　北比喻来不及

122. iə˧˥ lo˨ xɔ˧, n̩˧˥ lo˥ tɕʰi˧˥, ɕie˧˥ lo˨ sɿ˧˥ lo˨ tʰɔ˧˥
　　一　膈　好，二　膈　巧，三　膈　四　膈　讨
　　pəʔ˧ tɔ˧, u˨ lo˨ ləʔ˧˥ lo˥ tɕʰy˨ ma˨ pʰɔ˧, tɕʰiəʔ˩ lo˨
　　不　倒，五　膈　六　膈　骑　马　跑，七　膈
　　paʔ˧ lo˨,tʰɔ˧ lo˨ pʰəʔ˩ lo˨, tɕy˨ lo˨ sə˧˥ lo˨, tʰɔ˧ bie˧˥
　　八　膈，讨　箩　泼　箩，九　膈　十　膈，讨　饭
　　mei lu˧˥
　　□没　路

123. u˨ xɛ˨ tɕiaŋ˧˥ tsʰɜ˧ xɛ˨
　　蒲　鞋　讲　草　鞋五十步笑百步

124. lɔ˧ dei˨ pəʔ˩ lɔ˧ tɕiaʔ˩
　　老　头　不　老　脚鞋子可以穿得鲜艳一点，但头上不能过分打扮

125. i˨ paʔ˧˥ dei˨ lɜ˨ tsʰuaʔ˩ tsʰɿ˨
　　盐　钵　头　来里　出　蛆

126. kʰɜ˧ ko˧ dei˨ bie˧˥　　　　　　　tɕʰiəʔ˩
　　开　锅　头　饭煮好的一锅饭第一碗饭，一般小孩子不能吃　吃
　　təʔ˧, kʰɜ˧ ko˧ dei˨ ua˨ tɕiaŋ˧ pəʔ˩ təʔ˩
　　得，开　过　头　话　讲　不　得

127. mɔ˧ ɕie˧ kei˧ sɿ˧, tsʰɿ˨ u˨ iaŋ˨ ləʔ˧˥
　　猫　三　狗　四，猪　五　羊　六（指怀孕时间）

128. tiŋ˧ dei˨ tei˧ tʰiəʔ˩ dei˨
　　钉　头　对　铁　头针锋相对

129. ɕiɔ˧ xo˧ tsɿ˩ dei˩ niaŋ˩ ɕie˧ pa˧ xo˧
　　 小　伙　子　头　上　三　把　火

130. tʰi˧ xo˩ tɕʰia˧, ka˧ ka˧ tɕia˧
　　 天　河　笪斜，　家　家　借指青黄不接的时期

131. lie˩ təŋ˧ pa˧, tʰaʔ˩ diŋ˧˩ u˧
　　 □　东　坝，　□　　定　埠比喻顾此失彼。东坝与定埠均为当地集市，相距十几里，赶集不能兼顾

132. mei˩ tsʰaŋ˩ niaŋ˧ sei˧ lɛ˧
　　 梅　疮　□上　生　癫比喻无中生有

133. səŋ˩ io˧ tɕʰiŋ˧, kuɛ˧ kuaŋ˧˩ lɿ˧
　　 程　咬　金，　拐　棍　理比喻因理不直、气不壮而不讲道理（"咬"读音特殊）

134. ɿʔ˧˩ tʰaʔ˩ tsʰɔ˧ xɛ˩ tsʰuaʔ˩ pʰoʔ˧˩ tɕiaʔ˩
　　 依　托　草　鞋　戳　破　脚比喻不能作为依靠

135. tie˧ piəʔ˩ ɕiɔ˧, faŋ˧ i˧ xo˧
　　 掸　壁　硝，　放　焰　火比喻得到很不容易，却很轻易就失去了

136. tsuaʔ˩ ŋ˧ tsɿ˧ pəʔ˩ sa˧ tɕiʔ˩, ŋɔ˩ niaŋ˧ niŋ˧˩ kaʔ˩ pʰoʔ˧
　　 捉　鱼　子　不　着　急，　□　□岸上　人　夹　破
　　 pa˧ ɕie˧
　　 把　伞比喻当事者不着急，旁观者着急

137. nei˩ tsɿ˧ u˩ ɕiaŋ˧, dəŋ˧˩ tʰieʔ˩˧ u˩ kaŋ˧
　　 男　子　无　相，　钝　铁　无　钢比喻男人必须要有脾气

138. təŋ˧ kaŋ˧ niə˧˩ dei˩ ɕɿ˧ kaŋ˧ ɿ˧
　　 东　虹　日　头　西　虹　雨

三　歇后语

1. iə˧˩ lie˩ tsə˧ u˧ kuei˧ tɔ˧˩ la˧ daŋ˩ lɛ˧ —— kuaʔ˩ ba˩
　　 一　篮　子　乌　龟　倒　□在　塘　来里　——　各　爬
　　 kuaʔ˩ tsə˧
　　 各　子的

第六章　高淳（古柏）方言语料标音举例

2. iə˦˩ kʻuɛ˥ dei˧˩˥ u˩ tɕʻ˩ fei˩ kʻo˩ lɛ˩ —— tsʻuei˩ pə˨˩
　　一　　块　　豆　腐　脱掉　灰　窠　来里 ——　吹　　不
　təʔ˩ ta˦ pəʔ˩ təʔ˩
　得　打　不　得

3. sə˦˩ u˧˩ kəʔ˩ do˩ tsə˩ kʻuen˥ iə˦˩ zaŋ˩ —— tɕʻeiʔ˩ kəŋ˥
　　十　　五　个　驼　子　困睡　一　床 ——　七　弓
　paʔ˩ tɕʻio˥
　八　　翘

4. paʔ˩ tɛ˥ tsə˩ paŋ˩ maŋ˩ —— iə˦˩ paŋ˩ iə˦˩ maŋ˩
　　八　呆　子　帮　忙 ——　一　　帮　一　忙越帮越忙

5. ɕie˩ zə˦˩ ia˥ u˩ y˩ pɔ˧˩ —— paŋ˩ kuei˦ maŋ˩ tsə˩
　　三　十　夜　糊　元　宝 ——　帮　　鬼　忙　子比喻白忙乎

6. do˩ mən˧˩˥ dei˩ niaŋ˩ kua˩ fəŋ˧˩ biɔ˧˩˥ —— y˥ tɕʻeiʔ˩ sʅ˥
　　大　　门　头　上　挂　粪　瓢 ——　愿　吃　　屎
　tsə˩ lɛ˩
　子的　来

7. tsʻaŋ˩ tɕʻʻ˩ niŋ˩ tsʻʅ˩ iaŋ˩ iɛ˩ dei˩ —— iə˦˩ kəʔ˩ tsʻʅ˩
　　沧　溪当地地名　人　采　羊　眼　豆 ——　一　　个　　采
　lʅ˩ baŋ˧˩, iə˦˩ kəʔ˩ tsʻʅ˩ ue˩ baŋ˥
　里　傍里边, 一　　个　　采　外　傍外边。比喻夫妻各有外遇, 互不干涉

8. ɕio˩ fa˩ niŋ˩ ta˦ suei˩ dei˩ —— ly˩ iə˦˩ ɕy˥
　　小　花当地地名　人　打　锤　头练武 ——　留　一　　手

9. tiŋ˩ die˩ tsʻən˩ niŋ˩ kʻʻ˦ kɔ˦ ti˧˩ —— iɔ˩ tɕʻeiʔ˩ sʅ˧˩
　　丁　檀　村　　人　开　馆　店 ——　要　吃　　自
　dəŋ˥ ɕy˦
　动　　手　丁檀村, 属高淳古柏, 与漆桥相邻。传说明末丁檀村有孔姓兄弟二人, 为谋取邻村马家杭姓人的一块风水宝地, 在漆桥开饭馆, 有意引杭姓的主事者及其一群人, 到饭馆里来赌与吃, 输钱可以借款, 要吃可以自己动手, 且只记账, 不收现钱。数年后, 结下账来, 杭姓人交不起钱, 只好把那块风水宝地抵给孔氏兄弟。后人们说要吃就自己动手时, 往往用此歇后语

10. do˩ tsə˩ tie˩ kɔ˧˩ tsə˩ —— niaŋ˩ dei˩ pəʔ˩ sɑ˦˩ sə˥
　　驼　　子　跌　跤　子 ——　两　头　不　着　实

11. ɕieŋ˥ lo˧ o˥ pɑʔ˨ tio˨˩ zəŋ˧ bɿ˧ —— tsʻəŋ˥ pʻo˨˩ niŋ˧ sɿ˨˩
    山 萝卜 红薯 剥 掉 层 皮 —— 充 泡 人 屎

12. ma˥ tʻəŋ˨˩ tsə˧ nian˧ ɕiʔ˨ zɿ˨˩ —— xɑ˨ tʻo˥ zuəŋ˨˩ tɕiŋ˨˩
    马 桶 子 上 贴 喜 字 —— 瞎 讨 顺 经顺利

13. tʻi˥ ma˧ tɕʻiaʔ˨ pəʔ˨ tɕio˥ —— sɿ˨˩ ɕieʔ˨
    天 麻 雀 不 叫 —— 自 歇 不用管

14. tsʻa˥ lan˧ dei˧ kəʔ˨ koʔ˨ zɿ˧ —— pəʔ˨ ua˨˩ li˥
    车 榔 头 佮 棺 材 —— 不 划 料材料不够, 做不来

15. u˥ kuei˥ tɕʻiʔ˨ dɛ˨˩ mə˥ —— tsaʔ˨ i˨˩ lian˧ zə˥
    乌 龟 吃 大 麦 —— 作 践 粮 食

16. lə˥ xaʔ˨ tsə˧ koʔ˨ ɕio˧ —— sɿ˧ min˧ iə˨˩ dio˥
    六 瞎 子人名 过 桥 —— 死 命 一 条

17. suɑŋ˥ ɕy˥ na˥ fei˨˩ tei˥ —— mei˨˩ tsua˥ na˧
    双 手 捺 灰 堆 —— □没 抓 拿

18. bɿ˧ iɑŋ˨˩ tʻi˨˩ lɛ˨˩ faʔ˨ xo˥ —— pʻo˥ bɿ˧ pəʔ˨ ɕi˥
    皮 匠 店 来 里 发 火着火 —— 拚 皮 不 要

19. ŋ˧ ku˥ iɑŋ˨˩ sɿ˧ ŋa˧ nia˥ —— ɕi˥ pa˨˩ pa˥
    尼 姑 养 私 伢□私生子 —— 稀 巴 巴稀少

20. lo˥ tsʻɿ˨˩ tʻi˥ mɑ˧ biə˨˩ tsə˧ —— səŋ˨˩ sɿ˨˩
    老 鼠 舔 猫 鼻 子 —— 送 死

21. təŋ˥ tsʻo˨˩ ta˥ niŋ˧ —— tɕʻɿ˨˩ lian˥ pəʔ˨ fə˥
    灯 草 打 人 —— 气 量 不 服虽然打得不疼, 但让人心里很不舒服

22. ɕy˨˩ ɕiŋ˨˩ lo˧ dei˧ tsə˥ tɕʻiʔ˨ pʻɿ˧ tsʻuɑŋ˧ —— ua˨˩ la˥ pəʔ˨ ȵɤ˥ bie˧
    寿 星 老 头 子 吃 砒 霜 —— 活 □得 不 耐 烦

第六章　高淳（古柏）方言语料标音举例

23. kɔ˦˩ fa˦˩ tsə˥ ni˩ tɔ˩ u˦˩ sʅ˥ xɤ˥ —— ɕiŋ˦˩ ti˥
    告　化　子叫化子 拎　到捡到 □个 死　蟹 —— 兴　癫
    kə?˩˩ dei˨
    个　　头高兴死了

24. kɔ˦˩ fa˦˩ tsə˥ tiɔ˦˩ diɔ˨ za˨ —— uan˨ pə?˩˩ tɕʰ˥ lə˨
    告　化　子　死　掉　条　蛇 —— 玩　不　起　来

25. tɕiŋ˩ lie˨ zə˦˩ niaŋ˦˩ tɕye˦˩ u˦˩ kuei˥ —— ŋei˥ pʰəŋ˥
    青　□　石大青石 上　掼摔　乌　龟 —— 硬　碰
    ŋei˥
    硬

26. pie˥ təŋ˦˩ dei˨ niaŋ˨ ka˦˩ tɕʰ˦˩ tsʅ˥ —— ɕi˩ xɤ˩ ɕi˩
    板　凳　头　上　架　鸡　子鸡蛋 —— 险　狠　险
    比喻非常危险

27. səŋ˨ niaŋ˨ tsə˥ fa˥ de˩˩ —— lɔ˥ sə?˩˩
    城　上当地村名　子的 花　台戏台 —— 老　式

28. kua˦ u˦˩ sʅ˩ tsə˥ —— mei˥ tsʅ˥ maŋ˦˩
    寡　妇　死　儿　子 —— □没　指　望

29. sə2˦˩ ma˨ ma˨ tɤ˥ ɕiŋ˥ pa˥ sə˦˩ ia˨ ia˨ —— sə˦˩ lə˨
    石　妈　妈　带　信　把给 石　爷　爷 —— 石（直）来
    sə˦˩ kʰə˥
    石（直）去

30. kɔ˥ zuən˨ tɔ˥ liə˦˩ suei˦˩ —— ɕi˦˩ tɕi˦˩ i˦˩
    高　淳　到　溧　水 —— 县（现）交　县（现）现钱交
    易。"现"与"县"同音

31. xa˦˩ pa˦˩ niŋ˨ tɕʰi˨ tɕia?˩ —— xei˦˩ kei˥ ɕi˩ liɔ˨
    下　坝当地地名 人　挑　脚卸货 —— 汗　干　钱　了比喻刚赚
    了点钱，马上就吃喝花掉了

32. saŋ˨ lu˨ ɕia˦˩ ka˦˩ ɲiŋ˦˩ —— nəŋ˦˩ suəŋ˦˩ zʅ˦˩ ka˦˩
    长　芦当地地名 夏　家　人 —— 弄　损　自　家
    ɲiŋ˦˩
    人长芦夏家是个大村，在旧社会，家族各房相互倾扎，田地用水常有斗争，但斗来斗去，
    受损害的还是夏家自己人

33. kei˧ tsʻəŋ˥ niŋ˩ paŋ˥ uaŋ˥ tsʻɿ˥ niŋ˩ tsaʔ˦ ti˧
    甘 村(当地地名) 人 帮 王 村(当地地名) 人 作 天
    sɿ˧˥ —— xo˥ pi˦
    势 —— 何 必 据说旧时，淳溪镇边的两个村，王村人种蔬菜，甘村人种粮食。有年大旱，甘村人眼见水稻枯死，急忙到城隍庙求雨。正好这时下起暴雨，王村的蔬菜倒浇了个透，而甘村的稻田还没湿。"作天势"原意为"帮人出头，打抱不平"，后来引申为去做违背常理的事

34. tsʻaŋ˥ tɕʻi˥ niŋ˩ ta˧ mei˧ tsɿ˥ —— tɕiaŋ˧˥ tsʻo˧˥
    沧 溪(当地地名) 人 打 姨 妹 子(妻之妹) —— 将 错
    ɕy˧ tsʻo˧˥
    就 错 每年农历三月初六是沧溪庙会，亲友都来看热闹，据说有一年庙会连续阴雨，一位村民的妻妹带小孩从山里来赶庙会，因交通不便，无法回家，便在姐姐家住下。眼看家中粮、菜吃光，村民怨气妻子，闯进昏暗的卧室抓住女人就打，哪知打的是妻子的妹妹，她说："姐夫，是我呀！"村民明知打错，为了面子只好将错就错说："我打的就是你。"

35. mɔ˥ ɕie˥ tsɿ˥ u˥ sa˥ —— tsɔ˧˥ y˧ pəʔ˦ tsɔ˧˥ ɕiŋ˧˥
    茅 山 子 的 菩 萨 —— 照 远 不 照 近

36. la˧˥ uaŋ˩ xai˩ tɕiaŋ˥ dɔ˩ li˧ —— xo˥ zɿ˧˥ xo˥ tsɿ˧˥
    骆 文 海 讲 道 理 —— 好 是 好 子(的)
    zɿ˧˥ ka˧˥ , xaʔ˦ da˥ zɿ˧˥ da˥ tsɿ˧˥ ka˧˥
    自 家, □坏 是 □坏 子 的 自 家 你对别人好，别人就对你好，你对别人不好，别人就对你也不好。骆文海，清朝人，原籍高淳古柏镇凤山村。律宗的重要传承人

37. liɔ˥ di˩ pa˧ 当地村名,村周围都是水田 le˧ faŋ˧ suaŋ˥ ɕiaŋ˧ ——
    潦 田 坝 来 里 放 双 响 鞭炮 ——
    tsɛ˥ tɔ˧ səŋ˥ suei˥ lɿ˥ kʻə˧ lə˦
    栽 到 深 水 来 里 去 了(比喻倒霉)

38. lɔ˥ dei˩ tsɿ˥ mɛ˥ dɔ˥ tɕi˥ —— pəʔ˦ pʻa˧˥ pəʔ˦ sɿ˧˥ xo˧˥ ,
    老 头 子 卖 淘 箕 —— 不 怕 不 识 货,
    tsəʔ˦ pʻa˧˥ xo˧˥ pɿ˧ xo˧˥
    □只 怕 货 比 货

39. la˧˥ !i˥ tsɔ˧˥ xo˥ zɔŋ˧˥ —— ɕi˧˥ zəŋ˧˥ dei˥ nɔ˥
    癞 痢 做 和 尚 —— 现 成 头 脑

四 故事

魏杨斗智

ko˧ zuəŋ˧˩ tsə˨ uei˧˩ bəŋ˨ z̩˨ dəŋ˨ lia˧ suei˦ tsə˦ iaŋ˨
高 淳 子的 魏 鹏 池 同 溧 水 子的 杨

bei˧˩ ŋei˨ z̩˨˩ ia˧˩ z̩əŋ˨ k·o˩ tsəŋ˧˩ tçiŋ˧˩ z̩˨˩ tsə˦ niaŋ˨
倍 庵 是 一 阵一起 考 中 进 士 子的。两

niŋ˨ z̩ə˨ iə˧˩ bəŋ˨ cx˩ y˩。uei˧˩ tsəŋ˨ çi˨ taŋ˨ çy˩ z̩·əz˨
人 是 益 朋 好 友。魏 忠 贤 当 权 子的 辰

kuaŋ˨, niaŋ˨ kə?˩ niŋ˨ to˩ pə?˩ çiaŋ˦ tso˧˩ ko˩, iə˧˩ z̩əŋ˨
光时候, 两 个 人 都 不 想 做 官, 一 阵一起

p·o˦ ka˩ lɤ˩ tso˧˩ lɔ˨ pə?˩ çiŋ˩。biŋ˨ zaŋ˨ z̩əŋ˨ kuaŋ˨ mei˧
跑 家 来里 做 老 百 姓。平 常 辰 光 □没

z̩˧˩ tso˧˩, çy˧ lɤ˨ iə˧˩ tei˨ xa˧˩ xa˧ ç·ɤ, tç·ie?˩ tç·ie?˩
事 做, 就 来在 一 堆一起 下 下 棋, 吃 吃

tçy˧, tso˧˧ tso˦ bəŋ˨ tsaŋ˨。iaŋ˨ tçiŋ˧˩ z̩˨ tsʰz˧ zə˨˩
酒, 做 做 文 章。杨 进 士 肚 才肚子里的学问

xo˦, uei˧˩ tçiŋ˧˩ z̩˨ ts·ə?˩ zə˨˩ xo˦, niaŋ˨˩ kə?˩ niŋ˨
好, 魏 进 士 策 才随机应变的能力 好, 两 个 人

çi˩ ku˦ çiaŋ˦ taŋ˨, to˩ çiaŋ˦ çi˦ çi˦ pəŋ˦ z̩˨, çy˧˩ zə˧˩
旗 鼓 相 当, 都 想 显 显 本 事, 就 是

la˧˧ kə?˩ to˩ tçi˨ pə?˩ɔ˩ la˧˧ kə?˩ tsə˦ kuaŋ˨。
哪 个 都 沾 不 到 哪 个 子 光谁都占不了谁的便宜。

y˩ ni˨ ts·uəŋ˨ t·i˩, niaŋ˨ kə?˩ tçiŋ˧˩ z̩˨ dio˦ ɔl˨ lu˧˧
有 年 春 天, 两 个 进 士 越走 □在 路

niaŋ˧, ko˩ tçiŋ˦ saŋ˦ ts·uəŋ˩, dio˨ lɔl˨ iə˧˩ ts·o˧ lu˧
上, 观 景 赏 春, 越 □走了 一, 荎 路一段路

tçiaŋ˨ xo˦ k·ei˧˩ to˩ niaŋ˨ dio˨ k·ei˨ tsə˧˩ ta˧˩ li˧,
将 好 看 到 两 条 狗 子 来在 打 练狗交配,

iaŋ˩ tɕiŋ˧ zɿ˧ ɕiŋ˩ ʐɿ˩ ɕiaŋ˥, kəʔ˧ kəʔ˧ bi˩ ɲi˧ tʰɔ˧ tɔ˧
杨　进　士　心　来心里　想，　个这　个　便　宜　讨　到

ka˧ lə˩, ɕy˧ bəŋ˧ uei˧ bəŋ˧ zɿ˧: "uei˧ ɕyŋ˧ a˧, n̩˥
家　了，　就　问　魏　鹏　池：　"魏　　兄　啊，尔你

kʰei˧ kəʔ˧ dio˧ kei˥ tsə˧ zə˧ kɔ˧ zəŋ˧　tsɿ˧ ʌ˧ zə˧
看　□这　条　狗　子　是　教　成谐音'高淳'子的 □还　是

sɿ˧ uei˧　　tsə˧?" uei˧ tɕiŋ˧ zɿ˧ xɤ˧ xɤ˧ tsɿ˧ ɕio˧ ɕio˧,
自　会谐音'治魏'子的？　魏　进　士　嘿　嘿子的　笑　笑，

mei˧ taʔ˧ uɑ˧, ɕiŋ˧ lɤ˧ ɕiaŋ˥, xɔ˧ tɕia˧ xo˧, n̩˥ pəʔ˧
□没　答　话，　心　来心里　想，　好　家　伙，　尔你　不

zə˧ miŋ˩ bə˧ bə˧ tsɿ˧ lɤ˧ taʔ˧ ma˧ o, tɤ˧ kɔ˧
是　明　白　白　子的　来　搭在这里　骂　我，□我们　高

zuən˧ ɕiŋ˧ uei˧ tsɿ˧ zə˧ dio˧ kei˧ tsə˧ ma˧? xɔ˧, n̩˥ təŋ˧
淳　姓　魏　子的　是　条　狗　子　吗？　好，尔你　等

taʔ˧ kʰei˧! niaŋ˩ kəʔ˧ niŋ˩ y˧ dio˧ la˧ iə˧ tsʰo˧ lu˧, kʰei˧
搭等着　看！　两　个　人　又　越 □走了　一　莛　路，看

tɔ˧ xɔ˧ tsəŋ˧ tsə˧ u˧ kuei˧, ba˩ la˩ iaŋ˧ ɥ˧ tsuaŋ˧
到　好　□好多子的　乌　龟，　爬 □在　杨　树　桩

paʔ˧ niaŋ˧ sə˧ tʰɜ˧ iaŋ˧. uei˧ tɕiŋ˧ zɿ˧ na˩ ɕy˧ taʔ˧
□杨树桩子　上　晒　太　阳。　魏　进　士　拿　手　搭

la˧ iaŋ˧ tɕiŋ˧ zɿ˧ tsɿ˧ tɕi˧ paŋ˧ niaŋ˧, pəʔ˧ faŋ˩ pəʔ˧
□搭在　杨　进　士　子的　肩　膀　上，　不　慌　不

maŋ˩ tsə˧ ti˧ la˧ u˧ kuei˧ tɕiaŋ˥: "iaŋ˩ ɕyŋ˧ a˧, n̩˥ kʰei˧
忙　子的　点 □点着　乌　龟　讲："杨　兄　啊，尔你　看

n̩˥ kʰei˧, kəʔ˧ ɕi˧ u˧ kuei˧ uaŋ˩ paʔ˧, ba˩ la˩ iaŋ˧ zɥ˧
尔你看，□这　些　乌　龟　王　八，　爬 □在　杨　树

tsuaŋ˧ paʔ˧　niaŋ˧, zə˧ lie˧ suei˧
桩　□杨树桩子　上，　是　溧　水谐音'动词□[liə˧]'，把身上的水滴

nia˧, ɑ˧ zə˧ sə˧ iaŋ˩　nia˧?" iaŋ˩ tɕiŋ˧ zɿ˧
干净的意思 □呢，　还　是　晒　阳谐音'杨' □呢？"　杨　进　士

tsɿ˧ kʰei˧,　mei˧ uɑ˧ tɕiaŋ˩ lə˧.
阻　□一时语塞， □没　话　讲　了。

后　　记

　　高淳位于江苏省西南端，原为高淳县，现为南京市高淳区。高淳方言被认为是江苏省最难懂的方言之一，属于宣州片吴语。

　　笔者对安徽、江苏一带的宣州吴语素有兴趣。2009年1月和7月调查过安徽铜陵吴语。2012年8月，笔者对高淳城关淳溪镇方言的语音和词汇进行了初步调查，后因发音人另有他事，调查没有继续深入下去。

　　2014年的一天，笔者在网上搜寻高淳的相关资料，突然注意到一个叫"高淳阿拉伯"的博客，里面关于高淳的历史、文化、人物、民俗、方言、谚语、民间故事传说等的考释与记载，无所不有，读后真是有一种如获至宝的感觉。通过这个博客，笔者有幸结识了高淳阿拉伯，也就是本书的发音人魏云龙先生。于是就有了2015年7月的高淳（古柏）方言调查和2016年5月的核对与补充调查。

　　魏云龙先生是高淳凤山乡人，与著名语言学家魏建功先生同宗。1999年凤山乡与古柏乡合并，设立古柏镇。魏先生大学中文系毕业，挚爱家乡文化，教学之余，致力于高淳地方文化研究，并担任高淳地方文化研究会会长，团结同道，发掘整理高淳地方古籍，出版地方文化书籍，传承高淳文化，功莫大焉。

　　本书的许多语料，都是魏先生平常积累，毫无保留提供给笔者的。本书能够顺利完成，首先要感谢魏云龙先生。另外还要感谢在方言调查过程中结识的高淳的其他朋友们，每一次的相聚都是那么的愉快和温馨。

　　中国社会科学出版社张林编审为本书出版费力不少，在此一并表示感谢。

　　本书只是对高淳（古柏）方言的初步调查，希望能为宣州片吴语的研究提供一些基础资料，能为高淳的地方文化研究添点儿砖，加点儿瓦。

　　本书缺点一定不少，敬请读者批评指正。

作　者
2018年5月1日于北京